精准拉伸

PRESCRIPTIVE STRETCHING

疼痛消除和损伤预防的针对性练习

尊享版

［瑞］克里斯蒂安·博格（Kristian Berg） 著　王雄 杨斌 译

人民邮电出版社

北京

图书在版编目（CIP）数据

精准拉伸：疼痛消除和损伤预防的针对性练习：尊
享版 / （瑞典）克里斯蒂安·博格（Kristian Berg）著；
王雄，杨斌译. — 北京：人民邮电出版社，2022.5
ISBN 978-7-115-57959-1

Ⅰ. ①精… Ⅱ. ①克… ②王… ③杨… Ⅲ. ①健身运
动—基本知识 Ⅳ. ①G883

中国版本图书馆CIP数据核字(2021)第268596号

版权声明

免责声明

本书内容旨在为大众提供有用的信息。所有材料（包括文本、图形和图像）仅供参考，不能替代医疗诊断、建议、治疗或来自专业人士的意见。所有读者在需要医疗或其他专业协助时，均应向专业的医疗保健机构或医生进行咨询。作者和出版商都已尽可能确保本书技术上的准确性以及合理性，并特别声明，不会承担由于使用本出版物中的材料而遭受的任何损伤所直接或间接产生的与个人或团体相关的一切责任、损失或风险。

内 容 提 要

　　本书是《精准拉伸：疼痛消除和损伤预防的针对性练习》的尊享版，在上一版的基础上，新增了搭档拉伸和网球放松版的内容，拉伸方式更加多样，内容更加丰富。本书作者是欧洲拉伸专家，作者结合了曾身为体操运动员的运动经验和身为推拿治疗医师的治疗经验，总结了 60 余种针对全身各个部位不同肌肉的拉伸方法。每个拉伸动作都精准地预防、修复或治疗某一块肌肉。除此以外，书中还针对普通人的常见疼痛，例如头痛、颈部疼痛、肩部疼痛和背部疼痛等提供了一系列的有针对性的解决方案。不需要专业设备，使用日常可见的便利条件，如墙壁、毛巾、桌椅等就可以进行专业到位的拉伸。无论您是运动健身爱好者还是职业运动员，无论您是长期不运动还是将要参加世界大赛，本书所教授的拉伸动作都将对您有所助益。

◆ 著　　[瑞典] 克里斯蒂安·博格（Kristian Berg）
　　译　　王　雄　杨　斌
　　责任编辑　裴　倩
　　责任印制　周昇亮
◆ 人民邮电出版社出版发行　　北京市丰台区成寿寺路 11 号
　　邮编　100164　电子邮件　315@ptpress.com.cn
　　网址　https://www.ptpress.com.cn
　　雅迪云印（天津）科技有限公司印刷
◆ 开本：690×970　1/16
　　印张：12　　　　　　　　　　2022 年 5 月第 1 版
　　字数：270 千字　　　　　　　2025 年 10 月天津第 7 次印刷
　　著作权合同登记号　图字：01-2020-2362 号

定价：68.00 元
读者服务热线：**(010)81055296** 印装质量热线：**(010)81055316**
反盗版热线：**(010)81055315**

目　录

译者序···　IV

前言···　V

人体的肌肉和骨骼···　VII

拉伸的基础知识···　1

针对性拉伸··　31

疼痛缓解方案···　158

评估肌肉的柔韧性和均衡性··　173

拉伸索引··　175

参考文献··　177

译者序

无论你是刚入门的新人菜鸟，还是资深的康复按摩师，这本拉伸书都对你有所助益。

拉伸的作用无须多言。无论是大众爱好者还是职业运动员，少年还是中老年，跑步健身者还是参加世界大赛，甚至你长期不运动，都需要拉伸。关于拉伸，总有一些常见性的问题，比如到底是运动前还是运动后拉伸？如何配合呼吸？如何控制力度负荷？拉伸应该避免哪些禁忌动作？特别是如何用简便操作的技法，精准地拉到目标肌肉？很多时候，我们身边的健身教练、体育老师甚至专业运动员，都无法像这本书一样，给出一个踏实有效的回答。

本书作者克里斯蒂安·博格是一位资深的推拿治疗医师，擅长用手法拉伸脊柱和肌肉。运动员出身的他一直钻研解剖和拉伸疗法。在整个欧洲，博格是知名的拉伸专家，他每年都参加各种国际解剖讲习班，交流和讲习各种拉伸手法技巧，并在自己经营的诊所内，向超过30 000名患者展示过拉伸治疗对于健康的重要作用。

相比国内外其他拉伸书籍，提供精细准确的针对性拉伸方法是本书的特色。我曾在国家队的体能训练场地进行过拉伸知识的专题推广，但回想起来，当时那种知识细节和本书比较起来，显得粗枝大叶。本书针对每一特定肌肉，将动作的预准备、启动、过渡和控制等阶段描述得详尽之极，让你不慌不忙、胸有成竹地找到身体浅层或深层的目标肌肉，科学舒服地拉伸到位。而本书给人最大的惊喜是，包含了如何通过拉伸的自我疗法来缓解常见性的身体疼痛这一内容。拉伸预防运动损伤人人皆知，而对于一些常见的疼痛病症（并非是由病理性而是由物理性的症状所引起的），完全可以通过拉伸疗法来缓解和消除。比如头疼、落枕、颈部结节和腰背疼等问题应如何解决，这些疼痛的触发点在哪里，引起的原因和机理是什么，一般和特殊的治疗措施是什么，应该如何拉伸来解决，何时需要寻求专业帮助？这些是本书作者最有深度的研究成果。克里斯蒂安对于拉伸多年的深入研究、思考探索和临床应用，超乎我们对于通常拉伸练习的理解和认识。

本书内容的逻辑结构是，先简要介绍人体基本的肌肉骨骼结构和拉伸基础知识，接着以身体右侧为例，详细描述每一块肌肉的针对性拉伸方法，然后介绍如何通过拉伸来循序渐进地缓解肌肉疼痛，以及评估肌肉的柔韧性和均衡性。本书所介绍的拉伸技法大多都是主动拉伸，不需要专业设备和他人辅助，仅根据日常可见的条件（墙壁、桌椅、毛巾等）来自主进行，便捷实用。

荣幸邀请到我的挚友杨斌老师一起翻译校对此书。他开创了"精准伸展Precision Stretching®""精准减脂Precision Weight Loss®"等精准系列认证课程。相信这本书将成为我们在国内传播科学拉伸理念的参照标准。

身体是自己的，亲身体会才能有最客观的评价。翻开这本书，开始一次身体探索之旅吧。

前言

人分两类：背部疼痛的人和即将背部疼痛的人。

世界各地的人们纷纷给我写信、发邮件，甚至打电话，他们按照指示和步骤来运动，从未间断，现在已经摆脱了长期困扰他们的疼痛。这一现象让我想到，也许在某种程度上，还有第三类人：那些再也不会有背部疼痛的人。

多年以来，作为一名推拿治疗医师，我专门治疗神经肌肉骨骼问题。患者们总是重复问我同样的问题："真的有必要进行拉伸吗？我必须进行拉伸吗？"答案既不是肯定的，也不是否定的。这和我每天要刷牙一样，是必须的吗？不，不一定。但我们中的大多数人已经清楚地认识到不刷牙的后果。遗憾的是，我们却对忽视拉伸和保护身体所产生的后果熟视无睹，直到全身不同的部位出现各种疼痛才幡然悔悟。

这种情况下，我们可能还是意识不到，身体的疼痛与我们的行为举止有关。目前，我们的身体并不需要保养，那为什么疼痛从现在就开始了呢？我们会不会像六个月不刷牙，看到蛀牙一样惊讶呢？疼痛是自己积累的，身体不会忘记你多年来的所作所为。

所以，我们需要拉伸吗？我相信拉伸和练习是身体日常保养的一部分，与养成刷牙的习惯是一个道理。

人类和动物都会进行各种形式的拉伸并养成习惯。想想刚睡醒的猫或狗，在开始活动之前都会拉伸它们肩部和臀部的肌肉。

是不是由于我们的生活对运动的需求越来越小，导致我们丧失了这一动物本能？这也许是事实，但本能不会消失。早上打哈欠时，我们常常举起并伸展手臂、弯曲背部。

过去的十年里，我是一名体操运动员，这是真正让我痛苦的时期。我的背部一直疼痛，退役之前就饱受背痛之苦。作为体操运动员，我的身体具有较好的柔韧性。我当时真以为自己是肌肉和柔韧性方面的权威。后来，我通过学习推拿，并成为一名推拿治疗医师，才了解了一些肌肉知识，以前甚至不知道这些肌肉的存在。

然而，在我做学生的几年里，我的背部依然疼痛。无论接受何种治疗，背疼也只是略微缓解。通过持续拉伸特定的肌肉，在一段时间过后，我开始感觉背疼有所好转。我下定决心一定要改善背部肌肉的柔韧度和灵活度。经过长时间的拉伸，拉伸的效果开始显现，现在，我的背疼彻底治愈了。如果我由于训练或疏忽大意而感到背部疼痛，我只需要拉伸之前拉伸过的那块肌肉。拉伸完毕，疼痛便消失了。回想过去，有时我会感慨，如果当时我懂得现在掌握的知识，我将会成为一名多么出色的体操运动员呀！一块肌肉的健康就会让世界变得不同。

我努力将这些经验告诉我的患者们，让每位患者在家中进行一项拉伸练习，而我能轻易分辨出谁完成了这项练习，谁忘记了这项练习。通过合作，我们能够轻松、快速地达到理想的效果，患者身体的疼痛得以减轻，灵活性得到提高。

有些关于拉伸的图书和杂志总是给拉伸加上神奇的色彩。遗憾的是，这些书刊从来不会解释我们需要拉伸的真实原因，文章中所提及的练习常常是错误的或危险的。完成练习的相应指导通常也不完整、难以理解，或者根本没有指导。

本书是一种工具，与其他工具一样，应谨慎使用。请通读本书并全面学习书中的练习。练习是有效的，前提是必须掌握正确的方法。在这一版中，新增加了搭档拉伸部分，这是特别有效的方法。我非常希望向读者强调搭档拉伸的重要性，无论是被拉伸者或搭档，都需要阅读书中的内容，研究图片展示的动作，同时在整个拉伸过程中进行及时的沟通，避免意外受伤。

人体的肌肉和骨骼

　　拉丁文通常根据肌肉的形状和功能来为肌肉命名。因此，学习肌肉的拉丁文名称是有用的。以肩胛提肌（Levator Scapulae Muscle）为例，Levator（提肌）源于拉丁文的levatio，意为上升。这也是现代英语中"电梯"（elevator）一词的起源。scapula在拉丁文中肩胛骨的意思。类似的例子还有很多，你若熟悉一些拉丁语术语，就能轻易推断出肌肉的用途和位置。以下是一些例子。

Abdominis =下腹部（Abdomen）

Abductor =外展（Outward moving）

Adductor =内收（Inward moving）

Antebrachii =前臂（Forearm）

Anterior =正面（Front side）

Bi=二（Two）

Brachii=上臂（Upper arm）

Brevis =短（Short）

Caput=头（Head）

Dorsum=背部（Back）

Externus =外部（Outer/external）

Extensor =伸肌（Muscle that extends/straightens）

Femoris =大腿（Thigh）

Flexor =屈肌（Muscle that bends）

Infra =下方（Below）

Internus =内部（Inner/internal）

Lateralis =外侧（Toward the side）

Levator =提肌（Muscle that raises）

Longus=长（Long）

Magnus/Major =大（Large/greater than）

Minimus/Minor =小（Small/lesser than）

Musculus =肌肉（Muscle）

Musculi =肌肉群（Muscles）

Obliquus =斜（Slanted）

Posterior=背面（Back side）

Processus =过程（Process）

Rectus =直的（Straight）

Spinae =脊柱（Spine）

Supra=上（Above）

Tri=三（Three）

拉伸注意事项

我们在全书中展示的是身体右侧的拉伸。

一般而言，你还需要拉伸身体的左侧。

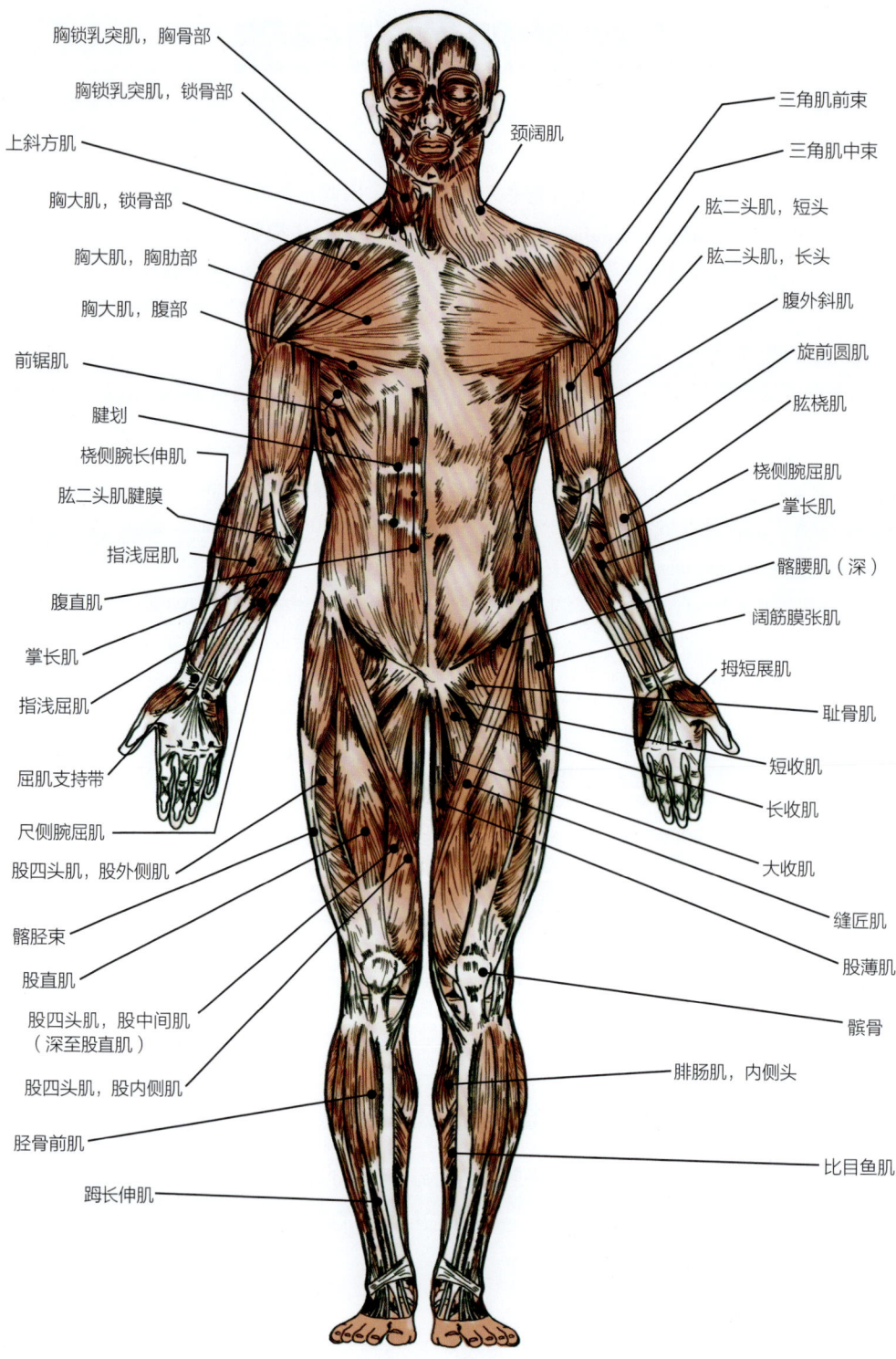

胸锁乳突肌，胸骨部
胸锁乳突肌，锁骨部
上斜方肌
胸大肌，锁骨部
胸大肌，胸肋部
胸大肌，腹部
前锯肌
腱划
桡侧腕长伸肌
肱二头肌腱膜
指浅屈肌
腹直肌
掌长肌
指浅屈肌
屈肌支持带
尺侧腕屈肌
股四头肌，股外侧肌
髂胫束
股直肌
股四头肌，股中间肌
（深至股直肌）
股四头肌，股内侧肌
胫骨前肌
踇长伸肌

颈阔肌

三角肌前束
三角肌中束
肱二头肌，短头
肱二头肌，长头
腹外斜肌
旋前圆肌
肱桡肌
桡侧腕屈肌
掌长肌
髂腰肌（深）
阔筋膜张肌
拇短展肌
耻骨肌
短收肌
长收肌
大收肌
缝匠肌
股薄肌
髌骨
腓肠肌，内侧头
比目鱼肌

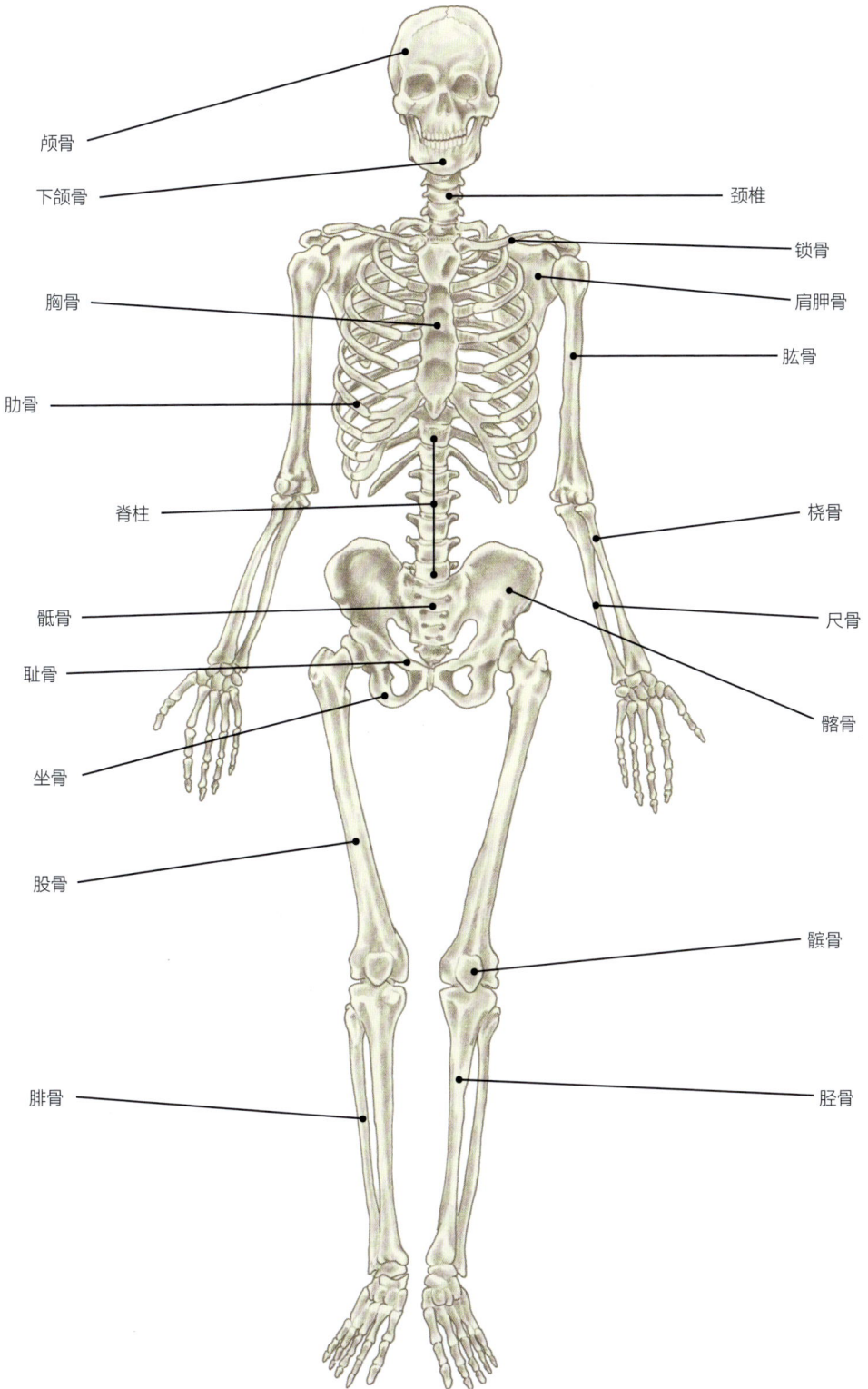

颅骨

下颌骨

胸骨

肋骨

脊柱

骶骨

耻骨

坐骨

股骨

腓骨

颈椎

锁骨

肩胛骨

肱骨

桡骨

尺骨

髂骨

髌骨

胫骨

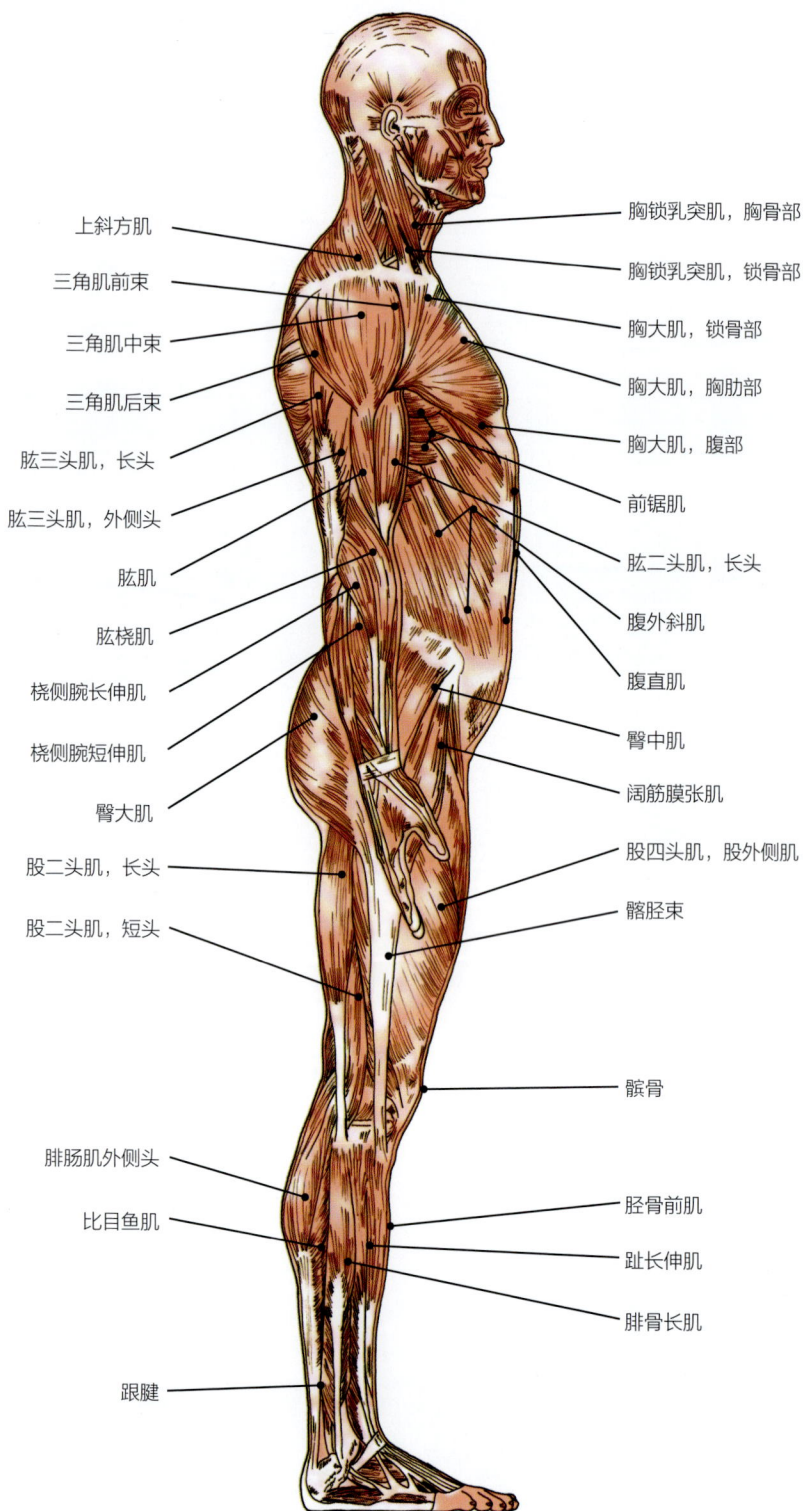

上斜方肌

三角肌前束

三角肌中束

三角肌后束

肱三头肌，长头

肱三头肌，外侧头

肱肌

肱桡肌

桡侧腕长伸肌

桡侧腕短伸肌

臀大肌

股二头肌，长头

股二头肌，短头

腓肠肌外侧头

比目鱼肌

跟腱

胸锁乳突肌，胸骨部

胸锁乳突肌，锁骨部

胸大肌，锁骨部

胸大肌，胸肋部

胸大肌，腹部

前锯肌

肱二头肌，长头

腹外斜肌

腹直肌

臀中肌

阔筋膜张肌

股四头肌，股外侧肌

髂胫束

髌骨

胫骨前肌

趾长伸肌

腓骨长肌

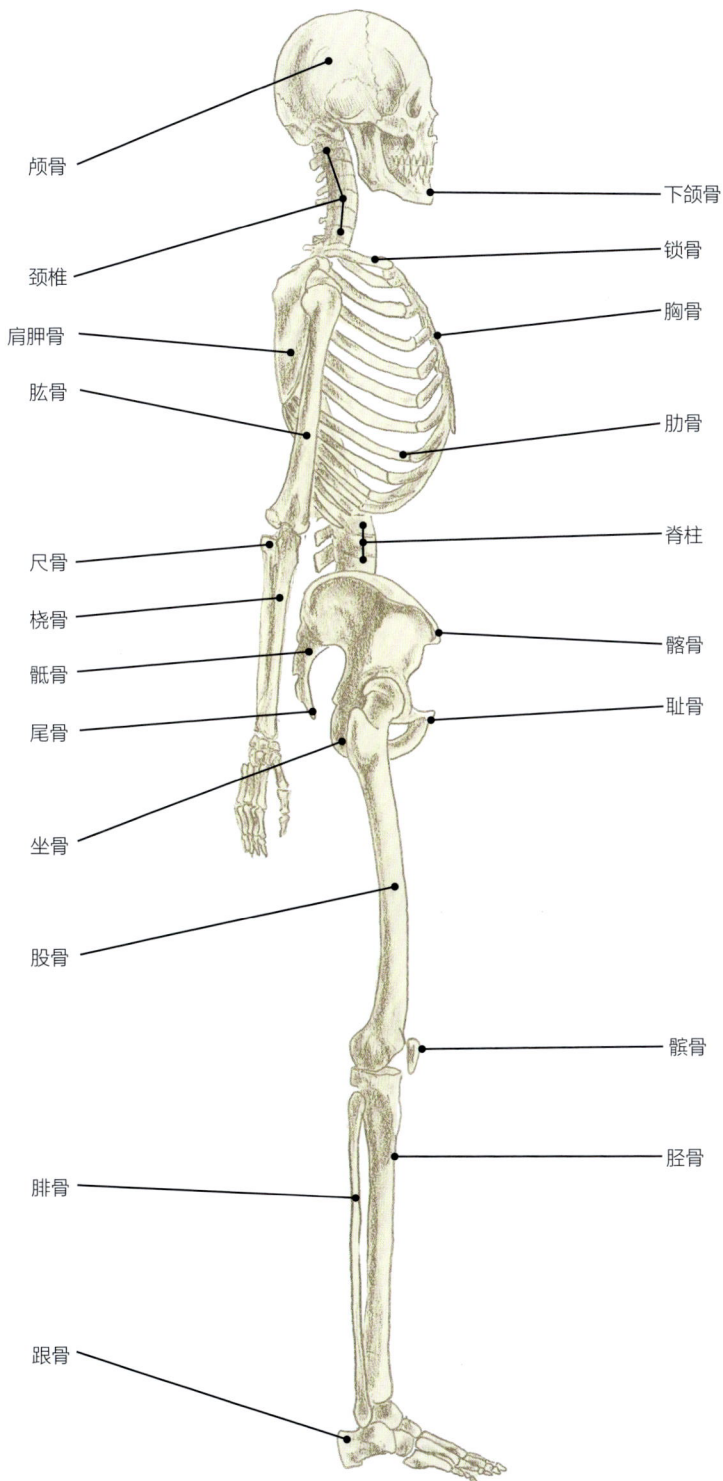

颅骨

下颌骨

颈椎

锁骨

胸骨

肩胛骨

肱骨

肋骨

脊柱

尺骨

桡骨

髂骨

骶骨

耻骨

尾骨

坐骨

股骨

髌骨

胫骨

腓骨

跟骨

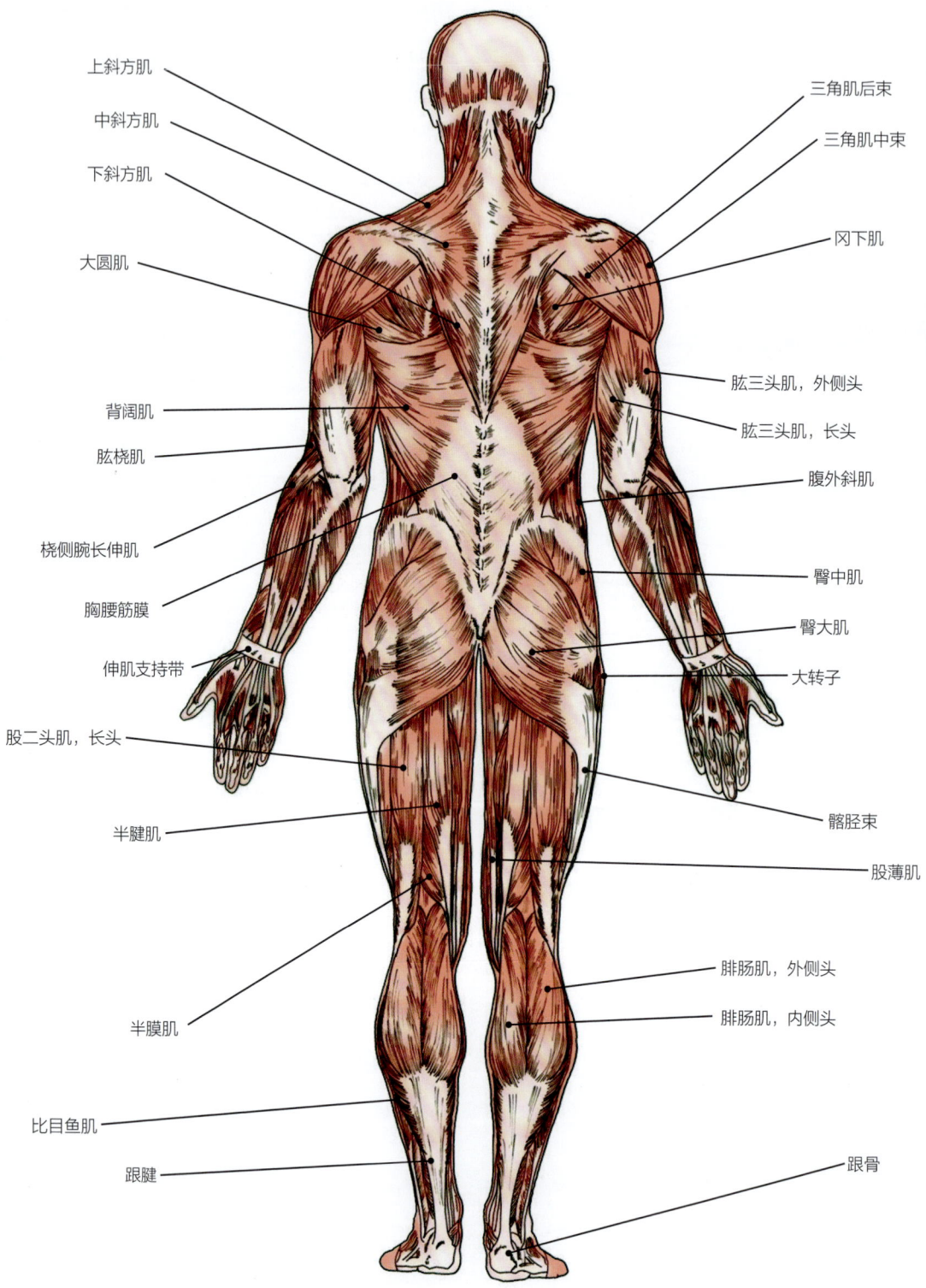

上斜方肌

中斜方肌

下斜方肌

大圆肌

背阔肌

肱桡肌

桡侧腕长伸肌

胸腰筋膜

伸肌支持带

股二头肌，长头

半腱肌

半膜肌

比目鱼肌

跟腱

三角肌后束

三角肌中束

冈下肌

肱三头肌，外侧头

肱三头肌，长头

腹外斜肌

臀中肌

臀大肌

大转子

髂胫束

股薄肌

腓肠肌，外侧头

腓肠肌，内侧头

跟骨

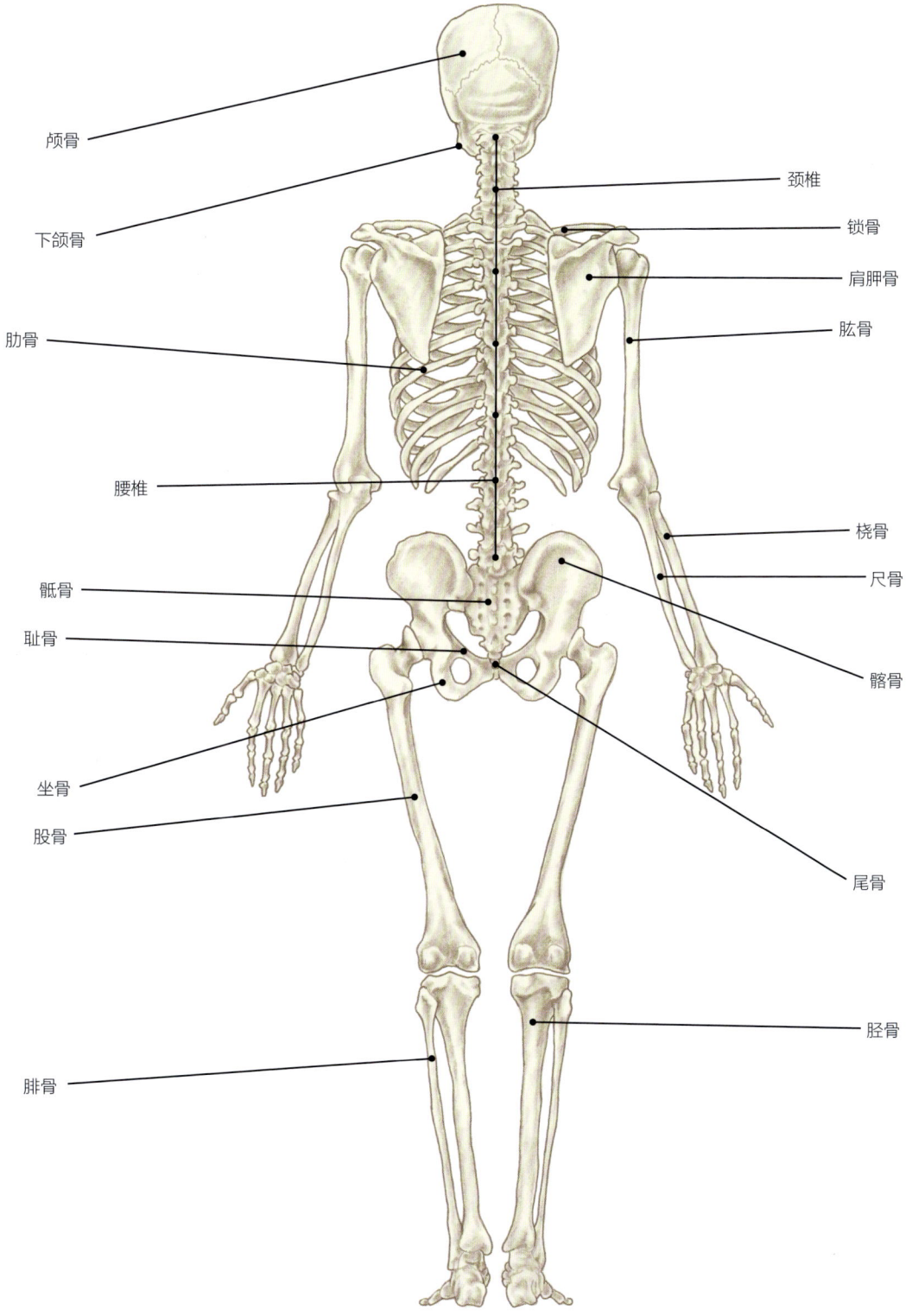

颅骨

下颌骨

肋骨

腰椎

骶骨

耻骨

坐骨

股骨

腓骨

颈椎

锁骨

肩胛骨

肱骨

桡骨

尺骨

髂骨

尾骨

胫骨

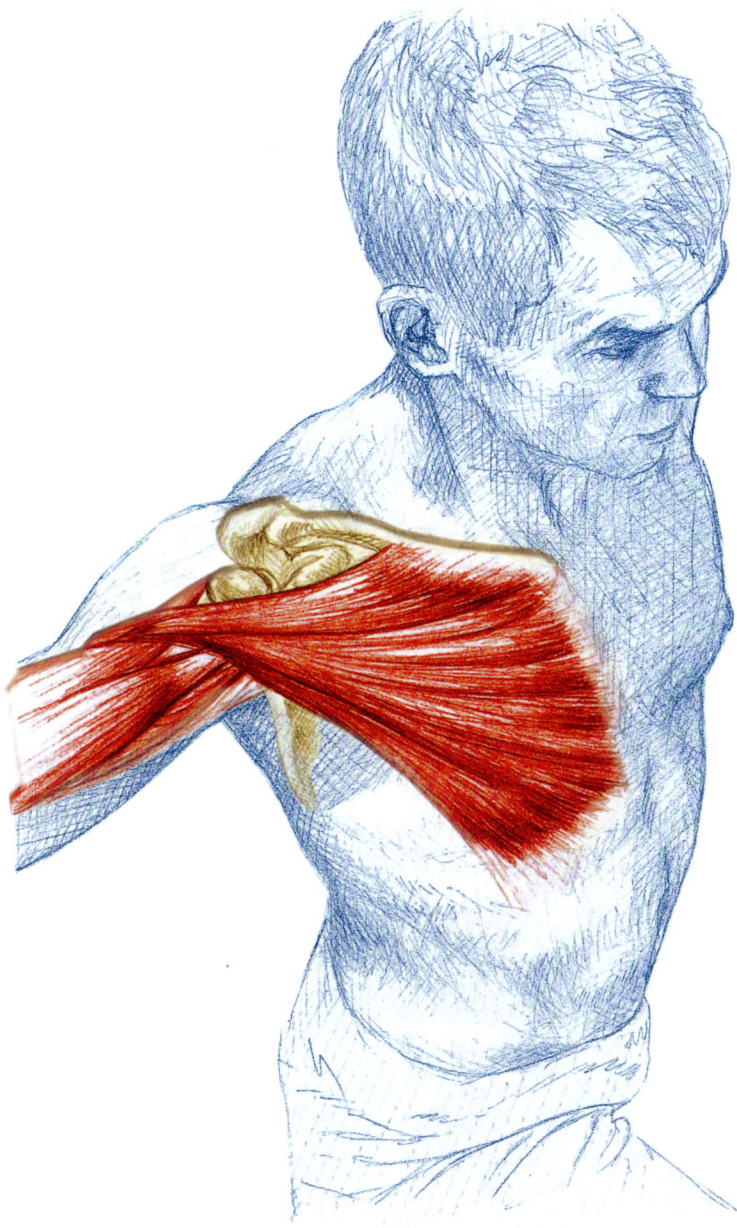

拉伸的基础知识

生理学

人体很神奇。从视觉、听觉、血液循环到肾脏和心脏，各种系统确保身体正常、有序地运行。其中最重要的系统之一是运动系统，它控制着运动、柔韧性、力量、协调性和平衡。

这个系统包括骨骼、关节和骨骼肌，它们都需要进行抗阻运动才能保持健康。就像积木一样，当我们还是孩子的时候就要将每一个构件摆放到位，而当我们长大了，还必须维护和保养它们。

运动时，受影响区域的血流量会增加，因为血液携带着肌肉所需的氧气和其他营养物质。运动还会导致体温上升，使肌肉变得更加柔韧。抗阻运动会刺激肌肉生长，使身体在下一次运动中更加强壮。我们应该循序渐进地增加肌肉阻力，这样身体才有机会进行相应的调整。如果阻力增加得过快，就会超出肌肉的负荷能力。所谓超负荷有多种表现形式，可以是步行时间过长，步行频率过

高，或者提过重的物品，甚至久坐也会造成肌肉超负荷。

在任何训练或拉伸中，循序渐进地增加肌肉负荷对于避免受伤至关重要。即使你不想循序渐进，身体会记录下你所做的一切。如果在短时间内做了太多运动，身体会通过疼痛来提醒你。

肌肉系统

人体内包含600余块骨骼肌，这些肌肉用来实现关节的运动。可以将这些肌肉看作拉伸的橡皮筋。一块肌肉开始活动时，它像橡皮筋一样被拉紧。肌肉的弹性越大，运动就越顺畅。

缺少运动的肌肉在休息时不会变得更强壮。相反，这类肌肉会紧绷并缩短，从而导致疼痛。当需要这些肌肉活动时，由于之前的使用率极低，它们非常容易疲劳。因此，即使是做搬椅子这样简单的日常动作，也有可能背痛不止。

身体需要平衡。运动时，身体正面的肌肉将身体所有部位向前拉。如果这些肌肉缩短了，就会形成弯腰驼背的姿态。因此，要笔直地站立，背部的肌肉必须与身体正面的肌肉在力量和长度上相当。最好的状态是，身体正面和背部的肌肉弹性相当，这样更容易保持平衡。

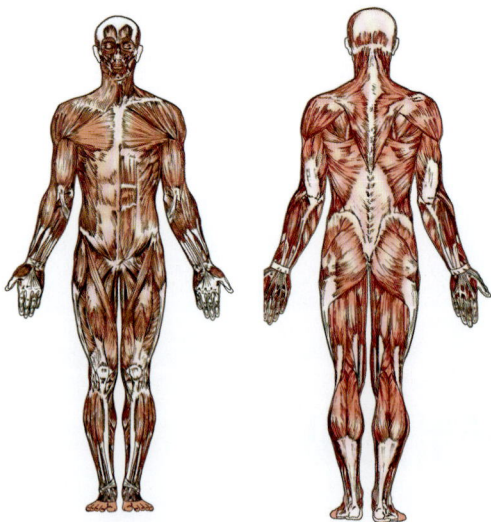

人体包含400～600块骨骼肌

身体对应两侧肌肉间的关系（前后或左右），对于身体的功能和健康非常重要。

肌肉不断收紧（例如在压力状态下）会导致肌肉失去弹性，逐渐僵硬，因为我们运动越少，血液循环就越不通畅。

肌肉类型

肌肉组织分为三类：骨骼肌、平滑肌和心肌。就拉伸而言，我们更关注骨骼肌（平滑肌存在于人体的管状器官，如肠道和血管；心肌仅存在于心脏）。

骨骼肌由肌纤维（肌细胞）构成，这些肌纤维被一层结缔组织包裹，称为肌内膜。肌纤维成束状排列，各肌束又被结缔组织膜包裹，形成肌束膜，包在整块肌肉外面的结缔组织称为肌外膜，使肌肉成为一个整体。

所有这些结缔组织或筋膜，都包含在起源和附着的肌肉中。每个单独的肌纤维通过肌腱附着在骨骼上。

肌纤维中含有无数条肌原纤维，这些肌原纤维由肌节组成，肌节是骨骼肌的基本收缩元件。肌原纤维包含两种蛋白丝：肌动蛋白和肌球蛋白。它们以一种重复的方式排列，从而形成肌肉的条纹。肌原纤维和肌节是肌肉发生收缩的地方。

下页图展示了肌动蛋白和肌球蛋白。肌肉收缩时，较粗的肌球蛋白的头部伸出，形成横桥，与较细的肌动蛋白相互作用。具体地说，肌球蛋白的头部向内折叠，朝向肌节的中心，将肌动蛋白拉近，引起肌肉收缩。当肌肉处于正常放松状态时，肌节可以被拉伸到其静止时张力长度的150%，这意味着

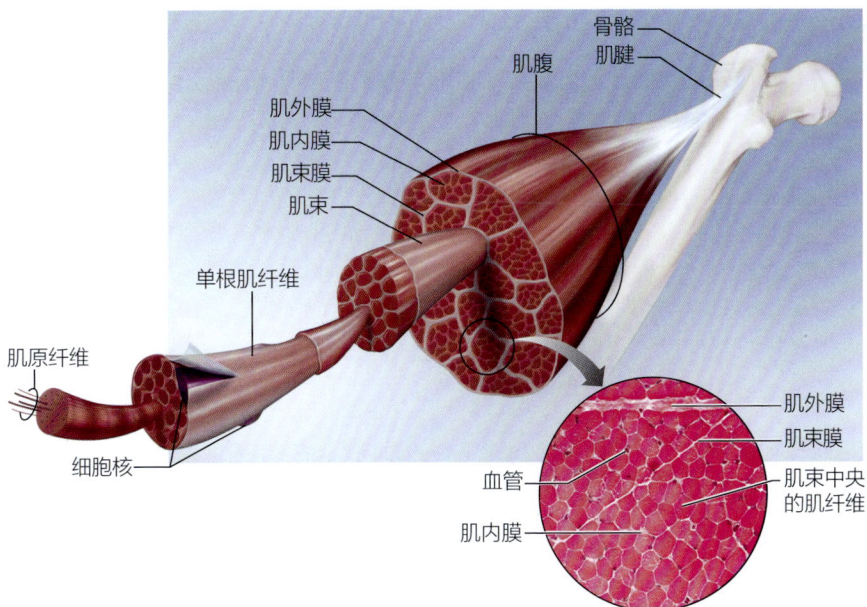

肌肉的基本结构

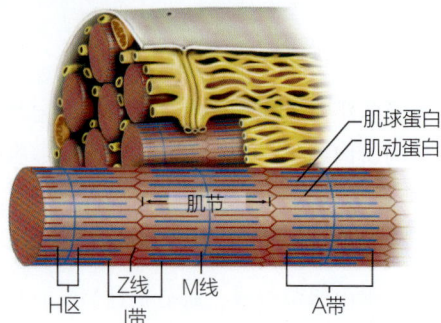

肌节由肌动蛋白（细肌丝）和肌球蛋白（粗肌丝）组成

在肌肉放松状态下，肌节不是限制活动范围（ROM）的因素。然而，如果肌肉紧张，拉伸可以使其放松，从而在短期内增加活动范围。

肌梭

肌肉组织中还含有肌梭，肌梭是监测肌肉长度的感受器，这些感受器由小肌线（梭内肌纤维）和神经末梢组成。肌梭对肌肉的伸展程度和速度都有反应。当肌肉被用力拉伸时，尤其是以极快的速度完成拉伸时，肌梭会向脊髓发出向内的脉冲，而这些脉冲又被直接转换成向外的脉冲，使肌肉得到伸展。这种动态机制构成了所谓的牵张反射。

因此，为了避免过度刺激肌梭和引发牵张反射，需要缓慢拉伸，肌梭才会逐渐适应拉伸的程度。

当肌肉收缩时，肌梭通过增强交感神经系统的脉冲传递来做出反应。这种反应增强收缩肌肉的张力，并降低或抑制肌肉拮抗肌的张力。例如，肱二头肌收缩时，肱三头肌放松。这个过程有时被称为拮抗肌抑制，在

一些拉伸技巧中会用到。

高尔基腱器

高尔基腱器被包含在肌肉肌腱中，是肌肉的另一种感受器，负责感受张力。它们附着在肌纤维与肌腱相连的地方，与肌纤维串联在一起。高尔基腱器对肌肉肌腱的伸长做出反应。在被动拉伸的情况下，肌纤维主要是被拉伸，但如果肌肉在伸展位置发生收缩，高尔基腱器就会受到强烈的刺激。

当肌腱的收缩或拉伸强度超过某一临界值时，机体会通过高尔基腱器触发反射，使肌肉放松。松弛作用是一种保护机制，防止肌腱受到损伤。这种反射通常被称为逆牵张反射或抗肌力反射。

高尔基腱器的作用是使肌肉拉伸和放松。这种练习有时被称为自我抑制。

筋膜和结缔组织

如前所述，筋膜是围绕肌纤维、肌纤维束和整个肌肉的结缔组织膜。筋膜存在于所有器官、肌肉、骨骼和神经之中，并包裹着它们。

筋膜的两种结缔组织会影响活动范围：胶原结缔组织和弹性结缔组织。当胶原结缔组织较多时，活动范围相对有限；当弹性结缔组织较多时，活动范围会更大一些。

结缔组织在限制活动范围方面具有重要的作用。在一定限度内，一个人可以通过拉伸练习或者损伤后康复练习来改变组织，从而影响活动范围。近年来，关于筋膜的研究越来越多地超出了人们之前的看法，它们可能会以更广泛的方式影响关节活动范围的诸

多方面。

拉伸对筋膜的影响和对肌肉组织的影响一样大，这意味着我们从拉伸中感受到的影响可能部分与拉伸筋膜有关。除此之外，我们知道刺激筋膜上的受体会导致肌肉张力降低、交感神经系统的活动减弱和血管扩张（血管扩张会促进血液循环）。

拮抗肌

拮抗肌指一块肌肉伸缩或完成动作时，另一块发生与之相反方向运动的肌肉。如果正在拉伸的肌肉导致肘部弯曲，那么相应的拮抗肌就会使肘部伸直。因此，运用一组肌肉完成某一动作时，紧缩的拮抗肌将为完成这一动作提供阻力。如果能注意到引起大多数对抗作用的拮抗肌，就能使运动变得更高效。例如，在跑步时，运用髋部屈肌和股四头肌可以将腿向前迈，而位于大腿后侧、负责将腿向后收回的肌肉在向前迈腿时将被拉伸。如果这部分肌肉紧绷，将阻碍运动。跑步前，拉伸这些肌肉会让活动更加有效。

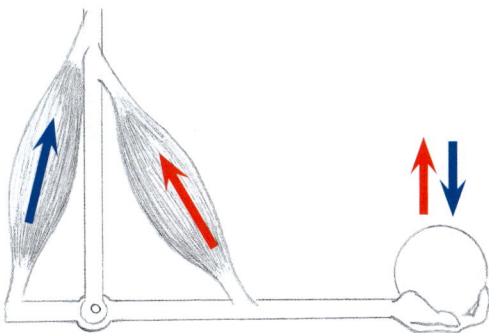

红色箭头标记的肌肉负责将球抬起，蓝色箭头标记的肌肉负责放下球，它们运动的方向相反，因此它们是一对拮抗肌。

缩短的肌肉和触发点（扳机点）

肌肉在运动时会产生副产品，其中一种叫乳酸。任何人长时间负重都会体会到乳酸的影响。起初，你会感觉肌肉在燃烧。随着疲劳度不断增加，灼热的区域开始疼痛。释放所有重量后，疼痛就会消失，因为血液能清除肌肉中的乳酸。

如果持续收缩肌肉，就会造成产生过量乳酸的问题。如今，由于工作压力大，我们会长时间收缩颈部和肩部区域的肌肉。这种做法会导致不良姿势，而不良的姿势正是由于肌肉无力或身体适应了缩短的肌肉而造成的。这种坏习惯还会在我们以正确的姿势站立或端坐时增加阻力，这种阻力能进一步缩短肌肉。

触发点或者扳机点可以被看作肌肉中的结节，尺寸从米粒到豌豆般大小不等。触发点会导致结节所在位置和身体其他区域的疼痛。它们有的是活跃的，有的是潜伏的。例如，位于肩部斜方肌的活跃触发点能导致耳周或靠近额部和眼部位置的疼痛。位于相同位置的潜在触发点在按压时也会出现类似的疼痛。

触发点出现在静态缩短或紧绷的肌肉中，从而产生乳酸，也可以出现在过度使用、缺乏休息的肌肉中。触发点能够产生从手臂扩散至手掌或腿部的疼痛，还能导致背部的局部疼痛。有的触发点能导致所有人在同一个位置出现疼痛，它能帮助我们找到引起疼痛的原因。拉伸是消除触发点，或者将活跃触发点变为潜在触发点的很好方式。

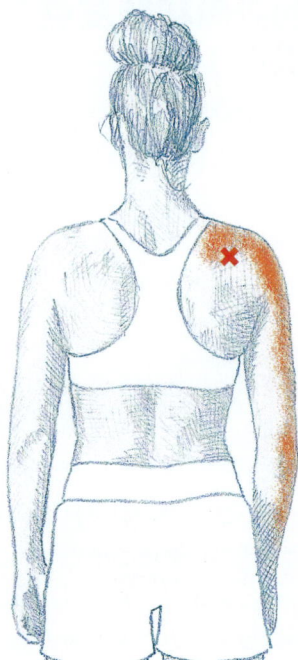

"×"表示触发点的位置，红色表示可能感到疼痛的区域。整个红色区域不一定会受影响。

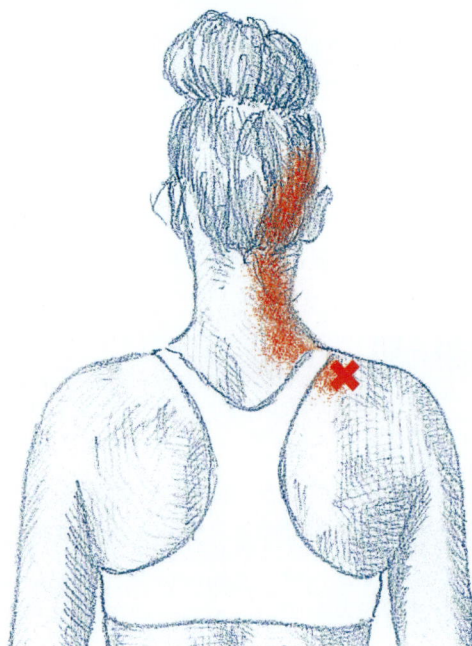

普遍的头痛是由斜方肌上部的一个触发点引起的。

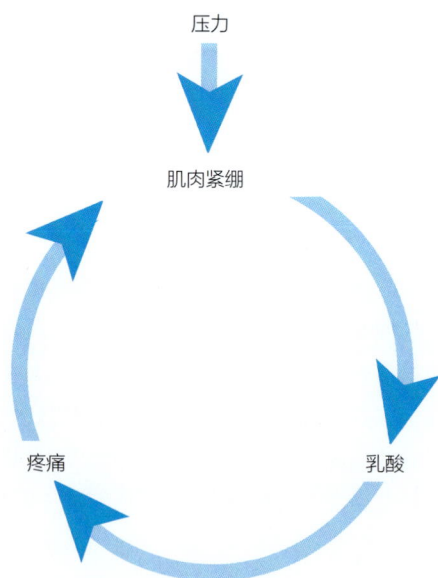

以下是肌肉缩短和产生触发点的常见原因。

- 压力
- 不良姿势
- 静态负荷
- 静坐（不运动）
- 以不舒服的姿势长时间睡觉
- 重复运动（尤其是头部以上的部位）
- 训练动作不规范
- 交叉腿端坐
- 习惯性地使用同一侧肩部背包
- 寒冷

骨骼系统

　　身体中的所有组织都依托在骨架上，从肌肉到肺脏、肝脏再到肠。如果骨骼太脆弱，一切都将分崩离析。运动和负重能够促进骨骼变得强壮，促使骨骼在夜间进行重塑，为第二天的身体需求做好准备。然而，久坐不动是不会让骨骼变得更强壮的。不运动会导致骨骼停止重塑，从而变得更加脆弱，更不耐用。可惜的是，强健骨骼的时间是有限的。这一过程只能持续到25周岁，之后想要从本质上增强骨骼是非常困难的。因此，请让孩子多到户外活动，而不是整天坐在电脑或电视机前。骨骼和身体天生是用来运动的，而不是用来休息的。

关节

　　关节，是两根骨头间的连接部位，它也许是运动系统中最敏感的部位了。骨骼的末端由软骨覆盖，起到减缓振动、减少摩擦的作用。与其他骨骼一样，软骨也需要负重。软骨在我们成长发育时逐年增厚，运动的频率越高，它的厚度会变得越厚，功能性会变得越好。

　　如果不经涂抹润滑油，经常开合的门便会开始发出吱吱声。我们的关节也是这样，需要保养和活动。运动是保养关节的最佳方式。最大限度地活动关节能激发关节，使其在下次使用时更加灵活。

　　关节不常使用就会变得僵硬。例如，只需12小时，肘关节的灵活度就会减少到原有功能的30%。

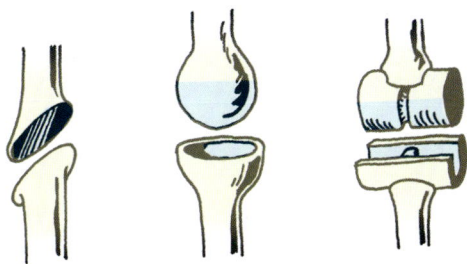

平面关节、球窝关节和铰链关节是身体关节中的3种。关节的形状决定了它能完成的活动。

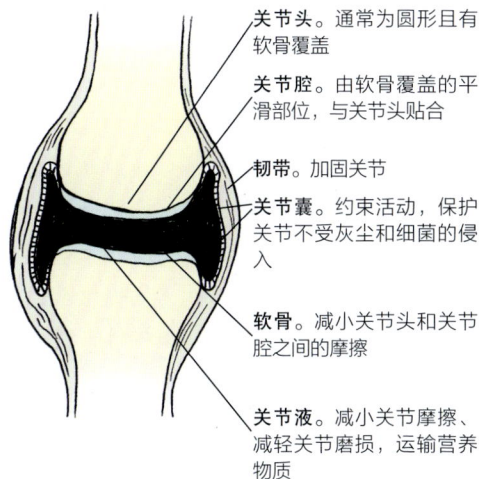

关节头。通常为圆形且有软骨覆盖

关节腔。由软骨覆盖的平滑部位，与关节头贴合

韧带。加固关节

关节囊。约束活动，保护关节不受灰尘和细菌的侵入

软骨。减小关节头和关节腔之间的摩擦

关节液。减小关节摩擦、减轻关节磨损，运输营养物质

　　骨折后，身体会让骨骼自行愈合，并在伤处长出一层组织以降低再次骨折的可能性。

每天进行大约30分钟的运动，是保护背部和整个身体的好方法。

动起来

遗憾的是，现代社会为人们提供了各种便利，如椅子、自动扶梯、电梯等，但这些东西夺走了人体必需的刺激。整天休息不能让身体远离痛苦和麻烦，相反，它降低了身体状态良好的概率。缺少运动对于年轻人和老年人来说都是一个长期问题。

佩戴计步器记录步数是跟踪运动量的一个好方法。然而，身体的其他部位所需的运动量与腿部是一样的。全身的关节和肌肉每天都需要运动来维持良好的状态，身体状态好，你的状态才会好。

计步器	
不足1 000步：	不能再坐着啦。
1 000至3 000步：	运动量不够，对身体健康不利。
3 000至5 000步：	有进步，但请你现在就到户外去。
5 000至10 000步：	很好，就快达到目标了，再多走几步。
10 000步以上：	棒极啦！真正的健康益处即将显现。

运动量不足的后果

心脏

如果心脏从未受到挑战，它会尽其所能地减少活动，在你需要增加心脏额外的负荷时它会"罢工"。衰弱的心脏也会阻碍血液循环。

肌肉

不运动，肌肉就会日渐衰弱，在需要使用时它们会表现不佳；同时肌腱也变得更脆弱，容易在突然运动中撕裂。未经保养的肌肉会失去弹性，逐渐僵硬。

关节

年轻时，身体的软骨在运动中增厚，如果年幼时的运动量小，软骨会比经常运动的人的软骨薄。软骨单薄会增加罹患关节炎的危险。

骨骼

与软骨相似，负重能让骨骼变得更强壮。导致骨骼脆弱的主要原因就是运动量不够。骨质疏松症是导致老年人骨折的常见原因。

血液循环

缺乏运动导致毛细血管收缩，阻碍氧气运输到肌肉和其他组织中。

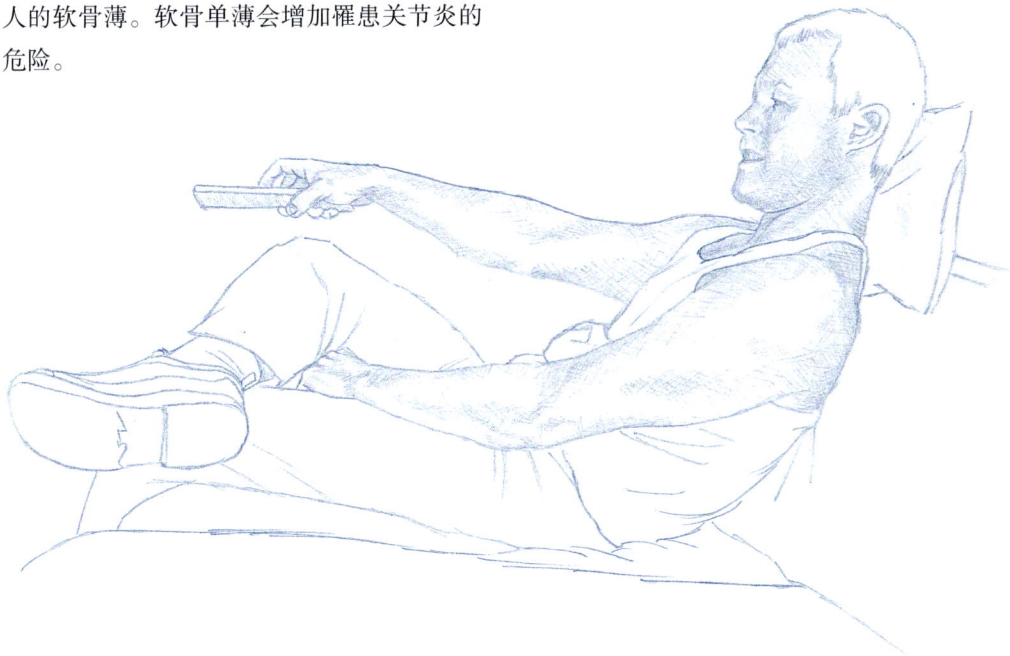

日常生活中，只要配合适量运动，偶尔慵懒一些其实并无大碍。

为什么要拉伸

拉伸的主要目的是增加关节的灵活性，或者扩大关节的活动范围。这些益处通过下文介绍的多种机制来得以实现，其中包括减轻疼痛和实现更好的身体功能。

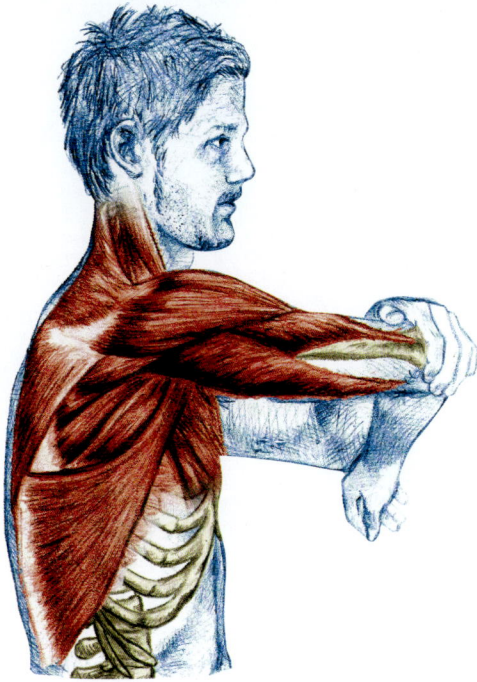

拉伸冈下肌，能够缓解肩部前部疼痛。

在了解如何使用拉伸来增加关节的灵活性之前，我们必须先了解限制关节活动范围的因素。

- 机械限制。被动柔韧性可能因组织、肌肉、筋膜、韧带、关节囊和肌腱的黏弹性而受到负面影响。由于神经系统在主动拉伸过程中会控制肌肉的长度和张力，肌肉无力或紧绷会导致运动和拉伸的幅度小于整个活动范围。
- 感觉限制。拉伸耐受性是指一个人在整个活动范围内拉伸的感觉，以及对身体可能出现不适的承受能力。如果这些感觉太过痛苦或不舒服，神经系统就会发出信号，让你把拉伸动作停留在感觉较好的位置。这样会限制关节达到完整的活动范围。
- 心理限制。大脑可能会回忆起以前不愉快的拉伸经历，并通过运动控制施加心理上的限制，从而导致一个人无法达到完整的拉伸幅度。

下面是拉伸可以达到的一些效果。

- 增加拉伸耐受力。拉伸后的肌肉组织会变得更加持久耐用，感觉不那么紧绷。增加人们的拉伸耐受力，会使其在更完整的活动范围内很少感觉到不适。

- 提高被动柔韧性。组织液水平的变化会影响黏弹性；结缔组织瘢痕（由先前的组织损伤引起）的功能改善也会影响黏弹性。
- 提高主动柔韧性。拉伸可以改善身体运动机能，从而使身体更好地指导肌肉运动，运用肌肉完成特定动作。
- 心理作用。通过安慰剂效应，个人期望可能会发挥积极作用。
- 减少神经肌肉活动。拉伸会使肌肉放松，这包括促进血液循环和减轻疼痛；它还向筋膜中的受体发出信号，使肌肉伸展。
- 减少在体育活动中受伤的风险。拉伸通过调节肌肉张力（紧张程度）来改善血液循环，并改善动作功能，从而降低受伤的风险。
- 运动后改善机体恢复。通过促进血液循环和局部氧合，拉伸可以改善机体恢复（这是检测到的一个相对较弱的效应）。研究还表明，拉伸可以减轻运动带来的肌肉疼痛，但这种效果并不具备普遍性。
- 更好的生理运动表现。一些研究表明，拉伸可以改善神经肌肉活动、身体协调性和本体感觉，从而提高体能表现。然而，还有一些研究表明，由于神经肌肉活动减少和力量减弱，体能表现反而会下降。所以在与运动员合作时，必须要考虑到上述两种情况。
- 伤后康复。有研究表明，拉伸会加速血液循环，从而刺激受损组织愈合。还有一些证据表明，拉伸能够更快、更大限度地恢复机体功能，并能积极治愈肌肉和肌腱处的炎症。在此，我们也需要明白，个体之间存在差异性，科学证据也有其一定的局限性。

疼痛会导致活动范围缩小，而肌肉疼痛可能是由肌肉紧张或紧绷引起的。

- 肌肉张力增加会减缓血液循环并导致缺血。
- 局部肌肉紧张或触发点会导致大片肌肉紧张，从而引起局部和放射性疼痛。

例如，长时间错误和固定不变的工作姿势会引起原发性肌肉紧张，从而导致肌肉张力增加，造成肌肉组织中小血管的压力增大。血管压力增加会减缓血液循环，从而阻碍动脉和静脉侧氧气和营养物质的流通，并导致代谢物的沉积，如乳酸。氧供应受损，同时代谢物运输不良，这就导致了pH值升高，而pH值控制着组织感受器（痛觉感受器）。这一系列因素的变化导致了痛觉感受器向脊髓传递的脉冲增大，从而使肌肉张力更大，这样对小血管的压力也就更大，从而构成一个恶性循环。

除了导致疼痛，紧张或紧绷的肌肉还会带来以下不良影响。

- 增加受伤的风险。肌肉太过紧张或紧绷可能会增加肌肉发生撕裂的风险（完全、部分或微小）。
- 身体负荷过重。肌肉组织张力增加可能引发各种刺激和炎症。

- 降低运动表现。肌肉紧张会减少主动肌中相互接触的横桥（肌动蛋白和肌球蛋白）数量，也将抑制拮抗肌。
- 身体僵硬。紧张或紧绷的肌肉会影响关节的活动范围。
- 对其他组织造成挤压。肌肉紧张有时会挤压到神经和血管。例如梨状肌会挤压坐骨神经，引起腿部疼痛。

肌肉紧张和由此引起的活动范围不足，其原因可能有许多，其中包括以下几种原因。

- 肌动蛋白和肌球蛋白复合物的活性增强，这种增强可能是有意识的，也可能是反射性的。引起这一变化的原因较多，其中包括中枢水平（例如，高应力）、外周水平（例如，影响神经释放乙酰胆碱的神经肌肉传导失效）或肌肉本身的局部水平（例如，钙流失）。
- 据一些研究表明，即便是一个合理的力量训练计划，也可能会导致关节减少10%的活动范围。
- 活动范围减小最常见的可能原因是结缔组织成分缩短。这种缩短通常是由于缺乏活动造成的，也可由创伤引起，随后结缔组织的瘢痕形成。

概述：拉伸机制

- 自发抑制。当我们通过本体感觉神经肌肉促进法（PNF）进行拉伸并收缩主动肌时，将激活高尔基腱器；在肌肉松弛后，它将短暂地抑制肌肉。这种抑制作用可使拉伸运动进行得更深入。虽然这一理论并没有完全得到科学的验证，但是一些研究已经证明PNF比其他方法更有效。
- 拮抗肌（交互）抑制。当被拉伸肌肉的拮抗肌处于静态收缩时，拮抗肌的肌梭相继被激活；结果，主动肌被反射性地抑制了。
- 适应，或突触前抑制。当主动肌在伸展位置被缓慢拉伸和进行收缩时，梭内肌纤维（即肌纤维内部的肌纤维）的横桥被破坏。结果，肌梭变得不那么敏感；也就是说，它们变得疲倦。肌梭活动降低表现为，在肌梭向内的神经纤维与向外的神经递质之间的神经突触中，传导物质的减少。
- 黏弹性改变。在缓慢拉伸，尤其是长时间保持肌肉拉伸的情况下，筋膜的橡皮筋效应逐渐减弱。
- 感官机制。拉伸可以减少肌肉的紧绷感，从而使我们更容易耐受拉伸。
- 心理作用。人们通常认为拉伸有助于增加活动范围和减少疼痛，这种预期通过安慰剂效应产生积极影响。

如何拉伸

使用错误的方法拉伸无异于浪费时间,同时还增加了受伤的危险。要注意,拉伸一块肌肉时,至少需要完成一个与该肌肉活动方向相反的练习。

如果肌肉的功能是屈肘,拉伸时则需要将手肘伸直。如果肌肉用于收缩髋部、伸直膝关节,或者增加弯腰时的弧度,那么拉伸时就应伸展髋部、弯曲膝关节,或者减小弯腰弧度。只做一个动作不但不会达到理想的拉伸效果,反而会造成关节活动过度,导致受伤。为了安全有效地运动,请严格按照下列原则进行拉伸。

4个主要原则

为保证拉伸时的安全,必须严格遵循4个主要原则:一是避免疼痛;二是缓慢拉伸;三是拉伸正确的肌肉;四是避免影响其他肌肉和关节。遵循这几个原则是为了让你更加安全、高效地拉伸,并且增加你对自己身体的认识。

避免疼痛

如果认真、谨慎地拉伸,肌肉会做出期望的回应。如果强行进行拉伸,肌肉则不会与你好好地配合。如果拉伸到疼痛点,身体就会认为自己处于危险之中,并启动防御机制。肌肉出现疼痛时,会通过收缩来进行自我保护。这与你拉伸的目的背道而驰。当然,如果不适感未扩散至整个身体,拉伸的过程中出现轻微的疼痛会让人感到很舒服。然而,你必须学会区分拉伸产生的灼热感与可能导致伤病的疼痛。

缓慢拉伸

如果拉伸时甩出手臂和腿,那么肌肉拉伸的速度就太快了。这时身体就会认为肌肉即将被撕裂或受伤,于是身体会通过收缩肌肉来尽力保护肌肉,从而导致无法完成动作。

拉伸正确的肌肉

虽然这看起来是显而易见的,但是要想遵守这一原则,你必须使用正确的方法。朝着错误的方向进行不同强度的运动就能体会到拉伸肌肉和拉扯关节囊或损伤身体的区别了。为了保护身体、节省宝贵的时间,掌握正确的方法很重要!

避免影响其他肌肉和关节

拉伸时粗心大意,或者拉伸不规范,会对其他的肌肉和关节产生负面影响,实际上是让身体状况变得更糟糕。这一常见的错误就是为什么有些人认为拉伸没有用、拉伸很痛苦的主要原因。

> **4个主要原则:**
>
> 避免疼痛;
>
> 慢慢拉伸;
>
> 拉伸正确的肌肉;
>
> 避免影响其他肌肉和关节。

黄金准则

正确的拉伸需要正确的技术，需要多加练习，就像其他训练一样，熟能生巧。开始运动时请确保所有的角度都是正确的。你必须以正确的速度和正确的姿势运动。拉伸肌肉时注意力应该放在尽可能少地活动关节上。采取阻力最小的方法是人类的天性，这样我们会感到轻松和舒适。然而，这种方法却不是达到较好拉伸效果的途径。

思考

应该在感到温暖或寒冷的时候拉伸吗

大多数人在温暖的时候会更加舒适和放松。但是，在拉伸之前可以不热身吗？如果按照拉伸的基本指南来操作，就不会有受伤的危险。如果需要通过每天拉伸10次来矫正身体出现的某一状况，每次拉伸之前都热身是很难的，也是不切实际的。

应该在锻炼之前还是之后进行拉伸

如果运动的目的是为了保持身体健康和良好体形，那么在运动前后，甚至在运动期间进行拉伸都是可以的。例如你是在健身，拉伸会帮助改善正在使用的肌肉及其拮抗肌。如果拮抗肌灵活而柔韧，拉伸就会更加轻松，受伤的概率也会降低。跑步时拉伸小腿能够避免受伤，因为紧绷的、缩短的小腿肌肉常常会影响大幅跨步。

让它成为日常生活的一部分

最大限度地扩大拉伸的效果应该像刷牙、洗澡一样，形成一种日常习惯。肌肉也需要经常保养，遇到由肌肉紧绷或缩短引发的问题时尤其如此。虽然你可能认为在工作时进行拉伸很可笑，但是它却能帮助你避免头疼或背疼。一个真正为员工着想的老板会同意在上午和下午设置专供拉伸的休息时间。

拉伸需要具备什么工具

其实拉伸并不需要借助任何专业器材。本书中的所有练习都能在家中、在工作场所或者在健身房完成。一面墙、一张桌子、一本书（站在上面）、一块毛巾、一块烫衣板都是完成拉伸的合适工具。

黄金准则

以最小的关节活动达到最大限度的拉伸

拉伸方法

拉伸的方法有很多，但基本理念是相同的：拉伸应该拉长肌肉。

拉伸通常分为两大类：静态拉伸和动态拉伸。静态拉伸是指身体保持某个特定的动作并持续一定的时间，动态拉伸是指在需要活动的关节处进行多次重复运动。我们在此重点介绍静态拉伸的一些方法，静态拉伸需要缓慢进入拉伸状态（避免刺激肌梭），直到肌肉有被拉伸的感觉，但并无疼痛感。然后保持这个姿势并持续相对较长的时间，至少保持一分钟，或者更长的时间。关于拉伸的时间到底应该持续多久，研究结果各不相同。一些研究明确建议：收缩阶段应持续3～30秒，拉伸阶段应持续10～60秒（或更长）。实际上，大多数研究结果都表明，收缩持续阶段最长持续10秒，拉伸持续时间则比收缩持续时间更长一些。拉伸结束后需要慢慢放松，然后回到初始姿势。

研究表明，被动拉伸会使肌肉产生一种被改变的感觉，从而增加肌梭的拉伸耐受力和适应能力。换句话说，肌肉习惯了实际拉伸程度。人们还认为，被动拉伸可以改变组织体液水平，从而增加黏弹性，减小肌肉张力。

被动PNF法

安全、有效的拉伸方法是本体感觉神经肌肉促进法（PNF），也称为收缩释放。这种方法以欺骗人体自身的防御机制为基础。首先，拉伸肌肉直至肌肉开始与你对抗，身体会向肌肉发出缩紧和自我保护的信息。继续保持拉伸姿势，肌肉会解除可能有危险的信号，身体会再次放松。你也可以主动收紧肌肉来平息身体的防御。PNF法是为了确保身体不抵触拉伸。请谨遵本书13页所述的4个主要原则以实现拉伸练习的最大收益。

被动腘绳肌拉伸：上半身向前倾，直到大腿后侧感觉到被拉伸，然后保持这个姿势。

在被动PNF法中，需要缓慢地拉伸，直到肌肉有被拉伸的感觉，但并无疼痛感，然后停止拉伸并保持这个动作5～10秒。接下来，静态收缩拉伸的肌肉并保持5～10秒，再放松几秒。然后进行更深度地被动拉伸，并保持上述姿势5～10秒。按照这个顺序重复2～3次。

被动PNF法的步骤

被动PNF法可分为6个步骤：

1. 设定正确的初始姿势。
2. 拉伸至终止点。
3. 放松。
4. 在肌肉未运动的前提下收紧肌肉。
5. 放松。
6. 拉伸至新的终止点。

根据运动的类型和目标重复后四步3～6次。

初始姿势

初始姿势不正确，不论是站姿、坐姿还是卧姿，都不可能有效地拉伸。因此，在进行拉伸之前，必须花时间学习正确的初始姿势。如果拉伸某部位的初始姿势较难，可以找一面镜子做对照，或者请别人检查姿势。开始拉伸前请认真阅读拉伸说明，仔细查看书中插图。

拉伸进行时

在拉伸阶段，尽量拉长肌肉直至感到轻微刺痛。正常来说，拉伸必须缓慢进行，并控制好正确的发力方向，才能保证拉伸效果（避免激活身体的防御系统）。本书中，正确的拉伸方向将用箭头标出。

终止点

终止点是指运动无条件停止的位置。有的终止点是移动的，有的终止点则是固定的。拉伸一块肌肉时，或早或晚，你总会到达终止点。感到肌肉刺痛时停止动作。软组织（肌肉和皮肤）或身体部位相互接触也能使运动停止。

在按照PNF法操作时，肌肉感到轻微刺痛时就表示已经到达终止点。如果到达了不同的终止点，必须停下来纠正动作，或者暂停拉伸、休息片刻。有的拉伸只有在其他肌肉拉伸之后才能进行。

放松

在放松阶段，只需保持处在终止点的姿势，最大限度地放松肌肉。此时此刻，你正在尽力缓解身体收缩肌肉的冲动。如果能够主动地放松，拉伸效果会更好。

收缩

这是为了欺骗身体的防御系统而采取的另一种分散身体注意力的方法。你需借助一定的阻力（自己的手、地面或墙）收缩正在拉伸的肌肉以防止肌肉运动。在不加任何额外活动的情况下收缩肌肉会使身体的防御系统放松警惕。此时，在上一阶段中感受到的轻微刺痛会缓解或消失。如果疼痛不减反增，说明在最初的拉伸阶段拉伸过度了。如果每一步都操作正确，现在就能够再次进行拉伸直至新的终止点了。

右图中的绿色箭头展示了被动PNF法对腘绳肌进行拉伸治疗的一个例子。在拉伸过程中，搭档向上抬起被拉伸者的大腿，直到被拉伸者感觉到大腿后面的肌肉被拉伸。被拉伸者保持拉伸主动肌（腘绳肌）10秒，然后放松。几秒之后，进行下一次拉伸。

主动PNF法

主动PNF法与被动PNF法的不同之处在于拉伸运动不是被动进行的。相反，它是通过激活肌肉的拮抗肌，然后和主动肌一起进行静态运动，从而在借助拮抗肌移动到新的拉伸位置之前，被拉伸的肌肉会进行短暂的放松。主动PNF法的拉伸时间间隔与被动PNF法相同（最多10秒），按照顺序重复2～3次练习。

图示中的蓝色箭头展示了腘绳肌通过主动PNF法进行的治疗性拉伸。被拉伸者收缩股四头肌使大腿呈拉伸姿势。在这个位置，腿是固定的，这样被拉伸者可以通过把脚跟压在搭档的肩部来对抗主动肌。短暂放松后进行下一次拉伸。

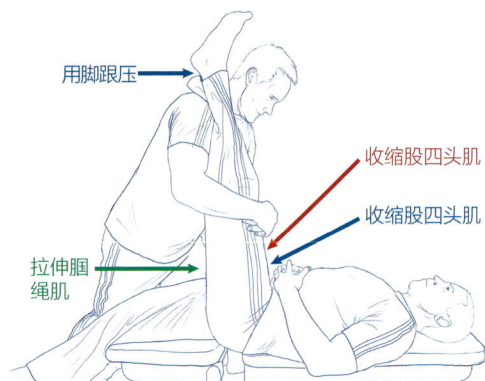

用脚跟压
收缩股四头肌
收缩股四头肌
拉伸腘绳肌

这幅图中的箭头标识了使用不同方法拉伸腘绳肌。绿色=被动PNF法；蓝色=主动PNF法；红色=INF法。

与被动PNF法一样，主动PNF法通过高尔基腱器来提升拉伸耐受性、自抑制以及提高黏弹性。它还通过收缩被拉伸肌肉的拮抗肌来利用所谓的拮抗肌抑制。收缩会使肌梭系统有灼热感，从而促使脊髓发出信号，使主动肌放松。

抑制性神经肌肉促进法（INF）

抑制性神经肌肉促进法（INF）仅用到拮抗肌抑制。也就是说，INF拉伸法是通过收缩被拉伸肌肉的拮抗肌并将该肌肉保持在由此产生的位置来完成的。然后再次激活拮抗肌，进行到下一个拉伸位置。这个过程需要重复2~3次。

上一页图中的红色箭头将帮助我们理解通过INF法进行的治疗性拉伸。被拉伸者利用肌肉的拮抗肌（股四头肌）将腿尽可能抬高，达到拉伸位置。搭档将抬高的腿固定住，被拉伸者最多保持10秒后，继续收缩拮抗肌。然后，被拉伸者将腿移动到不同位置，再次进行拉伸时，搭档按照之前的做法固定住被拉伸者的腿部。

INF法有助于提高拉伸耐受力，同时也可以增强黏弹性。INF法非常适用于那些拉伸的肌肉中存在疼痛的情况。在这种情况下，静态地激活主动肌并不是一个好主意，因为这样做通常会使身体感到疼痛，这会使肌肉紧张而无法放松。因此，通常情况下只使用拮抗肌效果会更好，从而避免身体运动。

用网球放松来辅助拉伸

可以用网球来放松僵硬的肌肉。具体来说，通过网球对肌肉施加压力，可以增强身体的灵活性并减轻疼痛感。因此，大多数人发现，在拉伸之前用网球对肌肉施加压力，会更容易拉伸僵硬的肌肉。

请注意，这种方法用力较大，必须适度使用。不建议肌肉在网球上来回滚动，这样做会激活潜在的（不活跃的）触发点。同时这种方法也可能造成淤青，所以如果你很容易出现淤青，要格外小心。拉伸时可以将网球放在衣服下面，这样能使网球很好地贴靠肌肉。

以下是使用网球进行拉伸的具体步骤：

1. 寻找肌肉中僵硬或疼痛的位置；

2. 将网球放在酸痛处；

3. 按照针对性拉伸章节中网球放松的插图指示，用网球按压皮肤表面；

4. 保持压力不变，直到酸痛减轻；

5. 再次加大压力；

6. 重复步骤4和步骤5，不超过2~3次。

提示：

- 让网球保持静止不动，避免在肌肉上来回滚动。
- 每个点的按压时间不超过3分钟。
- 如果在按压过程中，体验到疼痛感不减反增，或者感受到的疼痛水平达到10分等级中的7分或更高，请立即停止用球。
- 如果你对网球用力过大，或者很容易出现淤青，那么用网球拉伸后身体会出现淤青现象。

何时避免拉伸

大多数情况下拉伸是有益的，但在一些特殊情况下，需要特别小心，或者避免充分拉伸。

年龄

孩子的身体柔韧性比成年人好。随着年龄的增长，身体变得僵硬，柔软度和适应能力下降。然而，并不是说年龄大了就不要拉伸了。通过拉伸，还是能提高你的灵活性，保持身体的柔韧度，从而避免由于年龄增长导致的一些疼痛。你不必做劈叉，只需要将肌肉活动到放松就行了。这有助于你保持整个身体的协调。上年纪后一定要记住，最重要的一点是绝对不要强行拉伸。同时，不要认为自己能像年轻时一样，能够快速轻松地达到效果。

受伤之后

在某些情况下，受伤后能立即拉伸。但在其他一些情况下，受伤后多休息才是有益的。总之，肌肉拉伤或腿抽筋后最好休息48小时再进行拉伸。如果伤势较重，也许需要休息更长时间。如果是关节受伤，如踝关节或膝关节扭伤，必须在伤势评估之后再进行拉伸。为了保险起见，请联系推拿理疗师（神经肌肉骨骼伤病专家）或者物理治疗师进行评估或诊断。

至于其他一些急性伤病，如颈部僵硬或背部疼痛，立即拉伸相应肌肉一直都是一个好办法。多运动是治疗这类伤病的最佳方法。活动时请使用正确的方法。

由重复运动导致的损伤也建议采用拉伸来治疗。这种损伤导致肌肉缩短或紧绷，从而反过来影响肌腱。切记拉伸时遵守本书13页所述的4大主要原则，拉伸或收缩肌肉时，如果疼痛加重，请立即停止动作。

颈部或背部的扭结

对于背部疼痛或颈部僵硬，并不会有明确的诊断。这些疾病可能是由肌肉抽筋或者脊柱关节痉挛（或两者同时作用）引起锁定而造成的结果。任何导致疼痛、降低身体灵活性的症状都必须进行正确的诊断，才能获得正确的治疗方法。医生通常将急性背部疼痛视为受伤，但这种诊断结果并不有利于确定疼痛的具体位置和原因。

长久以来，医生治疗急性背痛的常规方法就是卧床休息两周。现如今，我们了解了需要通过运动来治疗背痛。任何突发背痛的人都应该寻求推拿理疗师、脊柱按摩师、物理治疗师或者医生的帮助，对其伤情进行评估。

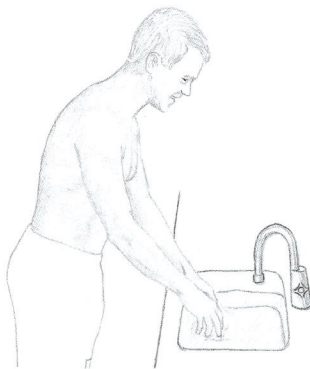

身体略微前倾（包括洗碗的动作）都能引起背部疾病。

关节活动过度

关节活动过度是指关节的活动量过大。体操运动员、舞蹈演员或武术学生都有可能受此问题困扰。关节活动过度也可以由基因问题引发。如果关节的活动量过大会伤及关节，关节及周围的韧带可能会开始发出疼痛信号。

有趣的是，即使关节周围的肌肉缩短了，关节也能具备极高的活动性。所以，关节活动过度并不意味着肌肉是放松的、有弹性的。为了避免关节出现更严重的问题，必须遵守拉伸的基本原则。拉伸的技术动作和需要拉伸的肌肉决定了一个关节活动过度的患者是否需要拉伸。你必须明白需要拉伸哪个部位以及正确的拉伸是什么感觉。

妊娠

许多女性在妊娠期会出现腰部疼痛，这首先是由于胎儿重量的增加引起的，而由于身体负荷的不断增加，肌肉也在缩短。几乎所有我帮助过她们进行拉伸运动的孕妇，都会感觉疼痛得到缓解。

如果拉伸时或拉伸之后，骨盆都不会疼痛，那么在怀孕期间也能继续拉伸。生产完毕后，应该将盆底的韧带再次收紧。通常在产后12周就可以开始充分的拉伸训练。如果不确定如何在孕期拉伸，请咨询推拿理疗师或身体理疗师。

医学注意事项

能够使拉伸对身体产生不利影响的药物或疾病是不存在的。然而，大量使用可的松的患者，应当比平时更加小心。如果注射了可的松，10天内都不要拉伸注射的区域。如有疑问请咨询医生或专业健康顾问。

许多日常活动都会给背部增加负担，会导致背部出现问题。身体微微前倾对背部来说，绝不是合理的姿势。

尽量避免的动作（练习）

　　总体而言，任何只能带动关节进行最大限度的运动，而不能达到拉伸肌肉效果的动作，都不是正确的动作（练习）。例如，拉伸大腿前侧肌肉时，将脚往后拉向臀部就是这样的动作（练习）。这时，膝关节明显弯曲，但想要拉伸的肌肉却没有得到很好的拉伸效果。有的动作（练习）还会增加腰部压力，主要的问题就在初始姿势。请尝试113页提到的股直肌卧姿拉伸，你将会感受到自己柔韧性方面的变化。

不推荐以站姿拉伸大腿内侧（也称为分腿劈叉），因为这种运动会增加膝关节内侧的压力。

避免以下动作（练习）

- 以站姿拉伸大腿后侧。
- 以站姿拉伸大腿内侧。
- 俯卧拉伸大腿前侧时，小腿与大腿接触。
- 以坐姿拉伸臀肌。
- 以站姿拉伸髋部屈肌时，腿向后伸直。
- 拉伸胸部时，手臂伸直举至肩部下方高度。
- 以跪姿拉伸大腿前侧。
- 以站姿拉伸大腿前侧。
- 以站姿弓背拉伸肩胛骨间的肌肉，双手交叉于膝盖。

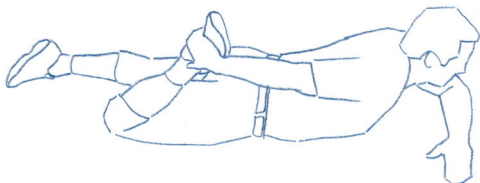

俯卧拉伸大腿前侧会带动腰部做许多额外的运动，同时也造成膝关节最大限度的运动。

以下情况禁止拉伸

- 骨折后。
- 高烧时。
- 关节发炎时。
- 覆盖肌肉的皮肤有开放性创面或缝针时。

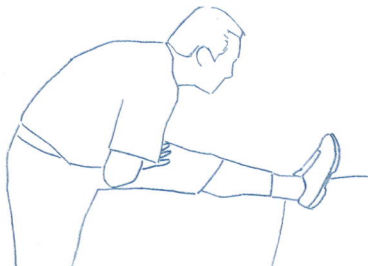

拉伸大腿后侧时弓背，腿部过度拉伸，会造成膝关节和背部的压力过大。

拉伸臀肌时，腰部应该呈弓形，而不是图中所示的圆形。

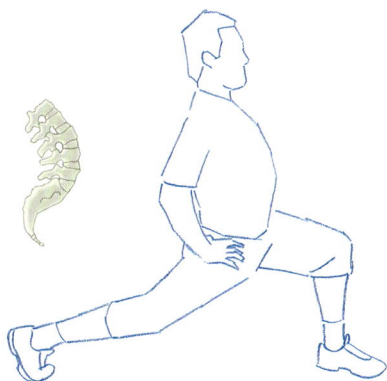

不推荐以站姿拉伸髋部屈肌，且腿向后伸直。拉伸髋部屈肌时，请不要增加腰部弯曲的弧度，而是要保持背部平直。

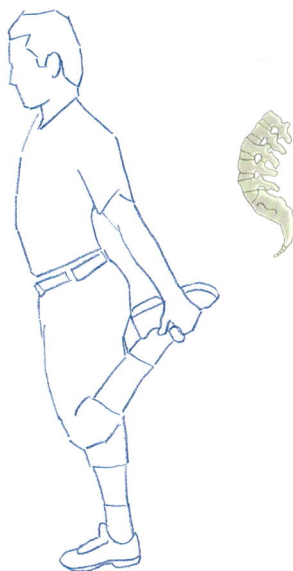

以站姿拉伸大腿前侧时，这一动作的主要运动都会发生在腰部，同时也导致膝关节最大限度的运动。

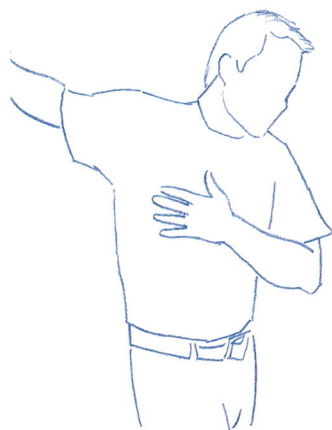

拉伸胸部肌肉时，不推荐伸直手臂置于肩部下方的高度。因为手臂伸直会增加肘部的压力。

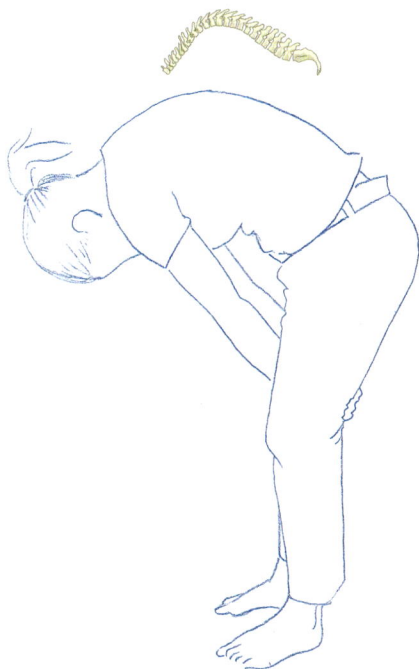

不推荐以跪姿拉伸大腿前部。因为这一姿势会导致腰部弯曲度增加，同时会造成膝关节最大限度的运动。

以站姿拉伸肩胛骨间的肌肉，会给脊柱椎间盘增加过大的压力。

良好姿势对身体有益

　　良好的姿势能够消除不必要的静态活动，有益于肌肉。如果肌肉被迫在静止的状态下运动，会消耗更多的能量，从而产生更多乳酸并导致肌肉疲劳。良好的姿势能最大限度地将负荷推向身体的中心，提高端坐和站立的效果。

不良姿势可由以下因素导致

- 缩短的肌肉。
- 肌肉力量不佳。
- 未治疗的旧伤。
- 受周围人姿势的影响（儿童模仿成人）。
- 忧虑和压力。
- 疼痛。

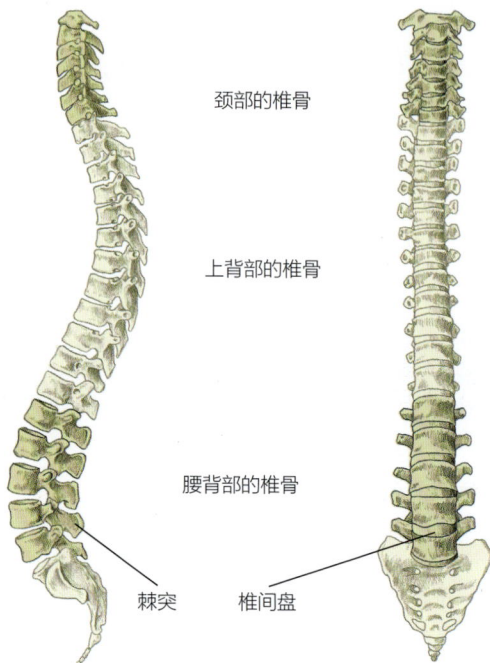

脊柱侧面图　　　　脊柱正面图

颈部的椎骨

上背部的椎骨

腰背部的椎骨

棘突　　　椎间盘

脊柱

　　在不增加额外负担的前提下，脊柱是形成良好姿势的主体。同时，脊柱和周围的肌肉在身体移动过程中提供了极大帮助。

　　脊柱由24节独立的椎骨构成，椎骨的大小从顶部至底部逐渐变大。它们由不同的关节和韧带连接在一起。骶骨和尾骨位于脊柱的底部。骶骨由五节椎骨组成，五节椎骨最后合为一块骨头楔入髋骨之间。骶骨下方的骨头称为尾骨，也是由四至五块小椎骨合为一块骨头而成。

　　整个脊柱都由众多小肌肉包裹。除了脊柱顶部之外，每节椎骨之间都由椎间盘隔开。

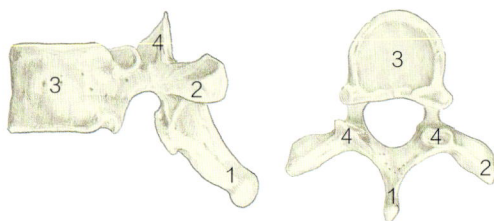

椎骨侧面图　　　　　椎骨俯视图

1. 棘突
2. 横突
3. 椎体
4. 脊柱关节突

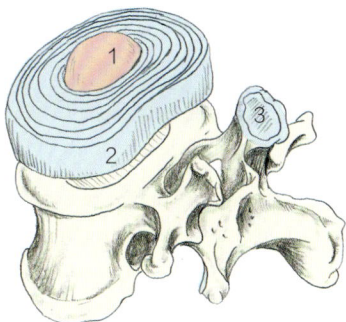

1. 髓核=果冻状物质
2. 纤维环=纤维软骨环
3. 脊柱关节突

　　椎间盘是由一圈软骨和含有果冻状物质的核组成的。椎间盘的作用是缓冲，与跑鞋的作用一样。

　　椎间盘是吸收力和震动的缓冲器。如果没有椎间盘，脊椎就会因为在站立或行走的过程中重复受力挤压而被挤碎。脊柱是活动的支柱，从侧面看有三个明显的生理性弯曲。

　　颈部的7节椎骨呈拱形，或称为颈椎前凸。接下来胸部的12节椎骨呈圆弧形，或称为脊柱后凸。位于腰背部的最后5节椎骨形成另一个拱形。这种形状有助于背部缓冲外力，因为可以通过增大或减小弯曲的幅度来释放压力。为了将这些可以活动的零件固定在特定的位置，脊柱包裹着一层韧带和小肌肉，在它们的共同作用下人体的背部得以稳固，才能活动自如。

　　脊柱的作用非常大，它不仅仅只是保护从中流过的脊髓和保持身体竖直，还具备自由弯曲的柔韧性，在我们跑步或步行时能够缓冲外力，还在我们举起重物时能够承受强大的压力。同时，脊柱还能够朝不同方向活动，因此，脊柱是身体构造最巧妙的部位之一。

脊柱可进行以下活动：
1. 向两侧弯曲
2. 向后弯曲
3. 向前弯曲

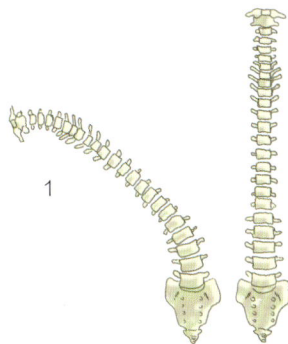

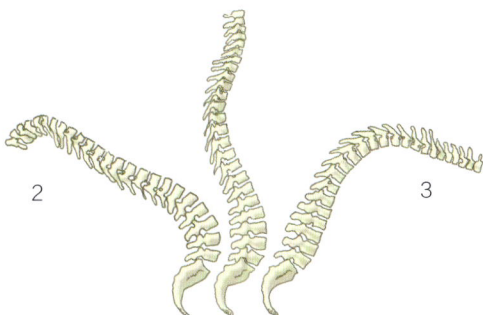

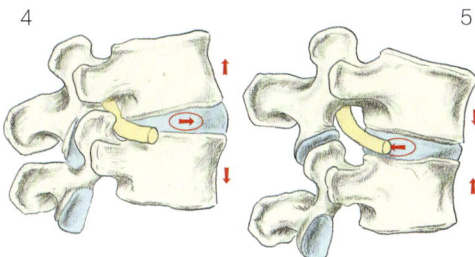

4. 向后弯曲减少神经的空间
5. 向前弯曲增大神经空间，同时也增大椎间盘前方的压力，迫使髓核向椎间盘后方移动

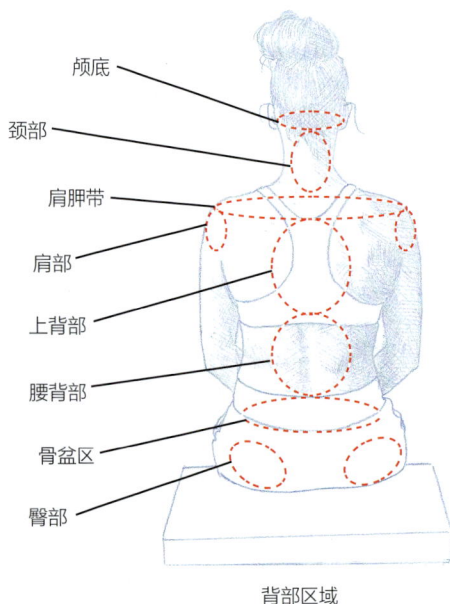

颅底
颈部
肩胛带
肩部
上背部
腰背部
骨盆区
臀部

背部区域

以下不良习惯非常容易造成椎间盘断裂

走路姿势不对，经常低头垂肩地坐着或站立。如果来自地面的外力无法从脊柱中心穿过，对椎间盘的损伤程度将增加至9倍。

举重物时腿部不发力。提重物时偶尔或经常性、习惯性地伸直腿部、弯曲背部都是造成椎间盘断裂的典型原因。如果在提重物时试着转身，椎间盘断裂的可能性就增加了好几成。

日复一日，长时间静坐也足以造成椎间盘断裂。

记住，事出必有因。

椎间盘断裂

椎间盘断裂后，软骨纤维环破裂，果冻状髓核物质从破裂之处溢出。有时还会压迫周围的脊神经，形成刺激，引发炎症，导致疼痛。疼痛可能是局部的，也有可能放射至受压迫神经脉冲影响的整个区域。椎间盘突出最常出现在腰背部第4节和第5节腰椎上。不幸的是，坐骨神经正好位于这个位置。如果坐骨神经被压迫，疼痛会发散至腿部和脚掌，甚至减弱反射和运动控制。然而，大多数椎间盘断裂是没有症状的，也就是说不会引起疼痛或出现任何症状。事实上，大多数人到了45岁，都会有至少一块椎间盘断裂，只是他们不知道而已。

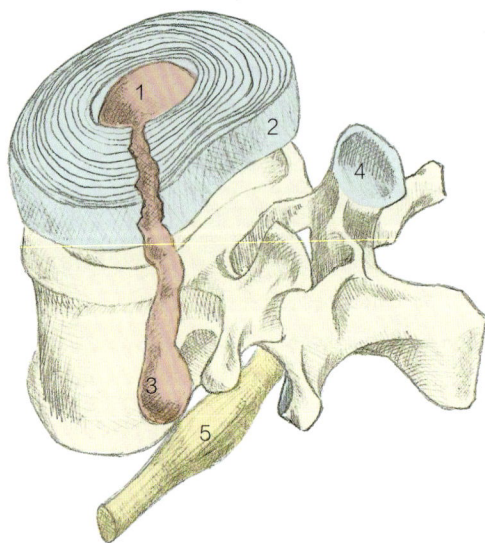

1. 髓核
2. 纤维环
3. 髓核向神经溢出（5为神经）
4. 脊柱关节突

腹肌

关于腹肌的问题在于，我们知道它们在哪个位置，也知道如何训练腹部肌肉，但不知道在真正需要的时候如何正确地使用它们。腹肌对于姿势和脊柱的健康起到重要的作用。它们使身体的上半身和下半身保持稳固，并能消除脊柱中椎间盘的压力。

组成腹肌的4块主要肌肉有前部的腹直肌、腹外斜肌、腹内斜肌和腹横肌。它们的主要功能包括向前弯曲躯干、扭转躯干、向两侧弯曲躯干。虽然这些功能都很重要，但腹肌最重要的功能是通过呼吸、闭嘴、收紧腹肌来调节腹腔内的压力，腹腔内压力增大，椎骨就会分离，椎间盘上的压力就会减弱。腹腔内压力大就能将底部椎间盘的压力减小50%，将底部上方的椎间盘压力减小30%。了解了这些知识，就很容易理解为什么在提东西时，无论轻重，都应该通过腹肌形成腹内压力。

为了形成这种压力，必须要收紧腹肌。这听起来也许很简单，但许多人都做不好。有的人认为将肚子鼓起来就是收紧腹肌，有的则认为应该将肚子收紧，但这两种动作都达不到预期的效果。

测试腹肌

- 背靠墙站立。脚跟、臀部、肩胛骨和后脑勺贴墙。试着尽量将腰背部向墙壁靠近，同时保持腿部或肩部贴墙。如果不能确定腰背部是否在向墙壁方向靠，请将一只手放在墙壁和腰背部之间。

- 仰卧，双腿并拢。正常来说，在腰背部和地面之间会有明显的空隙。试着将背部贴向地面。请将双手置于腰背部和地面之间，这样就能感受到自己活动腰背部所花的力气。

在这些运动中，腹肌几乎得到了充分的活动。有的人无法将自己的腰背部贴向墙壁或地面，他们无法调动自己的腹肌。他们只能扭转自己的身体而无法将腰背部移动到目标位置。请重复尝试这一测试方法，这有助于你使用并依赖自己的腹肌，从而帮助你形成更好更放松的姿势。

如果你无法收紧腹肌，请试着体会咳嗽或下坠力的作用，如生孩子的感觉。如果其他肌肉缩短或太过紧绷，也很难收缩腹肌，如髋部屈肌或位于大腿前侧的股四头肌。这些肌肉的拉伸方法在本书练习部分的第108页和第113页有讲解。

正确的姿势

站姿

从侧面看，耳朵、肩部、臀部、膝盖和腿应该在同一条线上，从而形成身体的垂直线。脊柱呈正常的生理曲线时，脊柱吸收的外力会径直穿过每节椎骨和椎间盘。膝关节应当微微弯曲，而不是过度伸展。

常见错误

- 下巴前伸使耳朵位于肩部之前，颈部呈秃鹰颈部的姿势。
- 向前绕肩，导致上背部驼背。
- 臀部向前顶，尽量弯腰（不过对许多人来说这是休息的姿势）。
- 臀部后翘，腰背部的弧度放平，臀部所形成的这种姿势，我将其称之为"出租车"臀部。

从正面看，头部位置应当正且直，不能歪斜或扭转。但这种区别很难识别，因为差异细微。肩部应放松下沉，两肩位置平齐。双脚距离应与臀部同宽，脚尖应微微分开。

上述姿势乍一看起来很简单，但是，观察周围的人你会发现很少有人能这样站立。他们的身体或前倾后倒，或左右歪斜。他们还可能将重心转移到一条腿上，使这条腿比另一条腿承受更大的负担。

如何正确地站立

- 双脚应与臀部同宽，两只脚尖呈一定角度。
- 两只脚的脚跟和脚掌应承受相同的体重。
- 膝盖应微屈，先伸直膝关节再微微弯曲，膝盖只需往前移动2.5厘米左右即可。
- 需略微收紧腹肌以保持平稳。
- 脊柱应保持其正常的生理弯曲。
- 肩部应下沉。
- 头部应正直。

可通过请他人下压肩部的方法来检验姿势是否正确。如果站姿正确，就不会晃动。特别重要的一点是下腹部不要因为肩部受力而凸出。如果下腹部凸出，腰背部就会过度弯曲。只需收紧腹肌，保持腰背部平整，就能改正错误的姿势，与靠墙做的练习大同小异。

正确的姿势

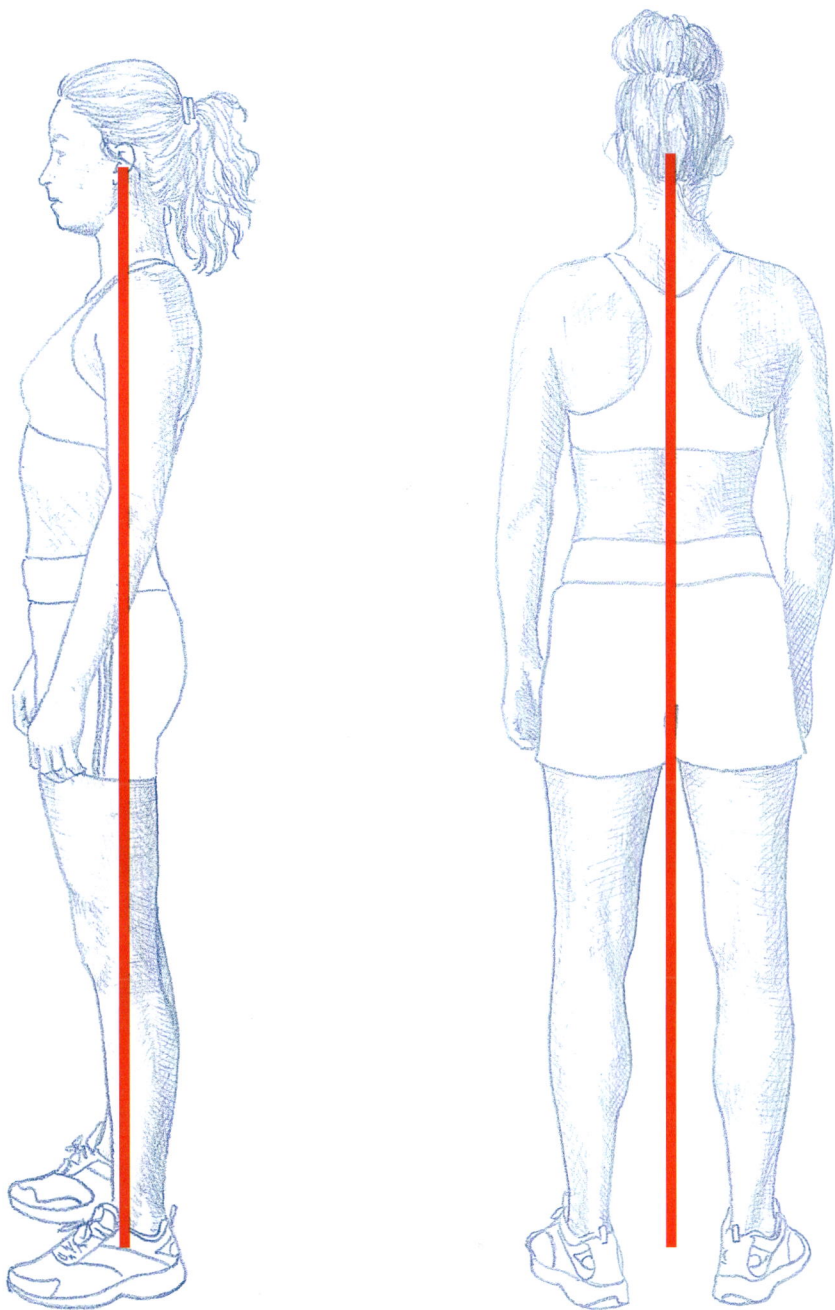

垂直线是一条虚拟的线，连接耳部、肩部、脊柱、膝盖和脚踝外侧。

身体的重量应该在这条线的左右两侧平均分配。

不良姿势

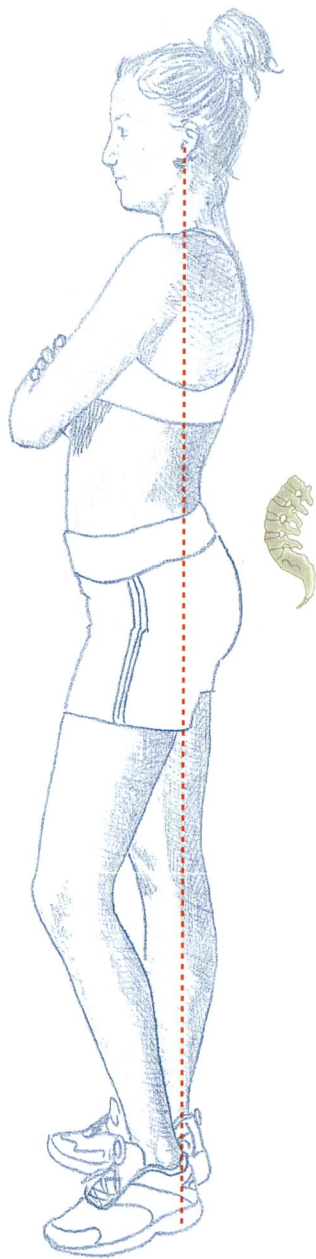

重心位于一条腿上,背部呈弓形,导致身体垂直线过度后置。

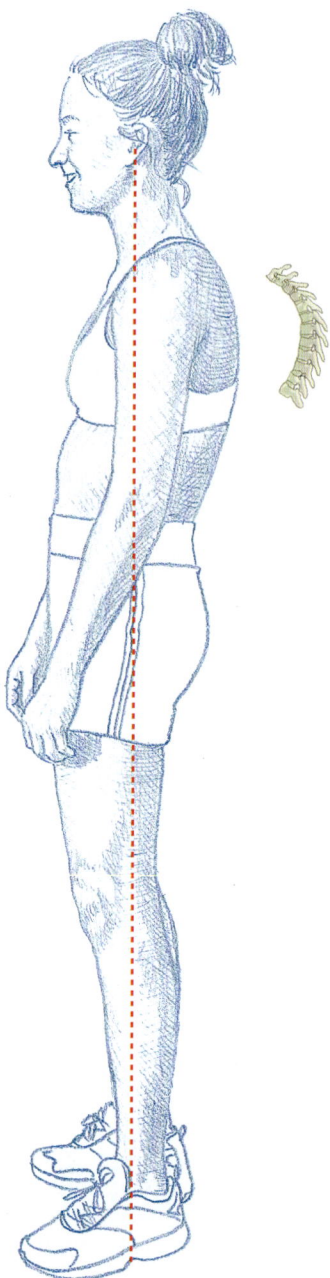

弯腰驼背导致身体垂直线过度靠前。

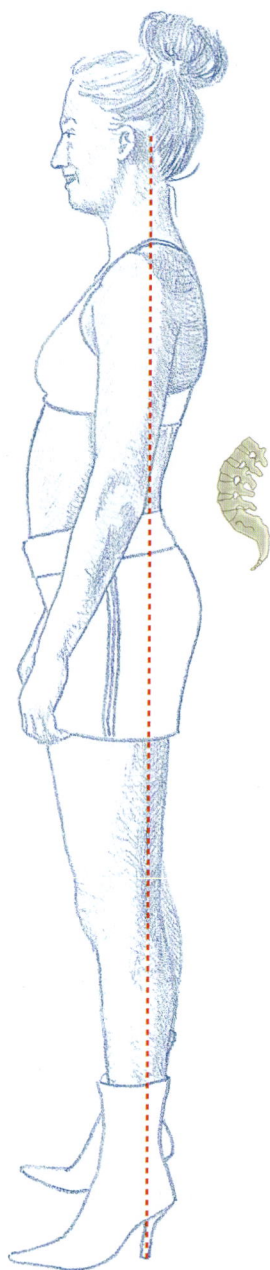

穿高跟鞋容易使身体垂直线过度后置。

坐姿

虽然并不建议大家经常坐着，但有时又必须坐着。坐着时，保持身体的活跃度至关重要。不要让所有的肌肉都松弛，也不要懒散，要让相应的肌肉保持活动。多数情况下，长时间保持正确的坐姿很困难，因此，就需要时不时地站起来活动身体。

正确的坐姿并不一定需要一把好椅子，而是要先了解正确的站姿。如果知道了怎么站才是正确的，坐着的时候也会知道脊柱是否处在正确的位置。即使是坐着，脊柱的曲线仍然决定了负载量对身体其他部位的影响。

记住，端坐时双脚分开一定的宽度，平放在地面上，这样可以得到很好的支撑。如果椅子较高，就更加有利于大腿和背部形成较大的角度。大腿和背部形成的角度至少要达到45度。背部必须挺直，保持站立时的曲线。肩部下沉与耳朵在一条垂线上。尽量不用椅子靠背。端坐时保持身体活跃是保护背部的最佳方式。使用靠背会无法避免地破坏背部的正常曲度，从而进一步增加脊椎间盘的压力。更糟糕的是，你不再是利用肌肉保持身体竖直，而是依赖韧带和关节囊这样的被动结构来保持直立。

如果没有经常练习正确的站姿，偶尔坐下来是有好处的。然而，一把质量上乘、价格高昂的椅子并不能保证背部健康。这完全取决于你端坐的时长、端坐的姿势以及肌肉的强度和柔韧性。

买椅子的时候，你要考虑用它做什么：坐着不动和动静结合是有差别的。

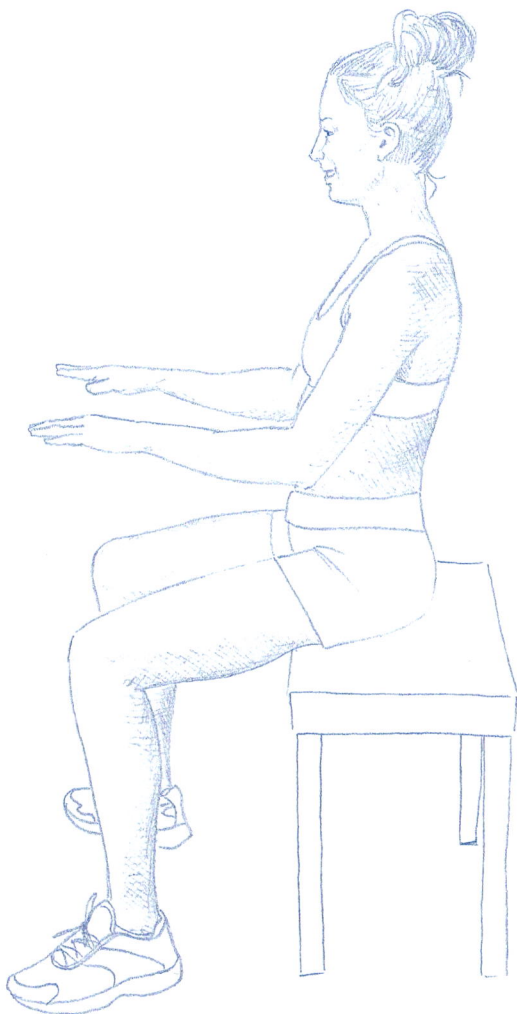

端坐时，脊柱的生理曲度应该与正确站立时一样。

不良姿势的后果

    如果长时间以不正确的姿势端坐，或端坐时一动不动，那么站立时也无法保持正确的姿势。甚至在走路或跑步时都会遇到麻烦，因为控制这些动作的重要肌肉在端坐期间变紧了，也缩短了。

不良姿势会导致以下问题

- 缩短的、紧绷的肌肉继续让姿势更错误。
- 不正确的跑步或走路姿势会导致其他伤病。
- 肌肉中的触发点会导致局部不适，或将疼痛扩散至手臂和腿部。
- 头痛会导致肌肉紧张，增加肌肉中的乳酸含量，从而加重头痛。

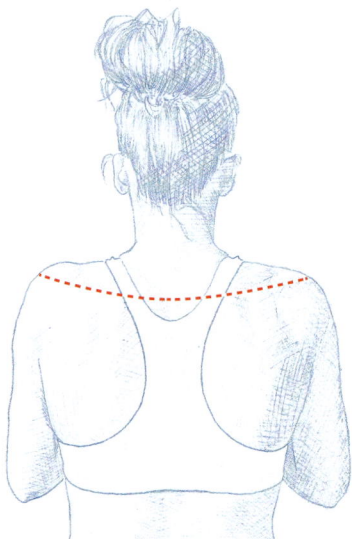

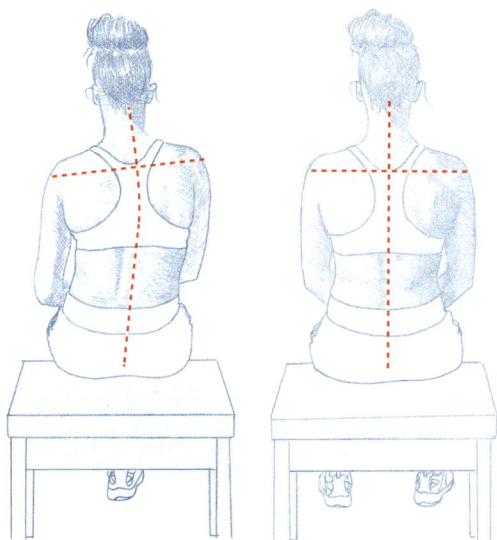

在有压力的情况下，肩部会有上提的趋势，导致肌肉的静态运动。

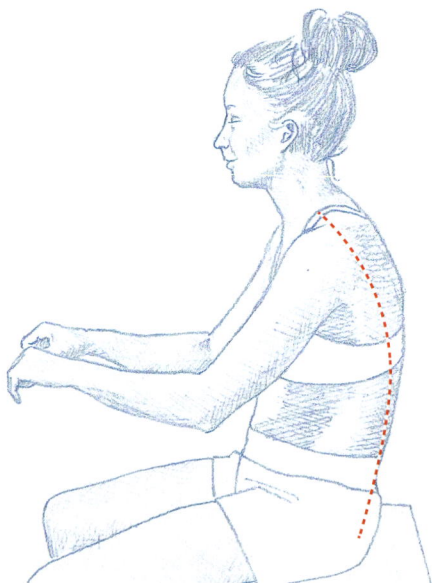

端坐时弯腰驼背的姿势会导致腰背部椎间盘的压力增加高达10倍，甚至连颈部肌肉都不得不在静止状态下工作，以防止头部向前垂落。

端坐时交叉双腿会将身体推向一个方向。其他的肌肉不得不赶紧补救，才不会向侧面摔倒。

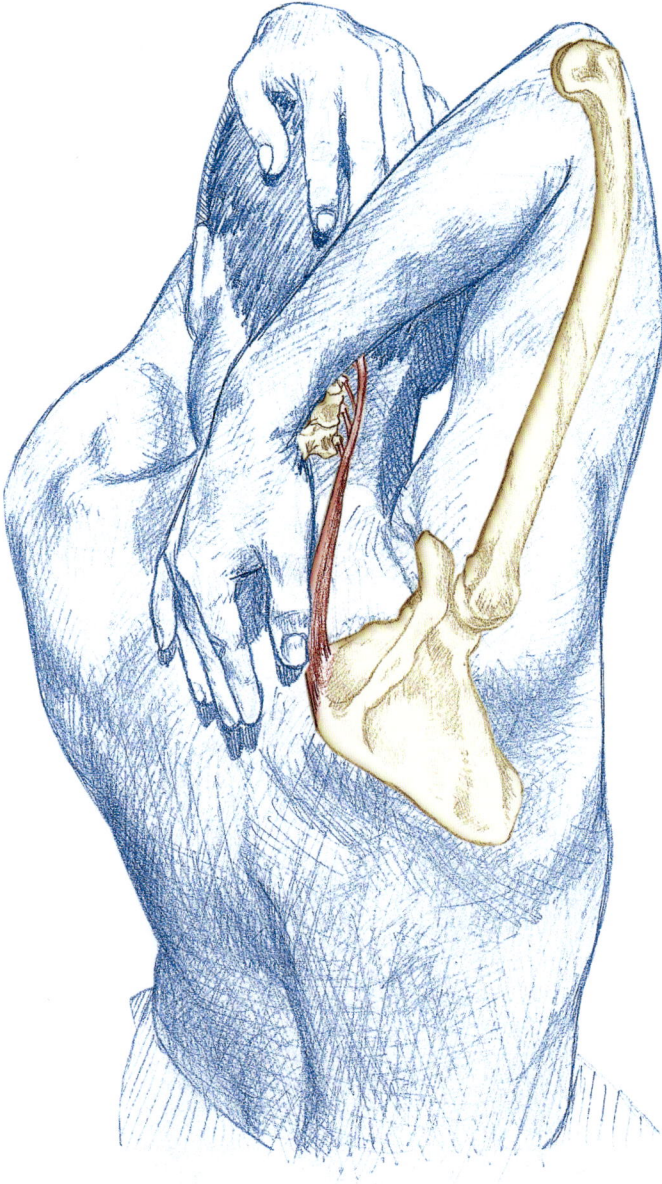

针对性拉伸

上斜方肌

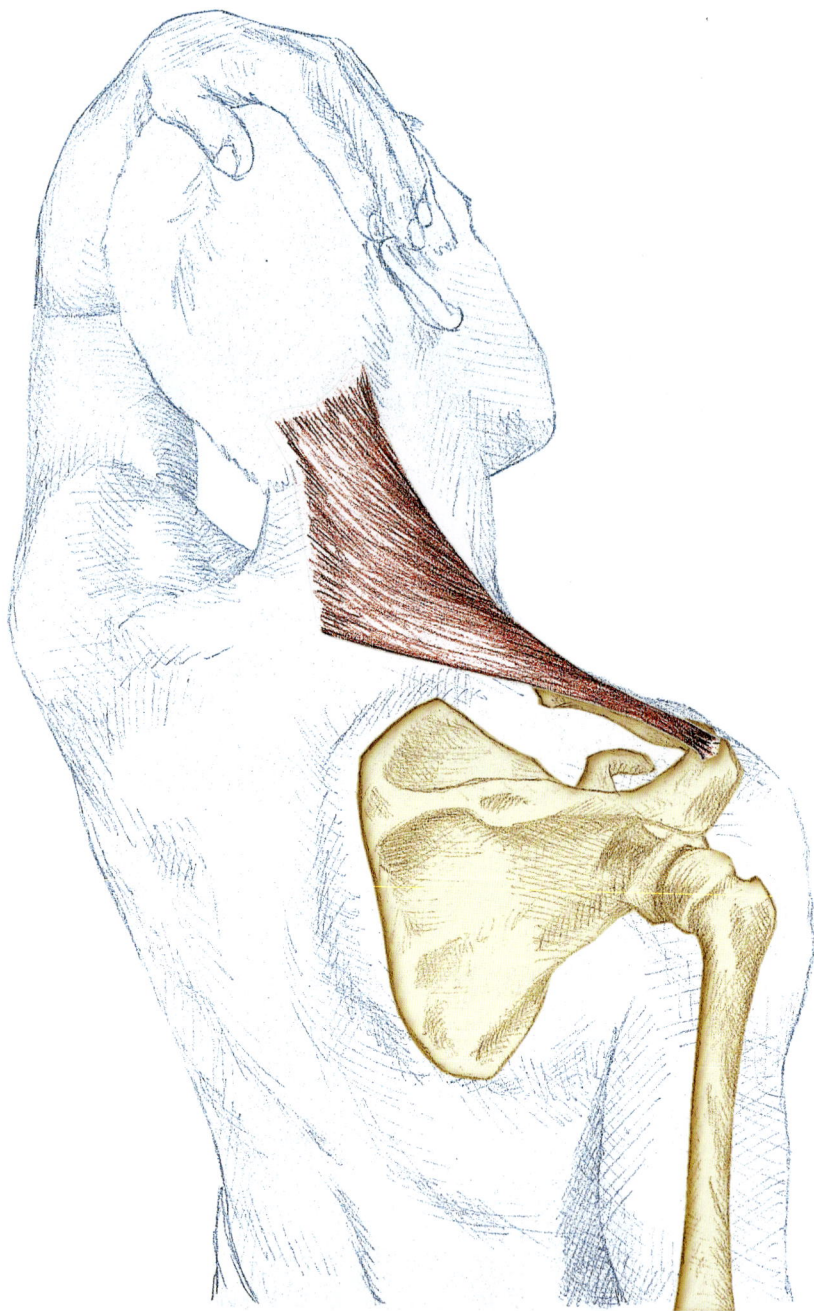

正确完成这一动作的效果非常明显。初始姿势和手的位置非常重要；拉伸过程中，拉伸侧肩部必须下沉以减少肌肉的静张力。进行该练习时不必用力太大。

肌肉知识

斜方肌是一块大而扁平的肌肉，它靠近肩部、颈部和上背部的皮肤。斜方肌负责上提肩部，靠拢两边肩胛骨，旋转头部，并帮助头部向侧面倾斜。

肌肉紧绷的原因

下意识地耸肩会导致斜方肌紧绷和缩短。这一动作导致肩部持续静态紧绷，从而造成整个区域紧绷。耸肩的原因有很多，比如感到寒冷或压力。

在您有压力时无法放松颈部和肩部的现象很常见；肌肉紧绷就出现在这一区域。由于斜方肌负责上提肩部，如果你经常处于压力状态，这块肌肉就无法放松。因此，它会严重地紧绷或缩短，从而导致疼痛和疲劳。

肌肉紧绷的症状

- 颅底、耳部之上、眼周或眼部后方区域疼痛。
- 肩胛带区域局部疼痛。
- 两边肩胛骨之间局部疼痛。
- 无法向侧面旋转或倾斜头部。

柔韧性测试

头部应该能够向侧面倾斜大约45度，并能向左侧和右侧旋转大约90度。

注意

如果在拉伸过程中，疼痛集中出现在耳部下方，而非肌肉疼痛，请停止练习。

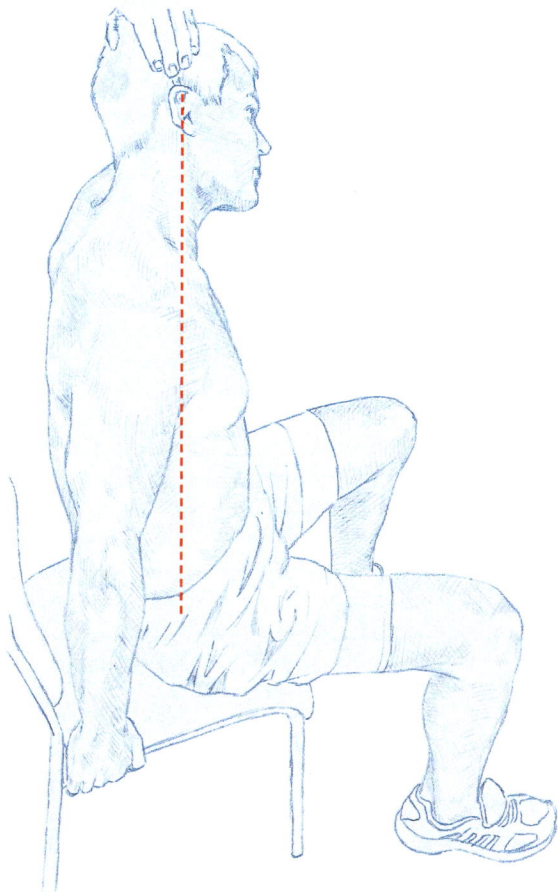

请确保您的头部与上半身在一条直线上。

动作要领

坐在椅子或凳子上，双脚分开一定距离，背部和腹部稍微收紧。右手伸向身后，抓住椅子边缘。上半身向左倾斜，保持头部竖直。右肩或右侧上臂有轻微的拉拽感。

接下来，试着向天花板方向抬起右肩并保持5秒。请勿将身体转向两侧。休息几秒后将上半身向左侧再倾斜一些。现在，身体姿势就是正确的拉伸初始姿势了。

小心地将头部靠向左侧并微微转向右侧。左手扶头部，小心地将头部拉向一侧，拉伸肌肉5～10秒。颈部和肩部感到轻微刺痛时停止动作。让肌肉休息5～10秒。

将头向左移动以进一步拉伸，直至到达新的终止点。

重复2～3次。

常见错误

- 端坐时身体不挺直。
- 头向前靠。
- 放在椅子上的手太靠前。

说明

如果发现肌肉无法得到很好的拉伸，可以尝试按摩深层组织来放松肌肉，提高肌肉对拉伸的耐受程度。拉伸时不要急于求成，而是要在刚开始的时候循序渐进。

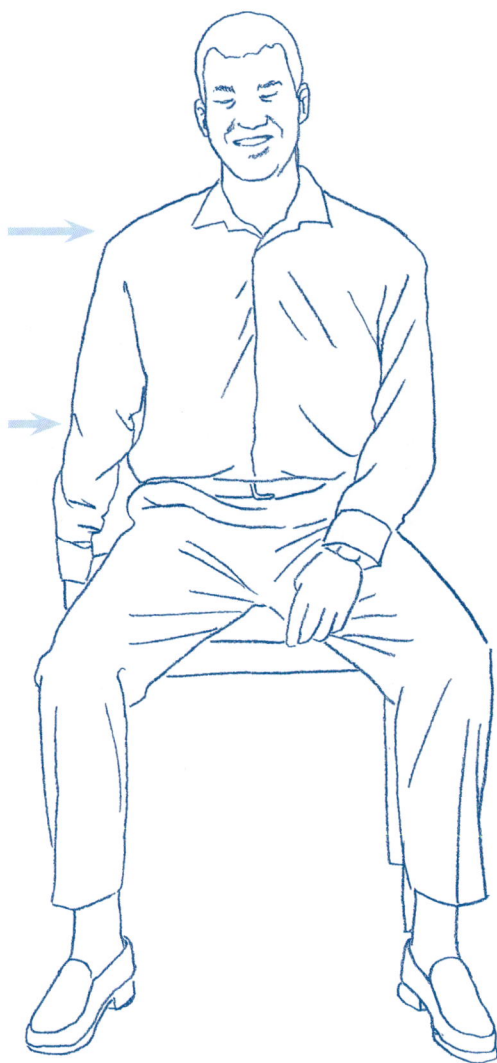

初始姿势为手放于身体斜后方，上半身向一侧倾斜来降低肩部高度。

向天花板方向提起肩部，以产生抗阻力。接着，放松肩部，向一侧倾斜，加大倾斜的角度。

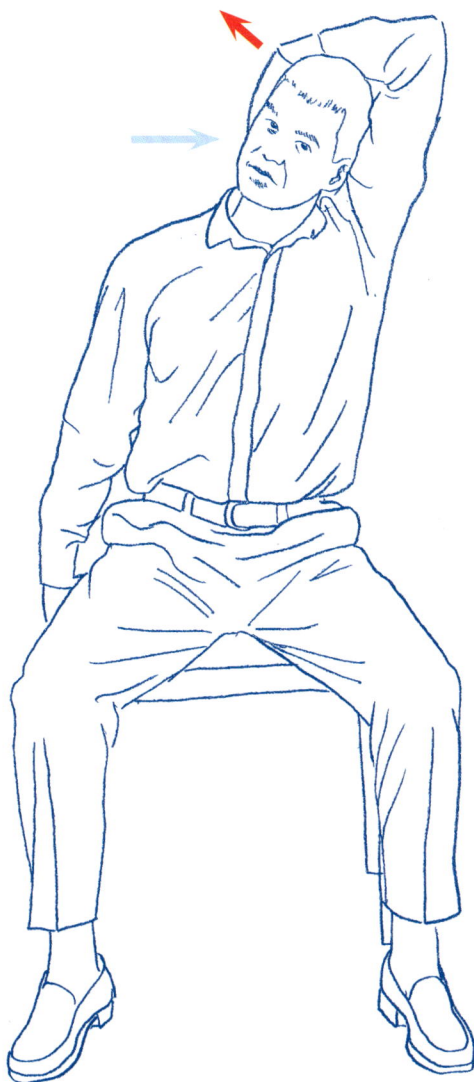

拉伸时小心地将头部向一侧移动，同时向反方向微微扭转。小心地将头向手部推动并慢慢施加阻力。

胸锁乳突肌

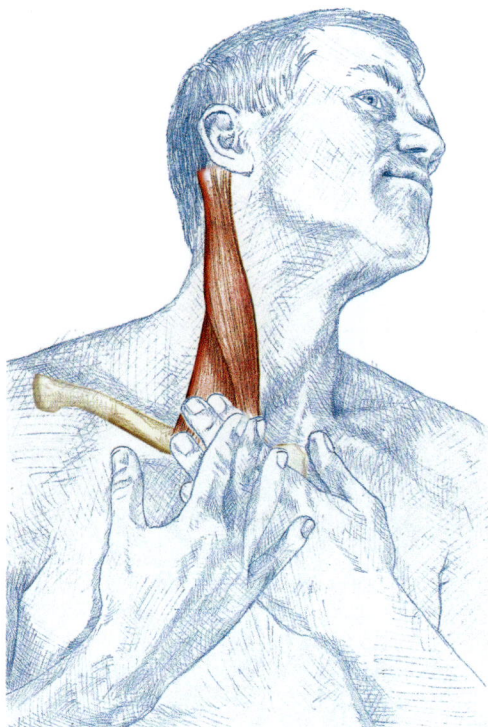

该练习会令人感觉不适，因为肌肉处在敏感的位置。如果实在不适，请停止此练习。开始该练习时，可以请一名理疗师帮助你完成。要想轻松找到这块肌肉，请站在镜子前将头部转向身体一侧。这一动作会清晰地显现这块肌肉。

肌肉知识

这一圆形肌肉位于颈部前侧，贴近皮肤，很容易看见。肌肉从锁骨内侧沿颈侧生长，与耳后的颅底骨骼相连。胸锁乳突肌的主要功能是将头部向侧面倾斜或扭转，同时也协助身体大力吸气，还负责将颈部的底部向前伸，头部向后缩。

肌肉紧绷的原因

不良姿势，如弯腰驼背地坐着看电视或玩电脑会导致这块肌肉缩短。不良姿势还可以由胸大肌缩短所致。由胸锁乳突肌缩短导致的不良姿势可称为"秃鹰颈"，因为这一形象会让人联想到秃鹰颈部和头部的形状。

由于处于压力之下的人会大力呼吸、耸肩，这块肌肉被迫长时间静态工作，从而导致紧张和疼痛。

肌肉紧绷的症状

- 头顶疼痛。
- 脊柱正上方的头部区域出现问题。

柔韧性测试

背部、后脑勺靠墙站立。一只手放在颈部后方，试着将颈部向墙壁方向靠拢，颈部力量应该能够对抗手部的阻力。

注意

如果这一运动导致颈部疼痛、头晕或呼吸困难，请立刻停止练习。

动作要领

坐姿或站姿都能完成该练习。

在锁骨的右侧找到肌肉的附着点，将右手的三个手指放在肌肉最下端的2.5厘米上，将左手放在右手手指上，保持这个位置。

缓慢地向左后侧移动头部，直到颈部右侧有轻微的灼热感。然后放松肌肉5~10秒。

将头移回初始姿势以产生抗阻力。为了放慢动作的速度，可以将一只手放在额头上，推动头部贴紧手掌，保持5~10秒，然后放松肌肉5~10秒。

头部向侧后方移动，进一步拉伸，直至到达新的终止点。

重复2~3次。

常见错误

- 肌肉定位不正确。
- 头部扭转方向错误。

说明

如果完成这一动作有难度，在定位肌肉位置之前将头部向前伸，这样能够更快地完成拉伸动作。

用手指定位肌肉的位置。头部向后、向侧面靠。

头部移动回到初始姿势以产生抗阻力。

斜角肌

肌肉知识

斜角肌位于颈部两侧，上斜方肌和胸锁乳突肌之间。斜角肌在颈椎和最上方的两根肋骨之间活动，协助头部向两侧倾斜，协助人体进行大力吸气。

肌肉紧绷的原因

端坐时习惯性地将头偏向一侧（例如用下巴和肩部夹电话）会导致斜角肌紧绷或缩短。

这些肌肉属于应力肌，因为在压力状态下会出现吸气频率增加。

肌肉紧绷的症状

- 头部无法向侧面倾斜。
- 手掌或手臂刺痛或麻木。

柔韧性测试

应该能够将头部向侧面倾斜大约45度。

注意

拉伸过程中如果颈部疼痛请停止这一动作。

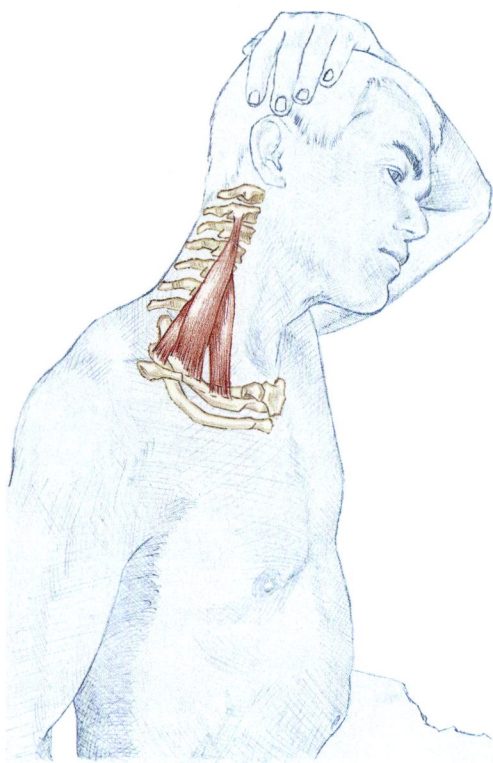

本练习与32页的上斜方肌练习类似。区别在于头部向一侧倾斜，但不需旋转头部。

动作要领

端坐于椅子或凳子上，双脚分开一定距离，背部和腹部微微收紧。右手伸向身后，抓住椅子边缘。将上半身向左倾斜，头部保持竖直，右肩或上臂会有轻微的拉伸感。

接下来，试着向天花板的方向上提右肩保持5秒。身体不要向侧面活动。放松几秒，然后继续将身体向侧面再移动一些。现在，身体姿势就是拉伸的正确初始姿势了。

头部小心地向左侧倾斜。左手抱头，放在颈部右侧。小心地将头部向左侧拉，拉伸肌肉5~10秒。颈部右侧感到轻微刺痛时停止运动。放松肌肉5~10秒。

继续将头部向左侧移动，以进一步拉伸，直至到达新的终止点。

重复2~3次。

常见错误

• 练习时端坐姿势不端正。

• 头部的移动与脊柱不在同一条线上。

• 抱住头部，而非颈部。

说明

如果完成这一动作有难度，再次拉伸斜角肌之前请花时间拉伸斜方肌和胸锁乳突肌。

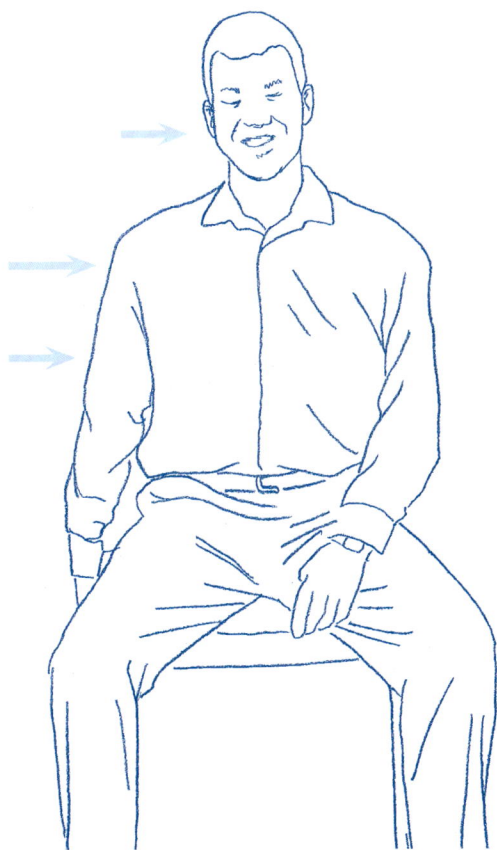

手放置在身体斜后方，准备就绪。头部和身体竖直地向侧面倾斜。

头部和手掌反方向运动，以产生抗阻力。

枕下肌群

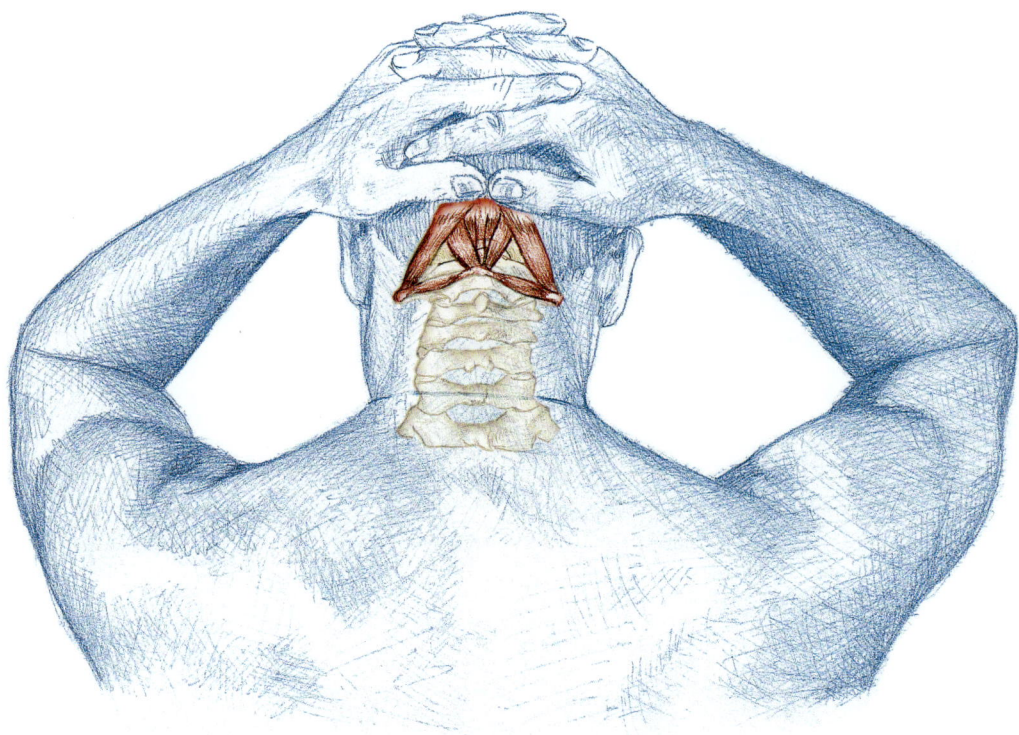

该练习有两点需要注意。上半身不要向前倾（仅颈部向前弯曲并放松），注意大拇指的位置。为了达到最佳效果，请用大拇指按压颅底下方的软组织。

肌肉知识

这一肌肉群位于颅底的正下方。自颈椎顶部的前两节连接至颅底。枕下肌群的功能是将头部向后靠、稳固头部、在头部活动时做出适当的调整。

肌肉紧绷的原因

头部向前伸、与身体不在一条直线上的不良姿势会造成肌肉静态运动，导致人凝视前方，而无法看向地面。这一过程造成了肌肉缩短。

枕下肌群还会在压力状态下变活跃，特别是晚上睡觉磨牙或紧咬双颌。如果醒来后感到头疼，说明这些肌肉在夜里运动过度了。

肌肉紧绷的症状

- 下巴无法触及胸部。
- 颅骨底部或头顶疼痛。

柔韧性测试

由于枕下肌群控制的动作与胸锁乳突肌相似，因此可以用同样的方法进行测试。通常这两种肌肉会同时出现紧绷。

站立时背部和后脑勺靠墙。一只手置于颈后，颈部尽量向墙壁方向靠拢。颈部力量应该能对抗手部的阻力。

注意

如果这一动作导致颈部疼痛或轻微眩晕，请停止该动作。

动作要领

这一动作可端坐或平躺时进行。双手交握，十指相扣，置于颅底部位。用拇指推压颅底正下方的肌肉。头部慢慢向前伸，拉伸肌肉5～10秒。感受肌肉是如何推挤拇指的。接着，放松肌肉5～10秒。

头部继续向前伸，进一步拉伸肌肉，直至肌肉有拉伸感，或有轻微的刺痛感，到达新的终止点。

重复2～3次。

常见错误

- 坐姿不端正。
- 头部向下伸，而非向前伸。

说明

如果拉伸效果不佳，可以用拇指按摩颅底下方区域几分钟，或向理疗师寻求帮助，直至能够独立完成此动作。

拇指置于颅底正下方软组织处。头部向前伸时请避免弯腰。

头部与手掌反方向运动，以产生抗阻力。

肩胛提肌（版本1）

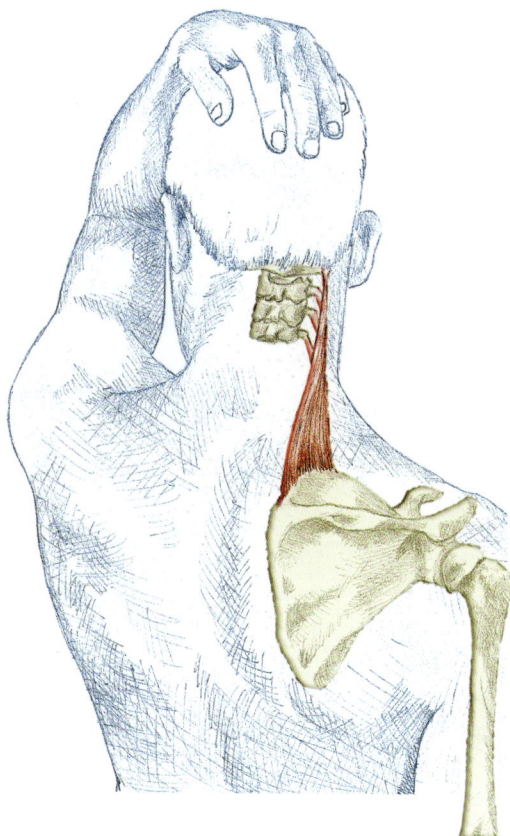

始终保持正确的拉伸初始姿势非常重要。如果端坐时弯腰驼背，拉伸效果就会远不及端坐时的拉伸效果。注意头部的扭转，头部扭转45度时，便开始向前弯曲，必须确保身体所有部位都在一条线上，这样，肌肉拉伸的角度才不会出错。

肌肉知识

肩胛提肌连接肩胛骨上部和四节位于顶部的颈椎，是位于上斜方肌下方的平薄肌肉。

肩胛提肌的功能是向两侧扭转和倾斜头部。两侧的肩胛提肌同时运动时，会提升肩胛带并使头部向后弯曲。

肌肉紧绷的原因

不良的姿势、持续提肩或上提肩胛带、用下巴和肩部夹电话，都会造成肩胛提肌缩短。

由于肩胛提肌能升高肩胛带，因此在压力之下它也会发生静态运动，因为人在应对紧张时经常提肩。

肌肉紧绷的症状

- 头部无法扭转。
- 下巴无法触及胸部。
- 后脑勺疼痛。
- 颈部出现扭结。

柔韧性测试

头部应该能够扭转接近90度，颈部应该能够向两侧弯曲接近45度。

注意

如果这一动作导致颈部疼痛，请立即停止。

动作要领

端坐于椅子或凳子上，双脚分开一定距离，背部和腹部微微收紧。右手置于身后，抓住椅子的边缘。身体向左侧倾斜，保持头部竖直。此时右肩或上臂会有轻微的拉拽感。

现在，试着向天花板的方向提起右肩保持5秒。身体不要向侧面移动。放松几秒，然后上半身继续向左侧倾斜一些，现在的身体姿势就是正确的拉伸初始姿势了。

头部向左扭转45度。左手置于后脑勺，朝着膝盖的角度轻轻向前拉。保持轻拉的动作拉伸肌肉5~10秒。颈部右侧感到轻微刺痛时停止运动。接下来，放松肌肉5~10秒。

头部小心地向后靠，与手掌相抵，以产生抗阻力。然后，放松肌肉5~10秒。

慢慢地将头部朝着膝盖的方向向胸口拉近，进一步拉伸肌肉，直至到达新的终止点。

重复2~3次。

常见错误

- 坐姿不端正。
- 颈部缩紧，而不是头部向前、向下运动。
- 头部扭转的角度不正确。
- 没有沿着鼻尖至膝盖的方向运动。

说明

如果其他肌肉紧绷，肩胛提肌则很难拉伸。如果这个动作对你来说有难度，请试着先拉伸斜方肌和枕下肌群。

保持初始姿势时，手放置于身体斜后方，扭转头部45度。头部朝左膝方向向下拉伸，保持身体挺直。

将头部压在手上与手掌相抵，以产生抗阻力。

肩胛提肌（版本2）

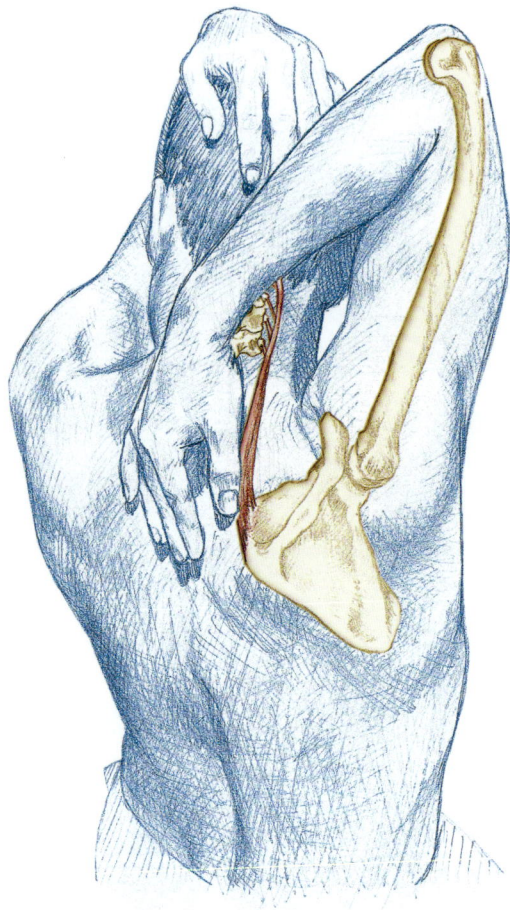

这一版本与之前拉伸肩胛提肌的动作相似。头部的位置、运动方式和方向都一样。而在这一版本中，须将手臂置于头上，同时最大限度地扭转肩胛骨，以增加拉伸的幅度。

注意

如果肩关节或颈部疼痛，请勿做这一动作。

动作要领

端坐于椅子或凳子上，双脚分开一定距离，背部和腹部微微收紧。抬起右手臂超过头部的高度，弯曲手肘，右手抵在颈部。左手置于后脑勺。

向左扭转头部45度，鼻尖对准左膝。左手以一定的角度轻轻将头部往左膝方向拉，直至颈部右侧感到轻微刺痛。保持轻拉动作5～10秒，然后放松肌肉5～10秒。

头部小心地向后往手掌上靠，与左手相抵，以产生抗阻力。然后放松肌肉5～10秒。

继续将头部向膝盖方向拉，以进一步拉伸，直至到达新的终止点。

重复2～3次。

常见错误

- 坐姿不端正。
- 颈部缩紧，而不是头部向前、向下运动。
- 头部扭转的角度不正确。
- 没有沿着鼻尖至膝盖的方向运动。

说明

如果肩关节紧绷，就无法较好地拉伸这块肌肉。如果有这个问题，请试着先拉伸背阔肌和胸大肌。

手臂尽可能往颈部后方伸展，头部朝着左膝的
方向向前伸。

将头部往后推，与手掌相抵，以产生抗阻力。

胸大肌（版本1）

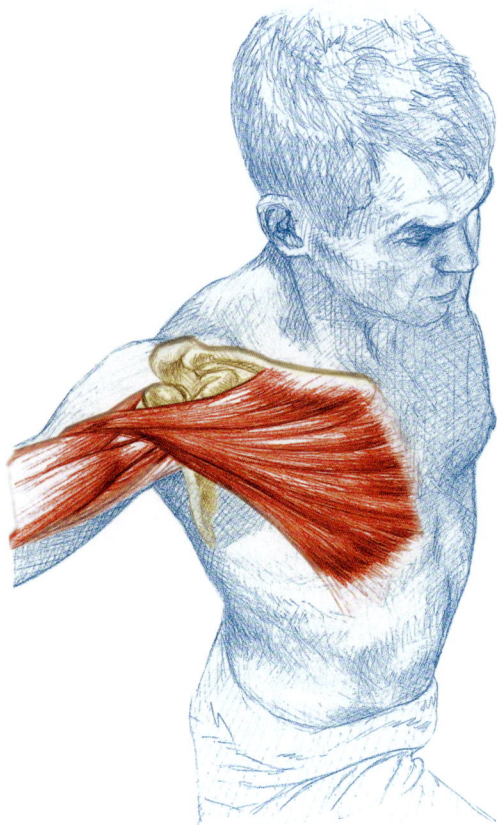

肩关节是活动最多的关节，但肩关节活动过度会导致胸大肌难以拉伸。如果肌肉过于紧绷也很难进行拉伸。在该动作中掌握正确的动作要领非常重要。保持腹部收紧以防止弯腰。

肌肉知识

胸大肌是位于胸腔前部靠近皮肤的大块肌肉。它生长于锁骨附近区域、胸骨和腹肌顶部，从这些部位一直延伸至上臂。胸大肌负责向内扭转手臂，向前活动肩胛骨。

肌肉紧绷的原因

不良的姿势习惯导致胸大肌缩短，例如弯腰驼背、在身体前伸直手臂。发型师、按摩理疗师以及用电脑工作的人群最容易受影响。

通常不认为压力会对胸大肌产生直接影响，但有的人在拉伸胸大肌后倍感轻松，还有人甚至觉得呼吸都顺畅很多。消减胸大肌的紧张往往有助于形成更好的姿势，而更好的姿势则能帮助放松其他肌肉。

肌肉紧绷的症状

- 秃鹰颈（头部凸出于身体前）。
- 肩胛骨之间疼痛或肌肉痉挛。
- 胸骨疼痛。
- 胸口受压（类似心绞痛）。
- 手臂出现刺痛感和麻木感，尤其在夜间。

柔韧性测试

测试1

背靠墙站立。双臂向身体两侧伸展，直至肘部略高于肩部。手臂弯曲90度，扭转前臂贴至墙壁，上臂与肩部保持在同一水平线上。整个前臂和手背应该能够在不弯腰的前提下与墙壁贴合。

测试2

面朝呈直角的角落站立。一只脚踩在角落里，弯曲手臂90度。接着，手肘抵着墙壁扭转至前臂紧贴墙壁，上臂的高度与肩部平齐。上半身向角落倾斜。柔韧性越好，胸部就会越贴近墙面。

注意

如果肩关节、肩胛骨之间或腰背部在拉伸时出现疼痛，请停止这一动作。

动作要领

右手和右前臂抵着门框站立。手肘的位置应该比肩部略高一些。收紧腹部避免弯腰。右脚向前迈一步。

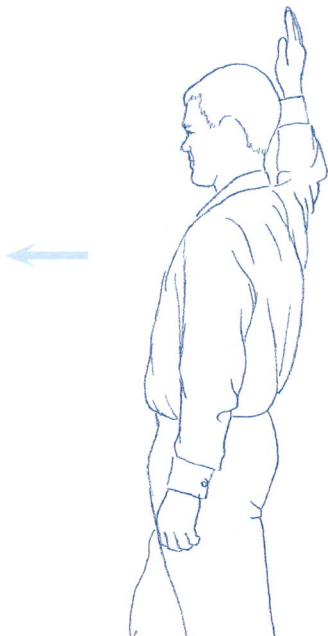

慢慢地弯曲右腿，拉伸5~10秒。这一动作会导致身体向前方和下方倾斜。胸肌有轻微刺痛感时停止运动。然后，放松肌肉5~10秒。

右手肘靠压在门框上，以产生抗阻力，保持5~10秒。然后放松5~10秒。

重复2~3次。

常见错误

- 手肘位置过低。
- 没有收紧腹部（从而出现弓腰现象）。

说明

如果肩关节的活动量太大，拉伸胸大肌的效果就不会很好。如果存在这一问题，请将手臂再抬高一些。

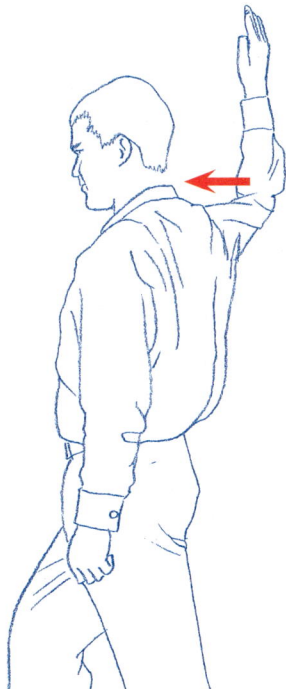

手肘略高于肩部。收紧腹部，上半身向前倾斜。

身体保持不动，手肘靠压在门框上以产生抗阻力。

胸大肌（版本2）

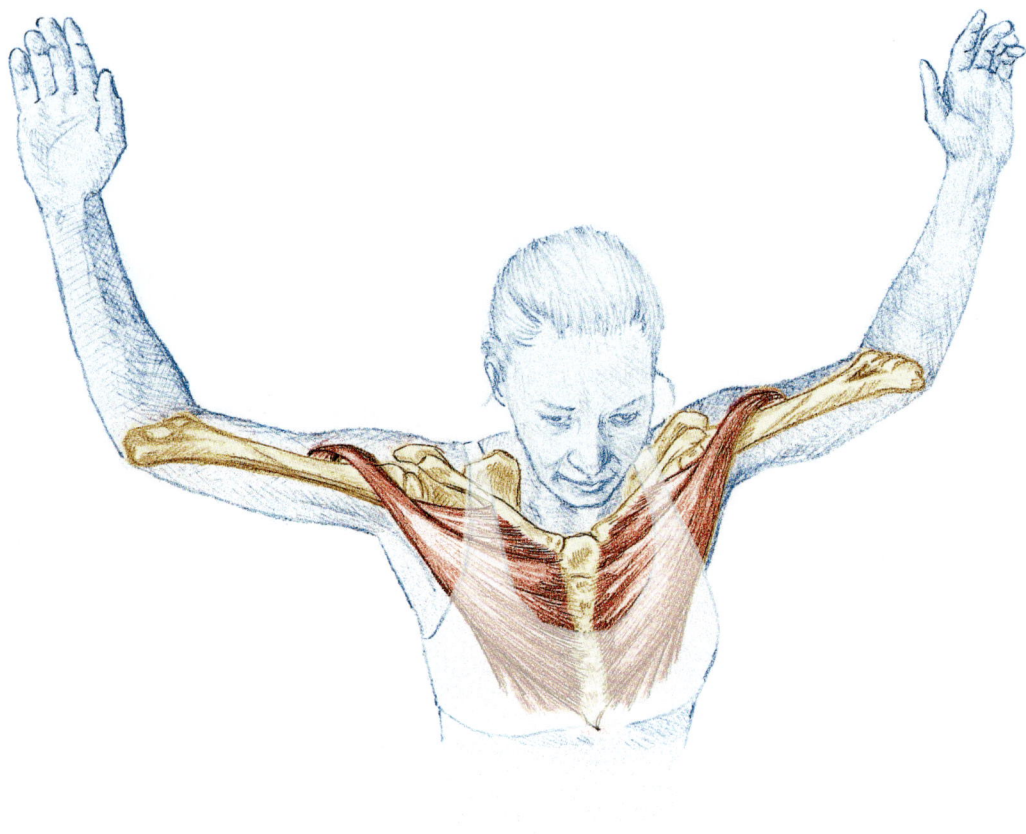

　　如果想增加胸肌、肋骨周围肌肉、肋骨间和脊柱间肌肉的柔韧性，这个动作非常有效。这个动作同时拉伸两侧的胸肌，因此两只手肘一定要在同一高度上，才能产生对等的拉伸效果。同时还要记得双腿交替向前迈步。

动作要领

　　面向直角的墙角站立。一只脚踩在角落里，双手手掌和前臂抵住墙面。手肘的高度应略高于肩胛骨，前臂应指向天花板方向。收腹以防止弯腰。

　　前腿弯曲，身体向墙角方向倾斜，拉伸5～10秒，直到胸部肌肉有轻微刺痛感或拉伸感。然后，放松肌肉5～10秒。

　　双手手肘向墙壁靠压，上半身保持不动，以产生抗阻力。肌肉中的刺痛感会减弱。放松肌肉5～10秒。

　　再度弯曲前腿，上半身向墙角方向倾斜进一步拉伸肌肉，直至再次出现轻微刺痛，到达新的终止点。

　　重复2～3次。

常见错误

- 手肘位置过低。
- 前臂指向内侧，而不是竖直朝上。
- 没有收紧腹部，出现弯腰现象。

说明

　　如果柔韧性欠佳，拉伸肌肉有难度，请在尝试这一运动前试着按版本1的动作练习一段时间。按摩肌肉也能帮助肌肉放松。

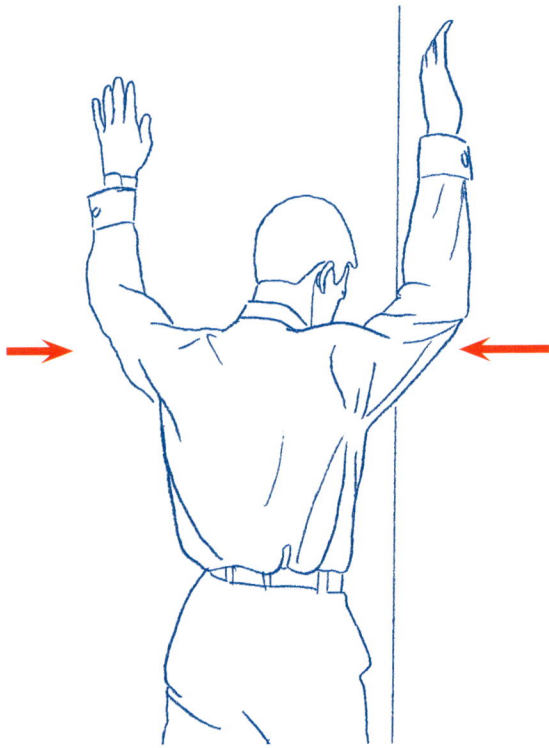

双肘略高于肩部。收紧腹部，上半身向墙角倾斜。

身体保持不动，双肘向墙面靠压，以产生抗阻力。

胸大肌（搭档拉伸，版本1）

对于胸大肌的治疗性拉伸，搭档在辅助过程中需要非常小心，搭档的不小心或动作太快，都很容易给被拉伸者带来疼痛。

动作要领

被拉伸者端坐于椅子、凳子或地板上，最好保持双腿弯曲，以防止拉伸造成腰椎过度弯曲。搭档站在被拉伸者身后，大腿支撑被拉伸者的腰椎。被拉伸者双手交握，十指相扣放在颈部后面，同时保持上身挺直并努力收紧腹部。搭档将手臂搭在被拉伸者的手臂上，然后再将手臂拉到被拉伸者的背后。确保搭档的手背靠在被拉伸者的后背上。这样，被拉伸者和搭档的手臂及肘部相互抵在一起。

将被拉伸者的肘部轻轻向后推，直到被拉伸者感觉到目标肌肉得到拉伸。休息5～10秒，然后让被拉伸者将手肘朝着搭档手臂的方向向前推，抵抗搭档的手臂力量，保持5～10秒。然后休息5～10秒，再次将被拉伸者的肘部轻轻向后推，直到被拉伸者感觉到目标肌肉得到拉伸。

说明

- 搭档将被拉伸者的手臂向后推时，应保持两侧手臂被推的程度相同。
- 被拉伸者两侧手臂的灵活性可能会不同，因此可以让被拉伸者自己控制力量，使两臂的拉伸程度相同。

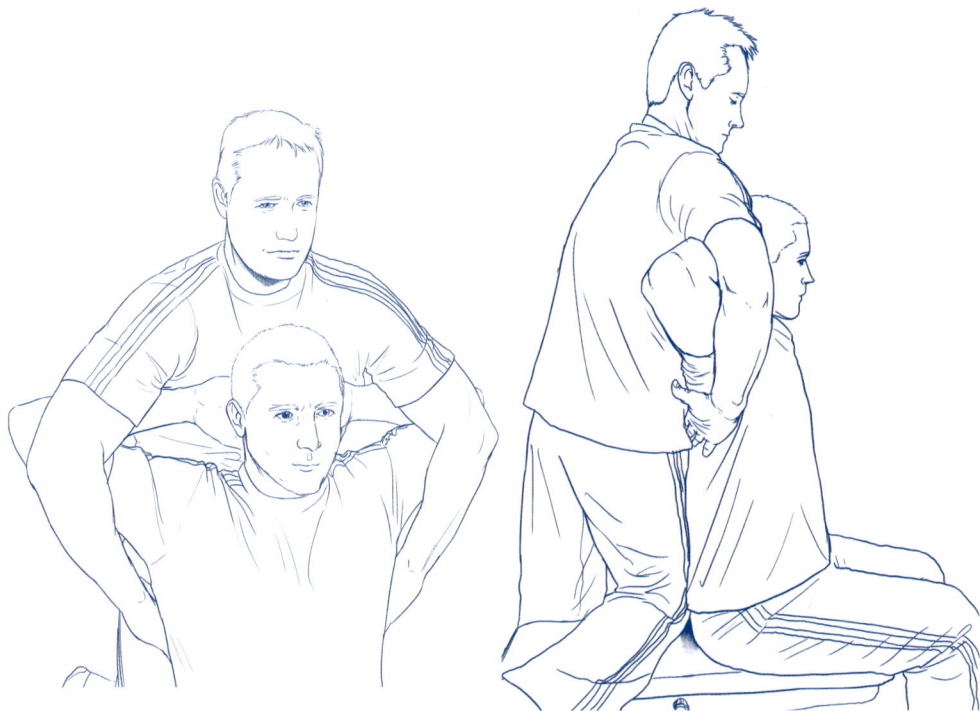

为了确保两边的拉伸程度相似，拉伸过程中询问被拉伸者两边的拉伸程度是否相同。为了避免脊柱过度前凸，需要提醒被拉伸者收缩腹肌。

用大腿外侧支撑被拉伸者的腰椎，整个拉伸过程中都不要离开。如果被拉伸者的腰部离开大腿的支撑，需要提醒被拉伸者收紧腹部。

胸大肌（搭档拉伸，版本2）

如果搭档身体非常僵硬或肌肉非常发达，该练习版本将会是一个好的选择。即使你的体形比搭档小很多，不能像前面第一个搭档拉伸那样产生那么大的力量，它也能很好地发挥作用。

动作要领

被拉伸者端坐在训练凳上，训练凳可以是水平的，也可以倾斜45度，这取决于你需要使出多大的力气：训练凳越平，就需要越大的力气将被拉伸者的肘部向后拉。如果搭档比被拉伸者矮，就需要将训练凳放在一个更加水平的位置。

站在训练凳的头端，抓住被拉伸者的肘部，同时被拉伸者也轻轻地抓住搭档的肘部。要确保在整个动作过程中，被拉伸者的肘部位置要略高于肩关节。

首先，轻轻地将被拉伸者的肘部向外侧伸直，以防止肩关节受到挤压，同时可以提高拉伸效果。通过轻轻地将被拉伸者的肘部和前臂向后推来拉伸目标肌肉，直到被拉伸者感觉到肌肉被拉伸。休息5~10秒。

接下来，让被拉伸者将手肘和前臂向上推向搭档的手臂，形成阻力，持续5~10秒，然后休息5~10秒。接下来将被拉伸者的手肘和前臂向后推，进行新的拉伸，直到被拉伸者感觉到目标肌肉得到拉伸。

如果想要伸展胸小肌，需要在初始位置将被拉伸者的手肘稍微再抬高一点。

说明

- 控制好被拉伸者的前臂，使它们与训练凳的靠背平行。不要给被拉伸者的手臂施加太大压力，否则肩关节会过度向外旋转，造成压力过大并可能会受伤。
- 注意肩关节的角度，确保被拉伸者的肘部不要太向下（就像在自我伸展时那样）。
- 如果被拉伸者的肩部脱臼没有完全康复，不要做这个动作。
- 将被拉伸者的手臂向后推时，应保持两侧手臂被推送的程度相同。
- 被拉伸者两侧手臂的灵活性可能会不同，因此可以让被拉伸者自己控制力量，使两臂的拉伸程度相同。

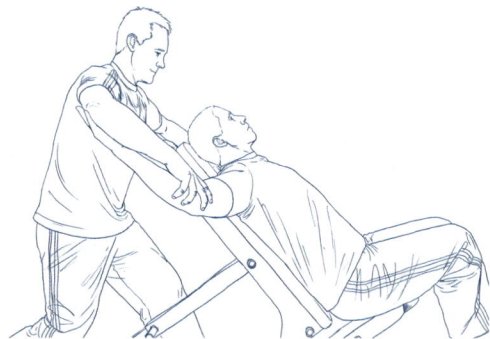

确保前臂与训练凳平行，手臂背面不要撞到训练凳边缘。

胸大肌（网球放松版）

　　将网球放在锁骨正下方，稍向外侧置于肌肉上。身体前倾靠墙，试着定位一个痛处。通过身体前倾来增加压力。可以把网球放在衣服下面使它保持不动。

（右臂）肘部呈90度，手肘的位置略高于肩部。

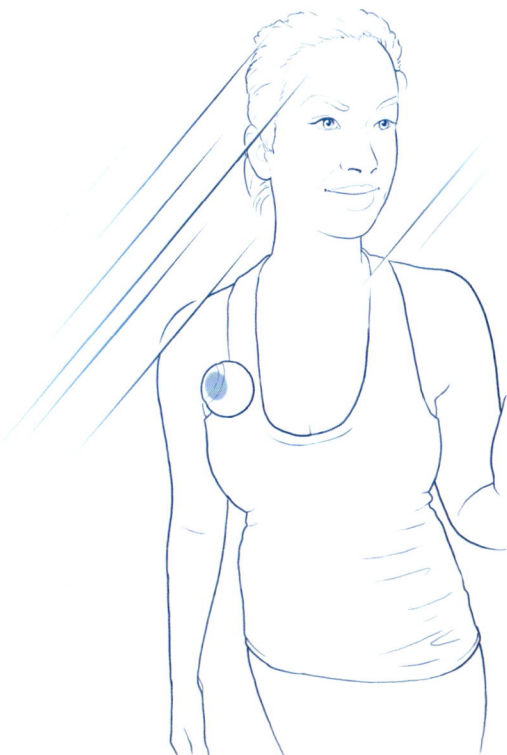

交替进行时，放下之前举起的手臂。

胸小肌（站姿版）

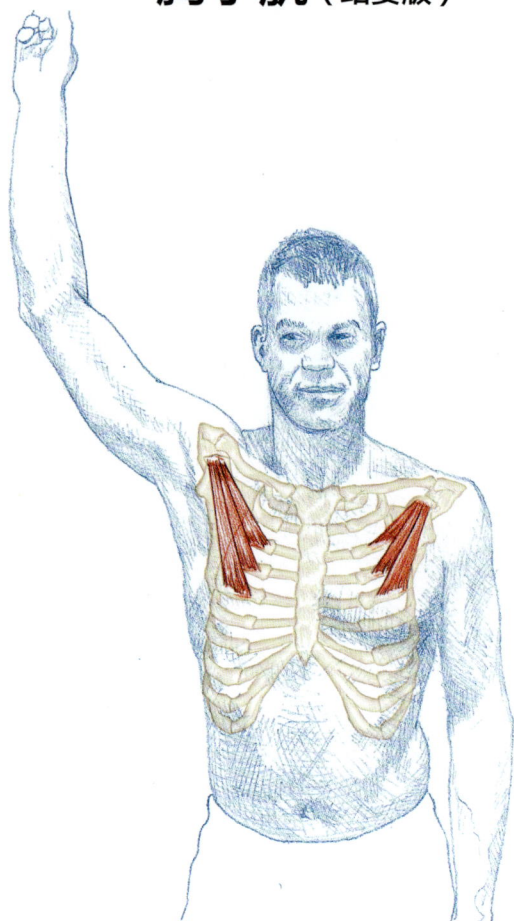

肌肉知识

胸小肌位于胸大肌下方，从第三节和第五节肋骨的前侧延伸至肩胛骨上部的突起上。它的主要功能是下沉肩部和稳固肩胛骨，还参与大力吸气和呼气。

肌肉紧绷的原因

长时间静态运动和不良姿势会造成这一肌肉紧绷。与其他肌肉一样，压力会导致上胸部紧张，特别是在呼吸越发急促的时候。

肌肉紧绷的症状

- 麻木或疼痛放射至手臂。
- 出现与网球肘类似的症状。
- 无法深吸气。
- 整块肌肉疼痛（与心绞痛或突发心脏病类似的症状）。

注意

拉伸时如果肩关节或颈部出现疼痛，请不要做这一动作。

拉伸胸小肌时，很难真正感受到较好的拉伸效果，因为这块肌肉会非常紧绷，而且肌肉拉伸的幅度相对较小。即使感觉不是很明显，拉伸仍然对你有所帮助。这一拉伸练习能够缓解手掌和手臂在夜间出现的麻木症状。拉伸时，如果手臂或手掌有感觉，说明肌肉正在被拉伸。你不必太过在意，这种感觉会随着你肌肉柔韧性的增加而消退。

动作要领

右前臂和右手抵住门框站立。手肘置于肩关节之上，高出一定距离。前臂应向上伸，身体与手肘形成130度夹角。腹部收紧防止弯腰。右脚向前迈一步。

慢慢弯曲右腿，带动上半身向前、向下慢慢倾斜，拉伸5～10秒。肌肉感到轻微刺痛时停止运动。放松肌肉5～10秒。

右手肘慢慢往前压，以产生抗阻力，保持5～10秒。放松5～10秒。

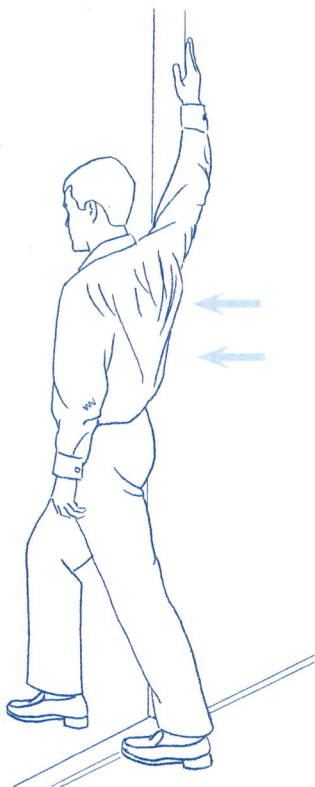

再次弯曲右腿直至有轻微刺痛感，进行进一步拉伸，到达新的终止点。

重复2～3次。

常见错误

- 手肘位置不正确。
- 肩关节缺乏柔韧性。
- 肌肉收得不够紧，导致弓背。

说明

由于肌肉很难拉伸到，因此这一动作有一定难度。活动胸小肌前请试着拉伸胸大肌。

请将手肘保持在眼部的高度。收紧腹部，上半身前倾。

身体保持不动，手肘向门框靠压，以产生抗阻力。

胸小肌（坐姿版）

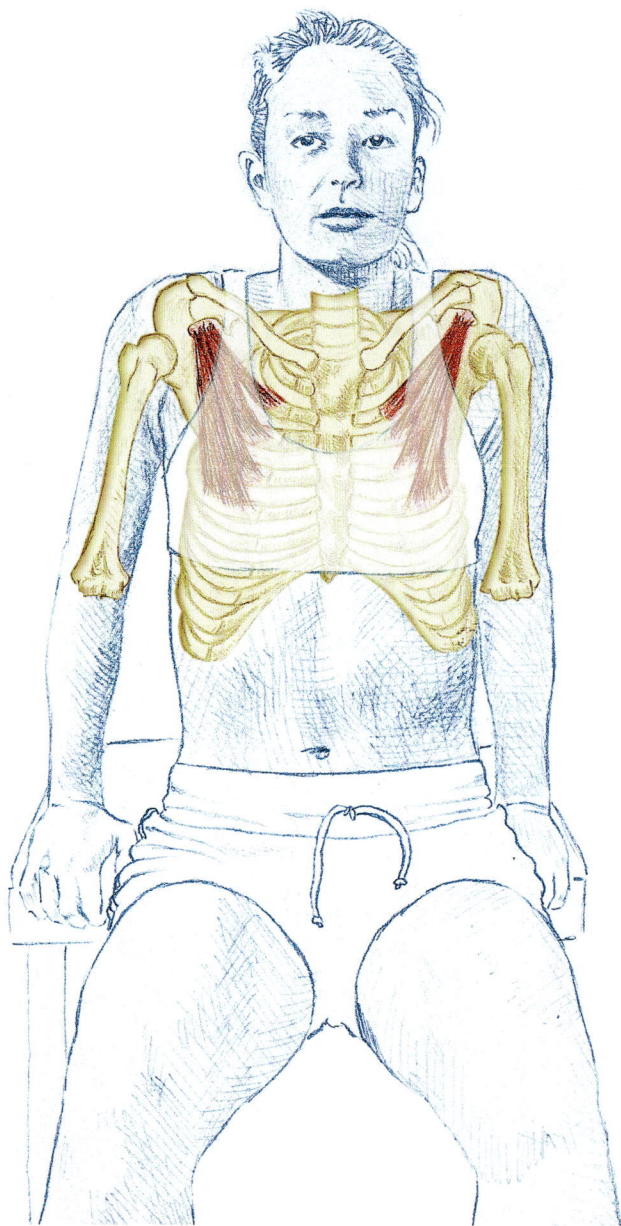

　　这一动作需要有力的手臂和一把固定的凳子。刚开始做这一动作时需格外小心。一开始，你可能会感受到肩部和肩胛带的拉伸，随着时间的推移，这种感觉会消失。

注意

如果肩部、颈部或手腕部有疼痛，或无法伸直手臂支撑自己，请不要做这一动作。

动作要领

端坐于稳固的平面，如固定在地面的凳子上。双手放在凳子上，指尖向前。双脚紧踩在地板上，臀部向前移，双臂支撑身体。上半身保持竖直，腹部收紧以保持平衡。

放松肩部肌肉使肩部和肩胛带向上活动，拉伸5～10秒。胸前的肌肉有轻微拉伸感时停止动作。放松肌肉5～10秒。

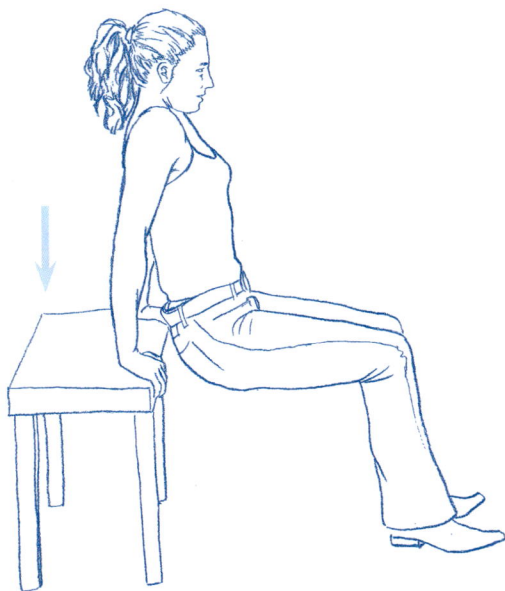

用肩胛带提起上半身5厘米，以产生抗阻力。放松肌肉5～10秒。

上半身再度慢慢向下沉，以进一步拉伸，直至到达新的终止点。

重复2～3次。

常见错误

- 手臂微屈。
- 没有完全放松肩部。

说明

由于其他肌肉会抑制这一运动，因此斜方肌下部会过于紧绷，导致锁骨内部关节疼痛。在做本动作之前请先拉伸胸大肌。

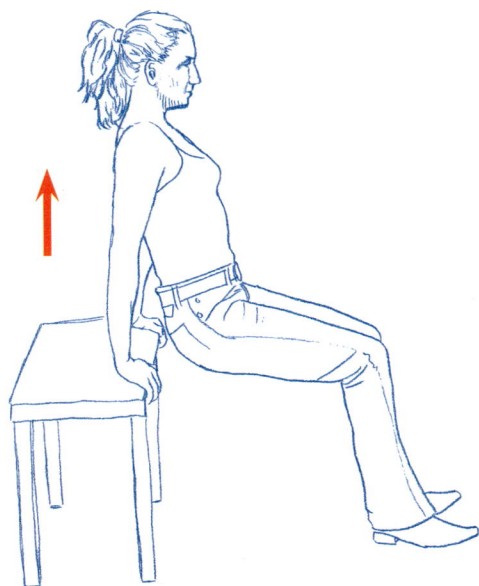

支撑的平面一定是固定的，手臂必须伸直。让身体慢慢下沉，使肩部上升。

上半身向天花板方向上提约5厘米，以产生抗阻力。

中斜方肌和菱形肌（站姿版）

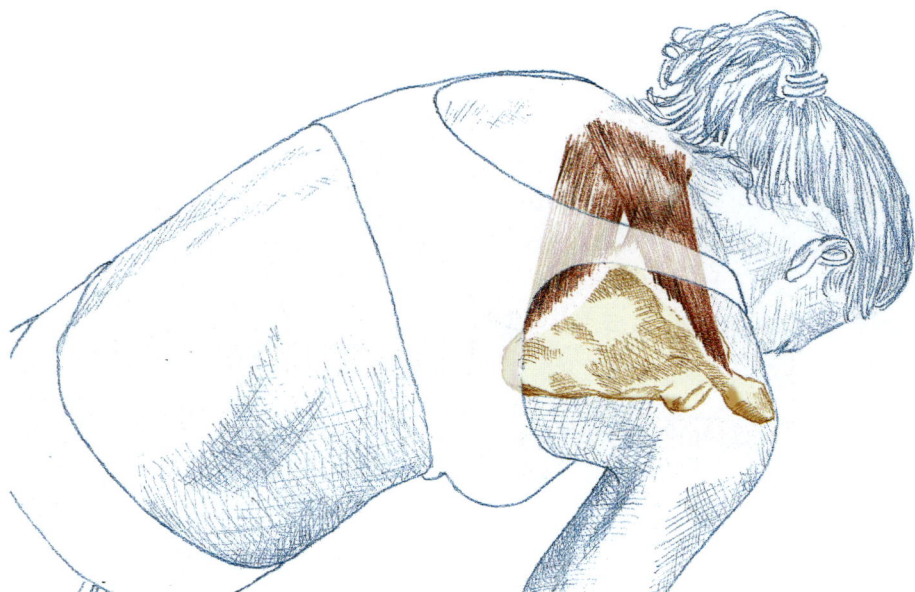

发力对于这一动作非常重要，因为位于肩胛骨之间的肌肉有可能非常紧绷。然而，有一个问题，要想正确地练习这一动作，必须能充分收紧腹部以保护腰背部不会受伤。如果腰背部感到刺痛，就不会想继续练习这个动作了。这个动作的目的是用手臂将肩胛骨尽可能地往前面和侧面拉。

肌肉知识

斜方肌的中部位于肌肉系统的表层。从脊柱上的突起开始一直向肩胛骨远端的顶点延伸。菱形肌无论大小，都位于斜方肌的下层。从脊柱上的突起延伸至肩胛骨的内缘。这两种肌肉能有力地收拢肩胛骨，固定肩胛带。

肌肉紧绷的原因

不良姿势迫使这些肌肉静态地运动来保护脊柱和椎间盘韧带。

胸部肌肉缩短会加重这些肌肉的负担，超过肌肉的承受能力。

肌肉紧绷的症状

- 肩胛骨之间的位置疼痛。
- 疼痛向肩部前部放射。
- 肩胛骨之间麻木。

注意

如果腰背部或肩关节疼痛，请不要做这一动作。

动作要领

右腿跪立在固定的凳子或椅子上，左脚站立于地面，左腿微屈。右手与腿部交叉抓住椅子的左侧边缘。右手放在右膝前大约10厘米的位置，手指关节朝左。左手支撑在左大腿上。腹部保持收紧，头部向下垂。

抓住椅子不放，小心缓慢地伸展右侧髋关节和左膝关节站立起来。保持这一动作拉伸肌肉5～10秒。左手向下推大腿能进一步增强拉伸。继续拉伸，直至肩胛骨和脊柱右侧之间出现拉伸感或轻微刺痛时停止动作。放松肌肉5～10秒。

用手臂小心地将身体向椅子方向拉近，以产生抗阻力。上半身保持静止，拉伸肌肉5～10秒。然后，放松肌肉5～10秒。

放在大腿位置的手发力，将身体朝站立的姿势向上推，做进一步拉伸，直至到达新的终止点。

重复2～3次。

常见错误

- 肩胛骨没有放松。
- 放在凳子上的手部位置过于靠前。
- 身体随着运动而转动（背部应该是水平的）。

说明

有时这些肌肉太过紧绷、缩短过度，导致无法完成拉伸动作。深层组织按摩通常能够帮助解决这一问题。

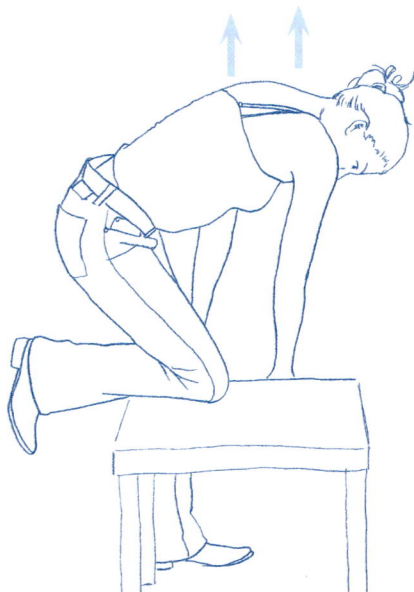

右手置于右膝前约10厘米的位置。左手和右膝发力推，不要忘记收紧腹部。

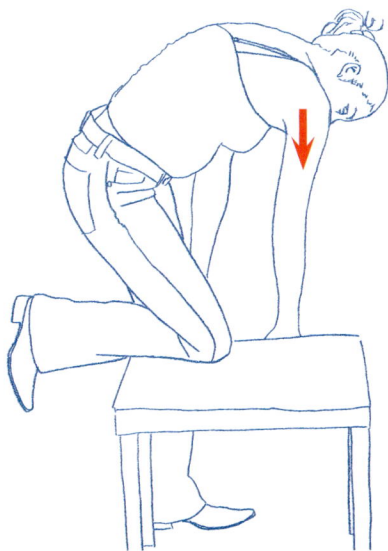

身体保持不动，将身体向凳子的方向往下拉，以产生抗阻力。

中斜方肌和菱形肌（坐姿版）

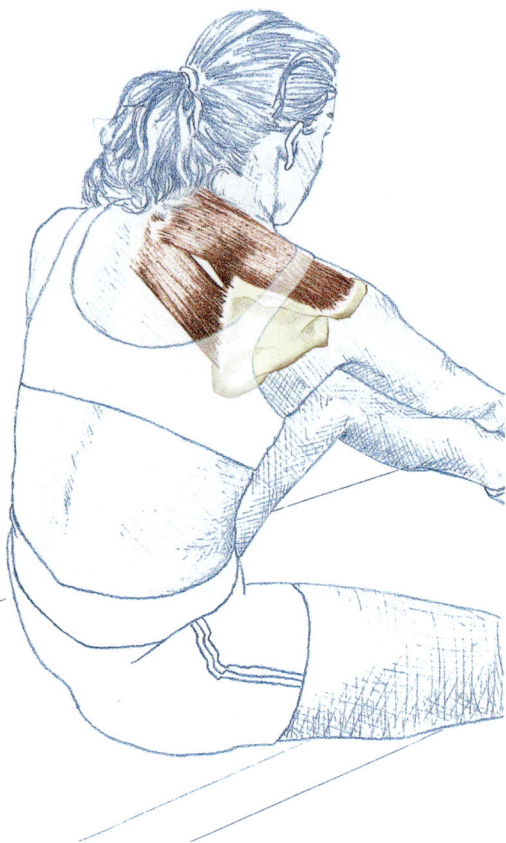

注意

　　如果腰背部或肩关节有疼痛感，请不要做这个动作。

动作要领

　　坐在凳子上，右脚着地，左脚放在凳子上。左膝弯曲，直到右手能抓到左脚外侧。左手高于膝盖放在左大腿上。上半身向后靠，左手推大腿，进行拉伸。肩胛骨和脊柱右侧之间有轻微刺痛感时停止动作。放松肌肉5～10秒。

　　小心地用右手将上半身向足部拉近，产生抗阻力，保持5～10秒。保持上半身不动。（拉伸右侧则将身体向右转。）放松肌肉5～10秒。

　　上半身向后靠，左手往前推，做进一步拉伸，直至到达新的终止点。

　　重复2～3次。

　　这个动作能在凳子或地面上进行。如果柔韧性不够，这一动作是有一定难度的。遇到这种情况请练习上一个版本，因为上一个版本的动作要求你必须能够收紧腹部以保护腰背部。

常见错误

- 背部没有挺直。
- 身体随着运动而转动。

说明

　　这些肌肉可能由于过度紧绷并缩短，导致无法完成拉伸动作。深层组织按摩通常能够有助于解决这一问题。如果腰背部感到疼痛，那就说明腹部收得不够紧。

初始姿势时请尽最大努力坐直。上半身向后靠的同时左手推大腿。别忘了收紧腹部。

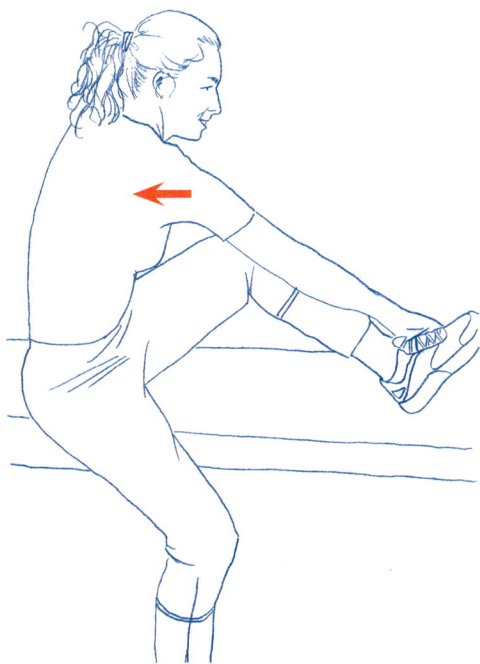

上臂保持不动，手臂和背部向后拉，以产生抗阻力。

中斜方肌和菱形肌（网球放松版）

把网球放在脊柱和肩胛骨之间的某个地方。双臂交叉放在胸前，通过向不同方向移动身体来寻找疼痛部位。当发现一个酸痛的区域时，保持在这个位置按压，直到酸痛明显减轻，然后脚向前迈，使脚离墙的位置变远，身体依然倚靠在网球上，从而增加身体的压力。为了避免网球在运动期间移动滑落，可以将网球放在皮肤和衣服之间。

按照上面的步骤重复2~3次；到最后一次练习时，以前酸痛的部位应该感觉不到疼痛了。

双臂交叉放在胸前，使上背部呈圆形。把网球放在脊柱和肩胛骨之间的某个地方。

背阔肌（站姿版）

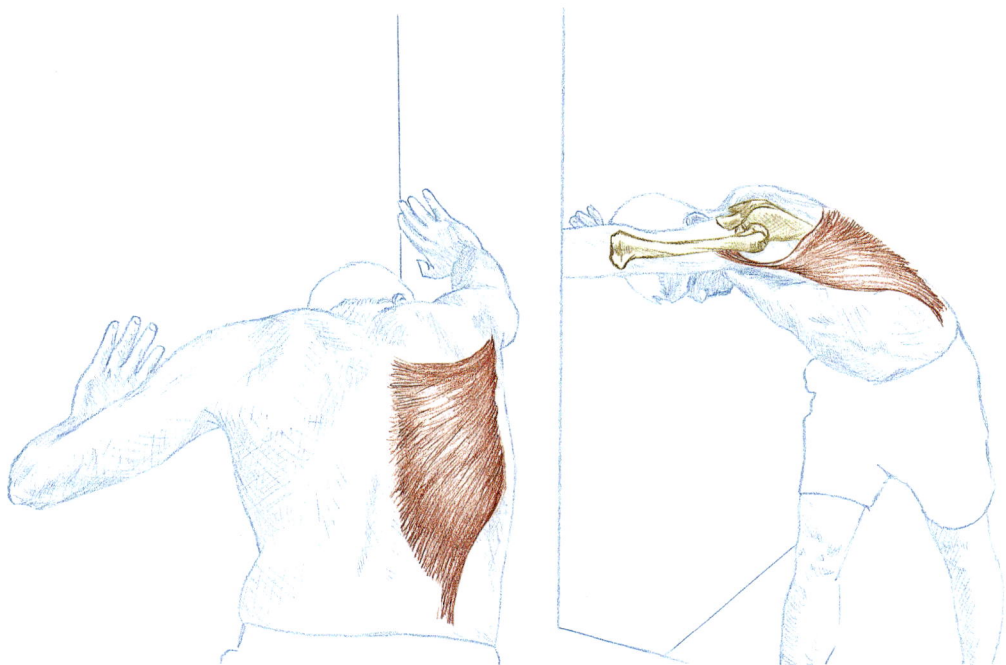

这一动作的技术看起来较为复杂。不过一旦掌握了要领，它真能发挥作用。它能牵动整侧背部，直至腋下。如果想象着最大限度地伸展手臂和肩胛带，同时尽力将身体弯曲成弓形，这个动作就会变得容易很多。

肌肉知识

背阔肌是非常靠近皮肤、非常宽大的肌肉。它始于髂嵴（臀部）和脊柱，从浅层一直延伸至上臂内层深处。

背阔肌的功能是向后、向身体方向移动手臂，降低肩胛带，集中左右肩胛骨，向后方和两侧弯曲脊柱，并且在双臂举过头顶时增加背部的弓度。

肌肉紧绷的原因

由于多数主要的运动都是由手臂在头部以下位置完成，这一部位的肌肉通常会因为缺乏锻炼而紧绷和缩短。虽然当手臂位于肩部下方时，肩关节的活动受限的情况会很少，然而，这种肌肉的紧张会限制手臂高于肩部时的运动完成情况，例如越野滑雪、体操、攀岩和高尔夫。

肌肉紧绷的症状

- 手举过头顶后无法活动自如。
- 肩关节疼痛。
- 腰背部疼痛。

柔韧性测试

背靠墙站立，或者平躺在地面，手臂放在身体两侧。抬起手臂，手背尽量碰到墙面或地面。始终保持手臂伸直，腰背部贴在墙面或地面上。

注意

拉伸过程中如果肩关节或腰背部出现疼痛，请停止这一动作。

动作要领

找一个门把手或类似的固定物体，位置必须与肚脐同高。站立于门把手前方，离门把手约一臂的距离。伸出右手抓住门把手，向侧面迈一步，让左肩比右肩离墙更近一些。上半身向前倾，与手臂在同一平行线上。

现在的身体从侧面看呈现"V"形夹角，必须抓紧把手防止向后摔倒。

右腿向左后方伸展。从后面看，腿、躯干和手臂应该呈弓形。左手放在门或墙壁上，稍微靠近右手左侧。左臂微屈以便发力推。

左手将身体推离墙面，同时增加弓形的弯曲度，拉伸5~10秒，直至背部一侧出现轻微刺痛。放松肌肉5~10秒。

右手臂向侧面移动，以产生抗阻力，坚持5~10秒。请勿放开把手或移动身体。放松身体5~10秒。

继续增加弓形的弯曲度，继续将身体从门或墙面推开，以进一步拉伸，直至到达新的终止点。

重复2~3次。

常见错误

- 站立时离门或把手的距离过远。
- 推墙或门的手臂的弯曲度不够，无法产生足够的推力。
- 肩关节没有打开（伸直）。

说明

如果做这一动作很困难，请找人帮你检查初始姿势是否正确。要加强拉伸效果，请反手从把手下面握住把手。如果难以将身体推离门或墙面，请站在离墙更近的位置。

左脚请尽量向前迈，才能将身体向后推。左腿
与左手发力向后推。

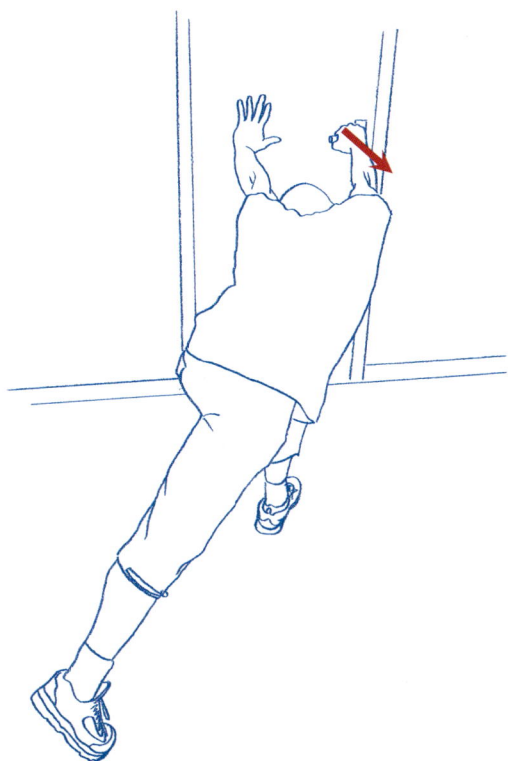

身体保持不动，右手向右移，以产生抗阻力。

背阔肌（坐姿版）

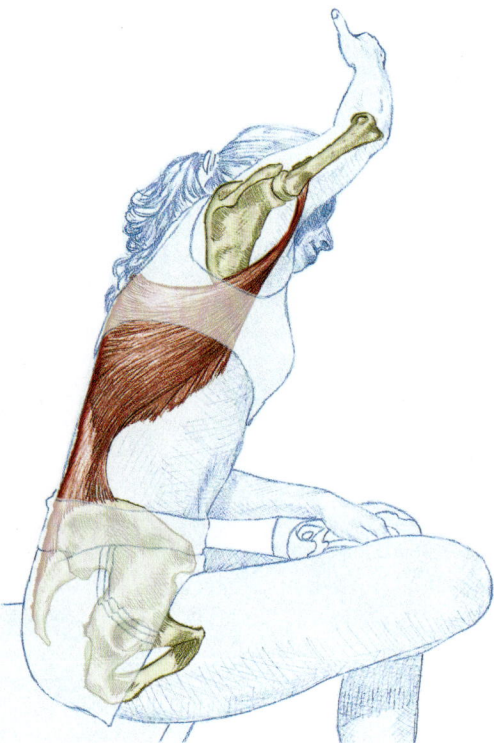

这一动作非常适合柔韧性相当好的人群，也非常适合在办公室时做。做这一动作，初始姿势必须保持端正挺直的坐姿。习惯这一动作之前，请小心地、慢慢地练习，用一只手做支撑。如果急于求成，会有在拉伸中用力过猛的危险。

注意

拉伸过程中如果膝盖或背部出现疼痛，请停止这一动作。

动作要领

端坐于椅子上，身体右侧对着桌子。双脚分开一定距离紧踩在地面上。右脚踝放在左大腿上，右膝放在桌子下方。端坐时背部挺直，腹部收紧。右手臂举过头顶，上臂碰触耳部。手臂靠在头部和颈部。

上半身径直向左侧倾斜，拉伸5～10秒。身体向左上方伸展5～10秒。

抬起右膝抵住桌子，或者上半身尽量坐直，以产生抗阻力，坚持5～10秒。也可以根据喜好双管齐下。放松肌肉5～10秒。

利用重力尽量向侧面倾斜身体，以进一步拉伸，直至到达新的终止点。

重复2～3次。

常见错误

• 为了坐直而过度收紧其他肌肉。
• 身体前倾而非侧倾。
• 手臂上举的高度不够高。

说明

这一动作在技术上有一定难度，需要重复练习才能正确掌握。脚部应紧贴地面，才能在练习时提供有效支撑。有时这一动作会先帮助拉伸腰方肌。

腿放在桌子下方，最大限度地抬高手臂。上半身向左倾斜，手臂向斜上方伸展。

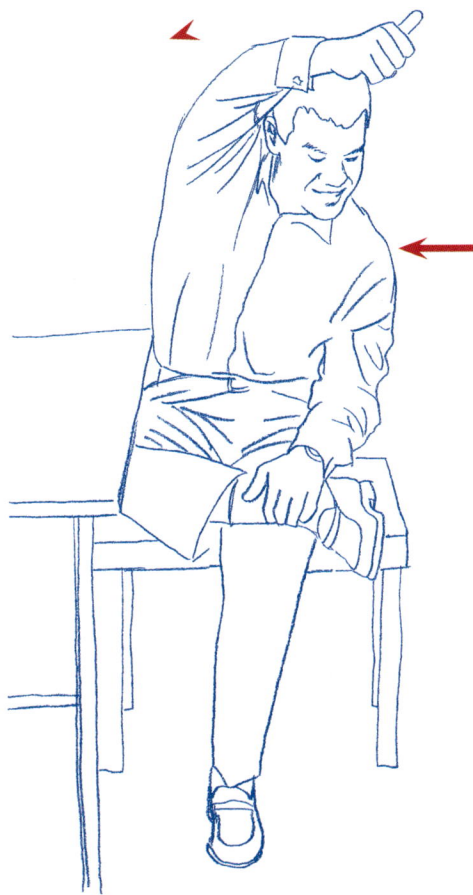

小心地将膝盖抬起抵住桌子，或将上半身抬起约5厘米，以产生抗阻力。

背阔肌（搭档拉伸，版本1）

因为背阔肌跟许多关节相连，所以拉伸时一定要特别注意。具体来说，搭档需要帮助被拉伸者调整拉伸的方向；有些被拉伸者需要更多地向侧面移动，而有些被拉伸者则必须更多地向前移动。为了让被拉伸者有安全感，在整个拉伸过程中，被拉伸者的一只脚应该牢牢地踩在地板上。

动作要领

让被拉伸者跨坐在凳子上，右腿弯曲，右脚放在凳子上。然后让被拉伸者将右臂举过头顶，微微向前，转动手臂，使大拇指指向天花板。

搭档用右手紧紧抓住凳子边缘，右臂固定被拉伸者的右腿及骨盆。左前臂放在被拉伸者躯干的一侧，左手抓住他的肩胛骨和上臂部位。然后逐渐增加肌肉的拉伸强度，方法是将被拉伸者的躯干向侧面及稍微向前的方向推，而被拉伸者也向相同的方向伸展右臂和右肩。拉伸的过程中询问被拉伸者目标肌肉是否感觉到拉伸；如果目标肌肉没感觉到拉伸，将拉伸方向稍微向前或向后移动。大拇指在整个拉伸过程中必须向上指向天花板。

找到舒适的拉伸姿势，保持这个姿势停留5~10秒。然后让被拉伸者轻轻地将躯干压向搭档的左前臂，同时将上臂压向搭档的左手，形成阻力，持续对抗5~10秒。"休息5~10秒，"然后通过将被拉伸者的上半身再次斜向前推，到达一个新的拉伸位置，直到肌肉被轻轻拉伸。必要时需要调整拉伸方向。

重复2~3次。

大拇指在整个拉伸过程中必须向上指向天花板。

背阔肌（搭档拉伸，版本2）

提醒：这一版本力度比较大，操作时需注意。

动作要领

这一版本的初始位置与版本1中的初始位置相同，不同之处在于搭档站在被拉伸者的斜对角线位置。被拉伸者的左脚放在地上，搭档用右脚固定住被拉伸者的右腿和骨盆（如果拉伸的是身体右侧）。在被拉伸者的大腿上铺一条毛巾或其他物品。让被拉伸者将右臂朝搭档的方向抬起，拇指指向天花板。用双手抓住被拉伸者的右手。

搭档将身体轻轻向后倾斜，逐渐增加拉伸幅度；如果没有感觉到拉伸，调整手臂的方向。当肌肉被轻轻拉伸时，保持这个姿势，让被拉伸者休息5～10秒。然后让被拉伸者向后拉，同时搭档将手臂向上移到侧面，持续5～10秒。休息5～10秒，然后搭档的身体再向后倾斜进行深度拉伸。

重复2～3次。

搭档将身体轻轻向后倾斜，增加拉伸幅度。

背阔肌（搭档拉伸，版本3）

提醒：这一变式版本更多强调自我拉伸，非常有效。

动作要领

被拉伸者双手抓住一根固定牢固的、大约肚脐高度的单杠。被拉伸者站在单杠附近，身体向前倾斜，使手臂伸直，耳朵和髋关节在一条直线上。然后右腿向后迈一步，使整个身体形成弓形。要增加这个体位的拉伸幅度，需要被拉伸者的右臂用力向前推，同时左腿用力将身体向后推，直到目标肌肉被拉伸。

为增加拉伸幅度，搭档将一只手放在被拉伸者身体的左侧（肩部正下方），另一只手放在被拉伸者的右臀部外侧。然后用左手轻推，右手轻拉髋部，直到被拉伸者感到肌肉被拉伸，保持这一姿势5~10秒。被拉伸者双脚向后退一步，收紧臀部，这样手臂就会伸直，甚至与耳朵平齐。保持5~10秒，休息5~10秒。然后让被拉伸者的身体呈更大的弓形，使肌肉得到拉伸，从而增加拉伸幅度。

重复2~3次。

确保被拉伸者的身体形成一个宽弓的形状。

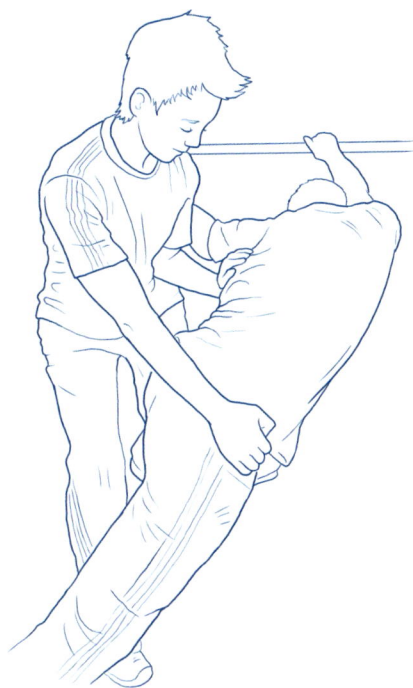

增强拉伸幅度的方法是：一只手将被拉伸者的身体向外推，同时另一只手轻轻地把被拉伸者的髋部向内拉，使被拉伸者的身体更靠向搭档的身体。

冈下肌（版本1）

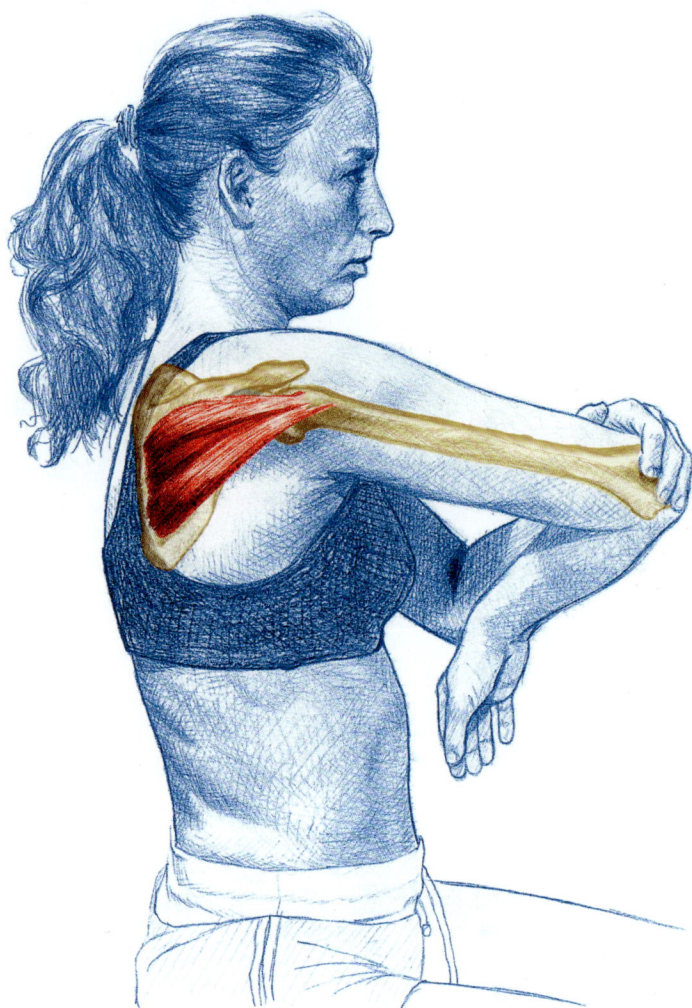

　　冈下肌是避免或减弱肩部区域疼痛最重要的肌肉之一。由于这块肌肉非常敏感，练习时请谨慎进行。即使无法感受到拉伸感，这一动作对冈下肌也是很有益处的。冈下肌负责向内旋转上臂，与此同时拉伸肩部外旋。要想从这一动作中获得期望的效果，在拉伸的过程中请勿抬高或降低手肘。同样重要的一点是，在产生抗阻力的过程中动作不能太大。

肌肉知识

冈下肌靠近皮肤，从肩胛骨延伸至上臂外侧。其主要功能是通过肩关节向外旋转手臂。同时，冈下肌能通过配合与微调肩关节的活动来稳固肩关节。

肌肉紧绷的原因

只要手臂有活动，冈下肌就会静态地运动。手臂长期使用电脑键盘工作会造成冈下肌严重紧绷和缩短。在拉伸训练中也有可能使用过度，特别是在做卧推这样的推起动作时，包括在颈后进行推拉的动作也会导致冈下肌紧绷。

肌肉紧绷的症状

- 出现局部疼痛或整个肩胛骨区域疼痛。
- 肩部前部刺痛。
- 疼痛放射至手臂、前臂和手掌。

柔韧性测试

俯卧在地面上，或面朝墙站立。手臂置于身后，一只手指放在皮带或裤子的腰线上，越往后越好。俯卧时，手肘应该在重力的作用下与地面接触。站立时，手肘应该能够轻松向前移动碰触墙面。

注意

拉伸过程中如果肩部前部出现疼痛，请停止这一动作。如果拉伸后出现疼痛，下次练习时请多加小心。

动作要领

这一动作可以通过坐姿或站姿完成。手臂向前伸直，然后向胸口方向收回前臂，手肘呈90度夹角。左手抓住右手肘，左前臂重叠在右前臂之上。放松右手臂，左手臂发力保持住右手臂的姿势，肩部放松并下沉。

右手肘的位置保持不变，左前臂下压右手，拉伸肌肉5~10秒。放松肌肉5~10秒。

右手小心地向上抬起，与左前臂产生抗阻力，放松肌肉5~10秒。

右手和右手臂继续向下压，以进一步拉伸，直至到达新的终止点。

重复2~3次。

常见错误

- 肩部没有完全放松。
- 练习的动作太快。
- 肩关节周围的其他肌肉过度紧绷。

说明

冈下肌想要有较好的拉伸效果是有一定难度的。有时只能感受到肩部前部的拉伸，而不是在整个肩胛骨区域。为了提高你对这块肌肉的感知度，在拉伸冈下肌之前请训练胸部和背部的肌肉来增加这一区域的血液循环。如果在这之后拉伸冈下肌对你而言还是有难度，请在拉伸之前尝试深层组织按摩；也可以通过用左手将手肘往前拉的方式，在扭转手臂之前打开肩关节。

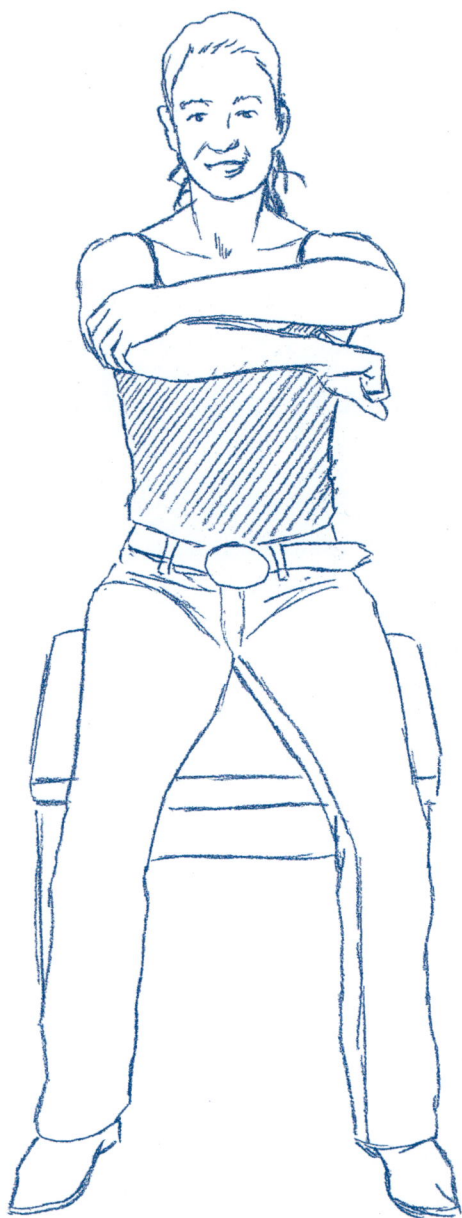

右手臂完全放松，用左手臂抬起右手臂。左手肘下压向内旋转右手臂。

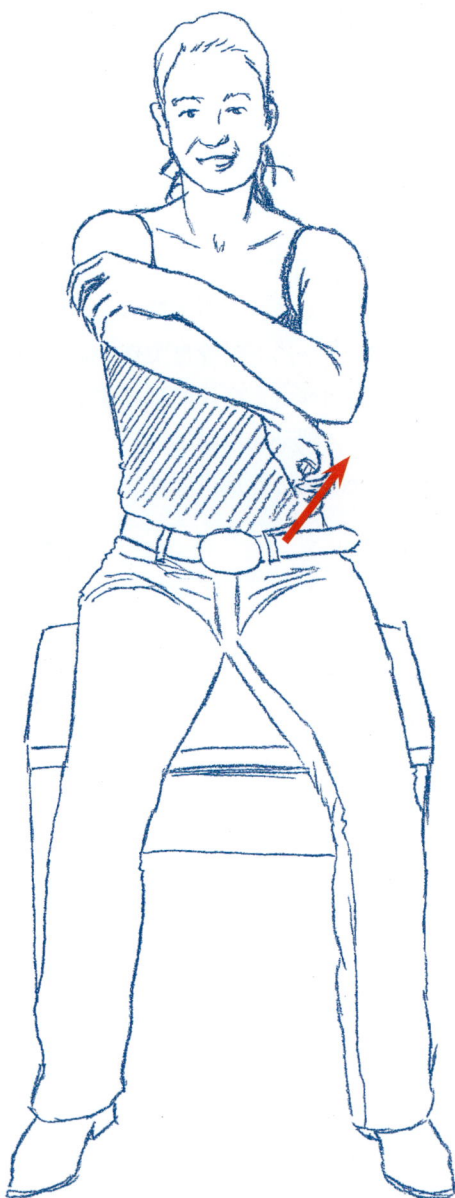

右手向上抬起，与左手肘产生抗阻力。

冈下肌（版本2）

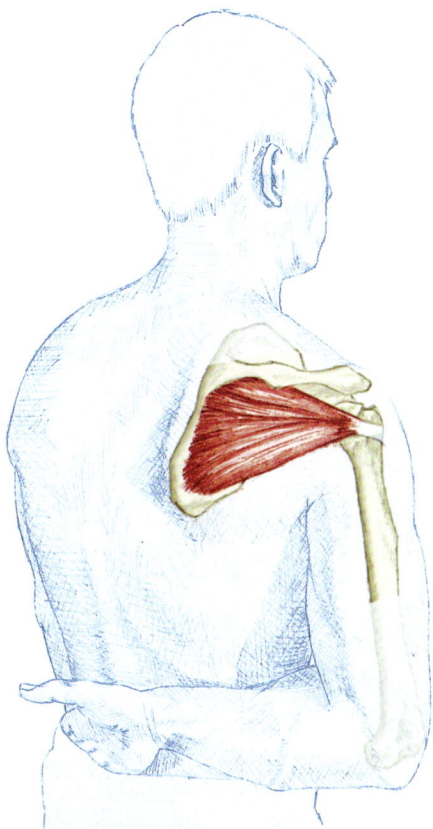

这一动作与被警察反手擒拿的动作很像，拉伸的力道对冈下肌而言较大。请小心认真地练习，根据自身体重可以算出肌肉的大小。请保持身体平衡，倾斜身体时注意利用重力产生的力量，不要额外发力。摆好初始姿势之后，动作的目标就是在向后移动身体的同时向前移动手肘。阻力（这种情况下通常由门框产生）应该作用在手肘背部。

注意

如果在拉伸过程中或拉伸完毕后肩部出现疼痛，请停止这一动作。

动作要领

站立于门口，一条腿在另一条腿之前。手伸向背后，一只手指钩住皮带或放在裤子的腰线上。手肘背部抵住门框。上半身小心地向后靠，直至肌肉有轻微的拉伸感或刺痛感，拉伸肌肉5~10秒。如果动作正确，手肘会向前移动。放松肌肉5~10秒。

身体向后靠、手肘向前移动以进一步拉伸，直至到达新的终止点。

重复2~3次。

常见错误

- 肩部没有完全放松。
- 肩关节周围的肌肉紧张。
- 手臂接触门框的部位过多。

说明

如果出现疼痛，或无法拉伸到冈下肌，手可以试着放在腰带靠近体侧的位置。确定只有手肘抵住门框，而不是整个手臂靠在门框上。

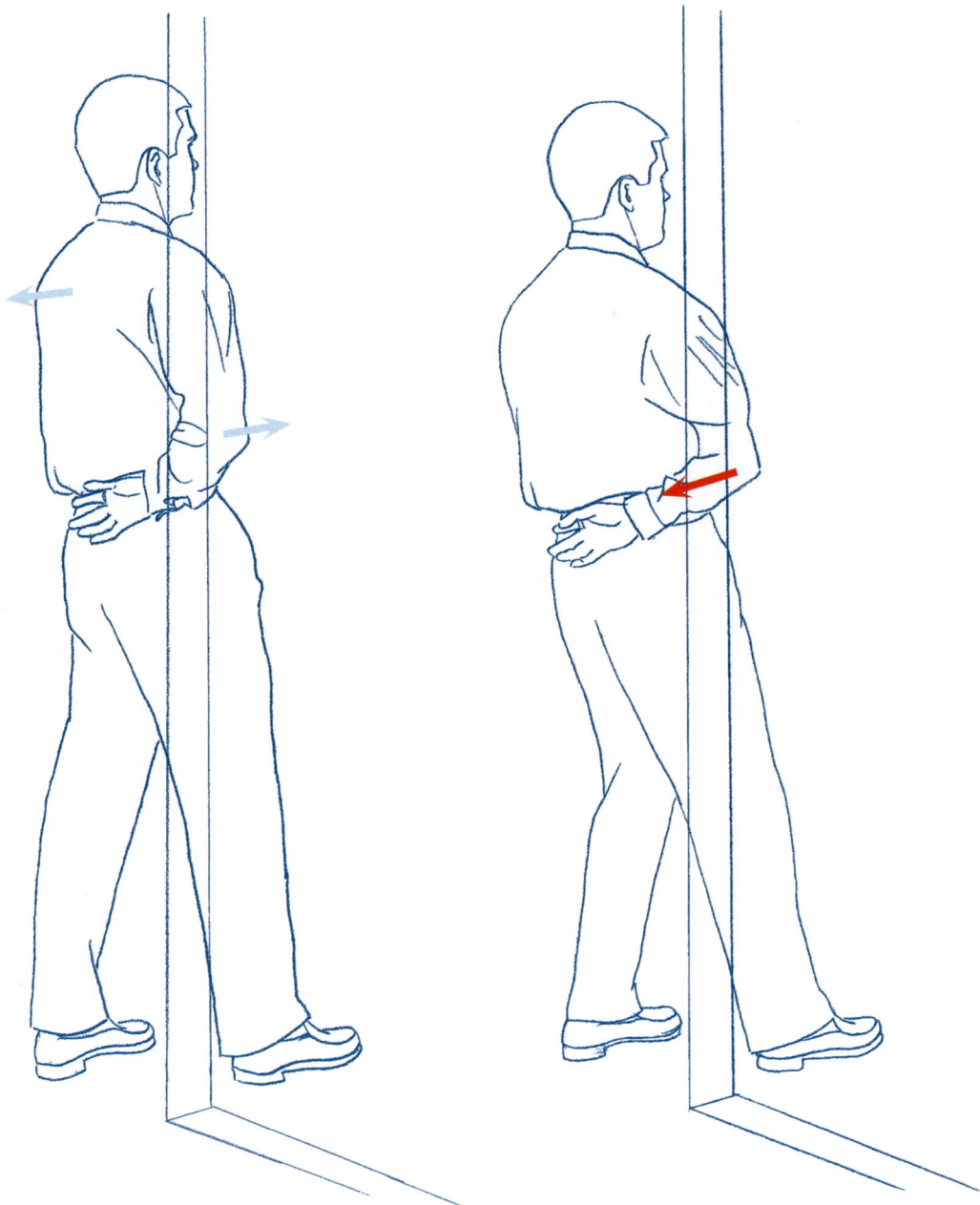

手肘放在门框前，上半身慢慢向后倾斜，手肘随之往前移动。

手肘小心地向后压门框，以产生抗阻力。

大圆肌

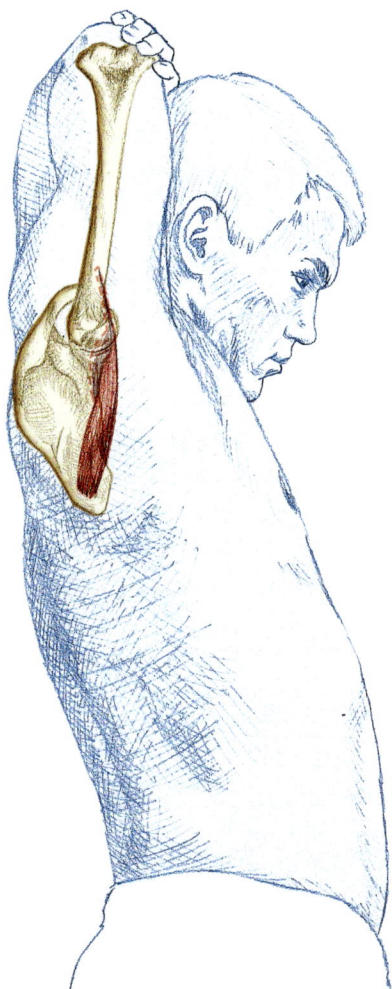

由于大圆肌对肩关节的作用与背阔肌相同，因此拉伸大圆肌的动作也与拉伸背阔肌的动作基本相同，详见63～70页的相关内容。这一动作对大圆肌的针对性更强，因为运动中需要将肩胛骨顶出靠在墙面上。

肌肉知识

大圆肌从肩胛骨底部三角形区域开始，延伸至上臂内侧的插入点，紧挨着背阔肌。大圆肌的功能是从不同的位置将手臂向身体前方或侧面移动，同时帮助向内旋转上臂。

肌肉紧绷的原因

长时间的静态运动会加重肌肉紧绷，但是这种肌肉紧张几乎不会对在肩部以下进行的动作造成阻碍，反而会严重影响手部完成高过头顶的动作。例如会影响越野滑雪、体操、攀岩和高尔夫球的动作。

肌肉紧绷的症状

- 疼痛放射至手臂。
- 手臂和手指麻木。
- 手臂举过头顶时无法发力。

注意

如果肩部或颈部疼痛，请停止这一动作。

动作要领

身体右侧靠墙站立，脚离墙面约30厘米的距离。右手臂抬起高于头部，手肘弯曲至90度。身体右侧小心地靠向墙面，确保只有肩胛骨与墙面接触。左手抓住右手肘。

从脑后向左侧拉手肘，拉伸5~10秒，直至感到肩部下方或外侧有阻力或轻微刺痛。放松肌肉5~10秒。

小心地向墙壁的方向移动手肘，同时控制住左手的位置，以产生抗阻力。放松肌肉5~10秒。

再次从脑后拉手肘以进一步拉伸，直至到达新的终止点。

重复2~3次。

常见错误

- 顶出肩胛骨时，站立的位置离墙壁太近。
- 由于肩关节或相关肌肉僵硬，无法将手臂放在脑后。

说明

如果觉得这个动作很难，请先试着拉伸背阔肌和胸大肌。

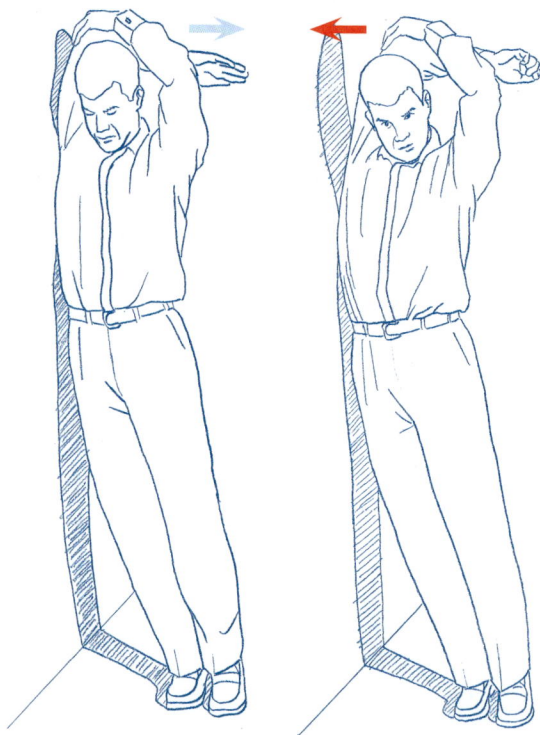

右手臂放在脑后。另一只手向左侧拉手肘。右手肘抵住左手以产生抗阻力。

肩胛骨向侧面顶出抵在墙面上，这一点非常重要。

大圆肌（网球放松版）

　　侧身靠墙站立，手臂举过头顶。把网球放在墙和腋窝之间。如果觉得压力不够大，离墙远一点站立。找到一个痛点，将网球保持在那里按压，直到疼痛明显减轻，然后慢慢增加压力。

　　重复2～3次；到最后一次的时候，以前酸痛的部位应该感觉不到任何疼痛。

可以通过将脚放在靠近或远离墙壁的位置来调节压力。

冈上肌（版本1）

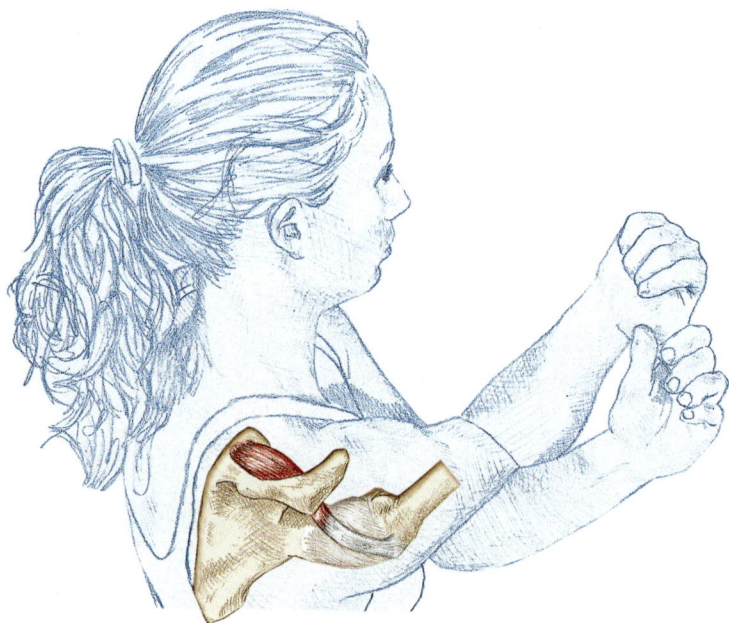

　　这是难度最大的动作之一，不仅因为这块肌肉很难感受到拉伸，还因为手臂有可能过粗。如果遇到这两种情况，请直接跳过本节练习进行下一个动作。还有，你应当意识到要拉伸的是一块较小的肌肉，不要用太大力来拉伸。对初始姿势做一些微调，在拉伸过程中仔细寻找自己适应的节奏。不要仅仅因为无法立刻轻松自如地做动作就放弃练习。

肌肉知识

　　冈上肌是位于斜方肌中部下方，一块体积相对较小的肌肉。从肩胛骨顶部、肩胛骨外部突出的下方一直延伸，连接至上臂外侧。冈上肌有一个非常重要的功能，就是肩关节带动肩部活动时，将上臂拉向肩胛骨的方向。没有这个拉的动作，肩部周围的其他肌肉就无法正常运动。冈上肌还协助向外旋转手臂和抬起手臂向身体两侧伸展。

肌肉紧绷的原因

　　只要上臂活动，冈上肌就处于运动状态。因此，它休息时间很少。冈上肌还可能因为在肩部以上位置重复运动而缩进或受伤。清洗窗户或涂刷天花板、墙壁的动作会导致这块肌肉出现问题。

肌肉紧绷的症状

- 肌肉局部疼痛以及肩部外侧局部疼痛。
- 手肘抬起高于肩部时出现局部疼痛。

疼痛从肩部和颈部蔓延至手臂和手掌时，局部冈上肌也参与其中。冈上肌还与手肘紧绷有关，手肘紧绷时，疼痛会出现在手肘外侧。

注意

如果肩部或腕部疼痛，请不要做这一动作。

动作要领

站立或端坐时都能做这个动作。右手臂放在身体前（呈掰手腕的姿势），手肘保持90度夹角。然后，手肘向身体中线移动，在心窝前方停止动作。左手臂放在右手臂下方，右手肘靠在左手肘正面。左手抓住右手大拇指。双臂呈交叉状态，右前臂竖直向上。放松肩部和手臂。

左手拉右手大拇指，让手臂向外旋转，小心地拉伸肌肉。

旋转手臂的同时手肘微伸。右肩有轻微拉伸感或刺痛感时停止动作。放松肌肉5~10秒。

手臂保持不动，试着向内旋转手臂（动作如同掰手腕）直至肌肉的刺痛感减弱，以产生抗阻力。放松肌肉5~10秒。

继续向外旋转手臂以进一步拉伸，直至到达新的终止点。

重复2~3次。

常见错误

- 手肘过度弯曲。
- 手肘没有放在心窝前面。
- 肩部和手臂没有放松。

说明

虽然不太能感觉到这块肌肉的活动，但是仍然可以拉伸到这块肌肉。如果由于柔韧性不佳或肌肉过大而无法完成拉伸动作，可以尝试以下练习。

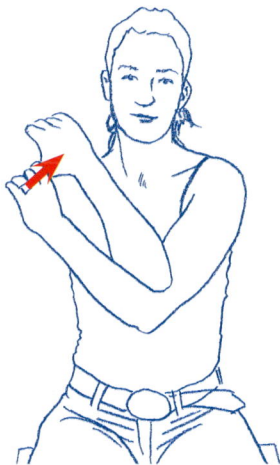

确保整个拉伸过程中手肘始终位于身体正前方。小心地拉伸大拇指。

用左手与右手掰手腕的动作以产生抗阻力。

冈上肌（版本2）

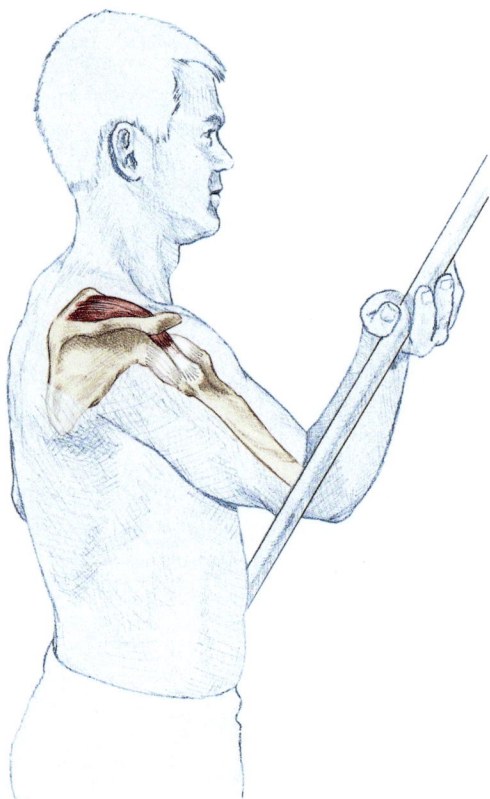

对于那些由于柔韧性不佳或由于伤病而无法进行前一个拉伸练习的人群来说，这一动作是非常好的选择。动作的本质是相同的，只不过该动作要借助一根小棍子作为支撑。记住，杠杆会增加力度，因此要重视你自身的感觉，小心地进行拉伸。

注意

如果手腕部或肩部疼痛，请不要做这一动作。

动作要领

右手臂放在身体前（呈掰手腕状），手肘形成90度夹角。接着，手肘向身体中线移动，停留在心窝位置。手背向前，用大拇指和食指抓住一根小棍子。棍子沿右手臂外侧垂下。

左手臂放在右手臂下方并抓住棍子，朝着左臀部的方向向上拉起棍子，直至整个肩部出现拉伸感。放松肩部和手臂5～10秒。

手臂保持不动，试着向内旋转手臂（如掰手腕的姿势）以产生抗阻力，直至肌肉刺痛减弱。放松肌肉5～10秒。

继续向上拉棍子以进一步拉伸，直至到达新的终止点。

重复2～3次。

常见错误

- 肩部和手臂没有放松。
- 手肘没有放在心窝前方。
- 肩关节周围的肌肉缺乏柔韧性。

说明

如果没有棍子，请用毛巾代替。

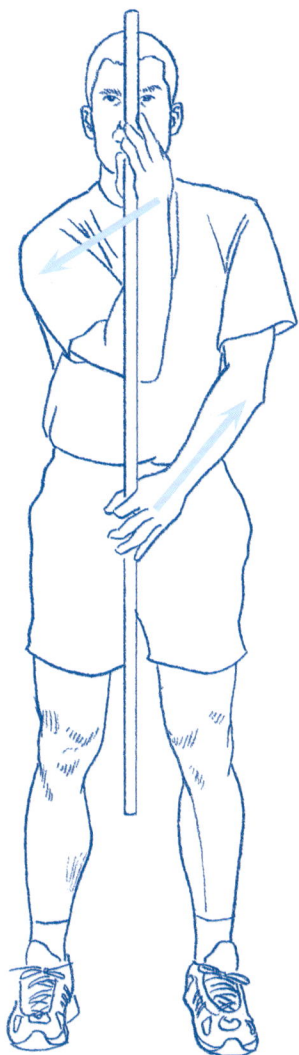

请将右手肘保持在身体正中央，肚脐正上方。小心地向后面和侧面拉棍子。

左手握住棍子，保持棍子不动，右手臂以掰手腕的动作向上抬起以产生抗阻力。

臀大肌

肌肉知识

臀大肌是身体最大的肌肉之一。它位于表层肌肉下方，起于尾骨和髂嵴，连接至股骨顶部的外侧。臀大肌的功能是伸展髋关节，向外旋转腿部，以及减小背部的弓度。

肌肉紧绷的原因

臀大肌的上部比下部更容易紧绷。长时间双腿向外扭转地坐着，如开车，会导致肌肉紧绷。深蹲运动也能激活臀大肌。从事跑步、滑冰、滑雪等项目的运动员常常受到影响。

肌肉紧绷的症状

- 背部或腿部后部或外侧出现疼痛。
- 身体无法前屈。

柔韧性测试

仰卧，膝关节弯曲，朝胸口方向向上抬起膝盖。腿应该能与地面形成120度的夹角。

注意

如果膝关节疼痛，请不要做这一动作。

动作要领

站立于一把坚固的椅子或凳子之前。柔韧性越好，椅子或凳子的高度就应该越高。右脚踩在椅子或凳子上，尽量保持背部挺直，腹部收紧。

弯曲左腿，拉伸肌肉5～10秒，直至整个右臀部出现拉伸感。放松肌肉5～10秒。前腿往下踩压5～10秒，以产生抗阻力。

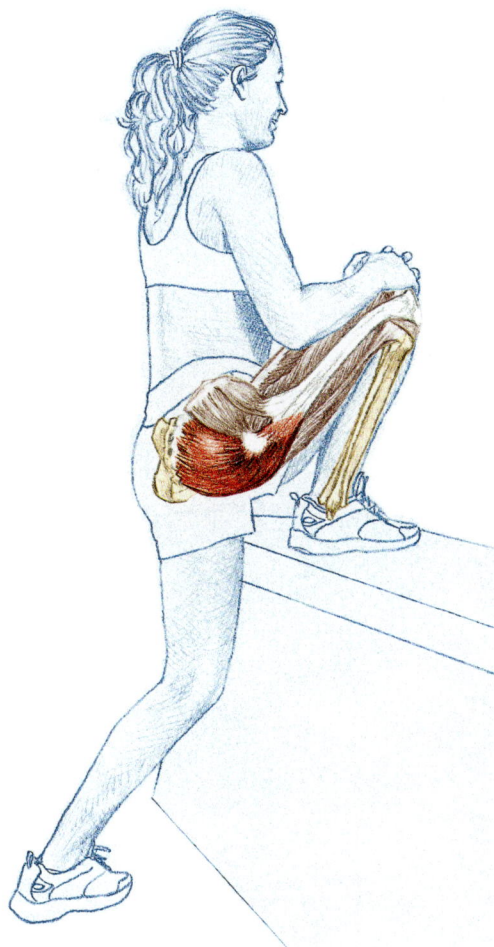

对于活动范围正常的人来说，不太能感受到臀大肌的拉伸。然而，如果柔韧性不佳，在拉伸臀部其他肌肉（如梨状肌、臀中肌）之前拉伸臀大肌，是很好的选择。

继续弯曲左腿以进一步拉伸，直至到达新的终止点。

重复2~3次。

常见错误

- 前腿放置的位置过低。
- 背部没有挺直。
- 拉伸过程中膝盖向外扭转。

说明

如果臀大肌柔韧性非常好，有时的确难以感受到拉伸。若是如此，请拉伸梨状肌和臀中肌。

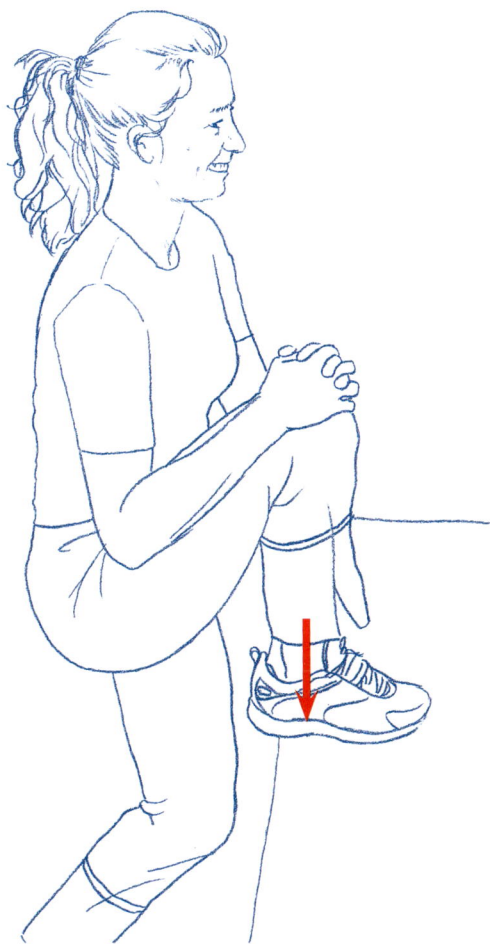

请根据自身柔韧性调整椅子或凳子的高度。保持背部挺直，同时有控制地弯曲左膝。

右脚踩压椅子或凳子以产生抗阻力。

臀中肌和臀小肌（站姿版）

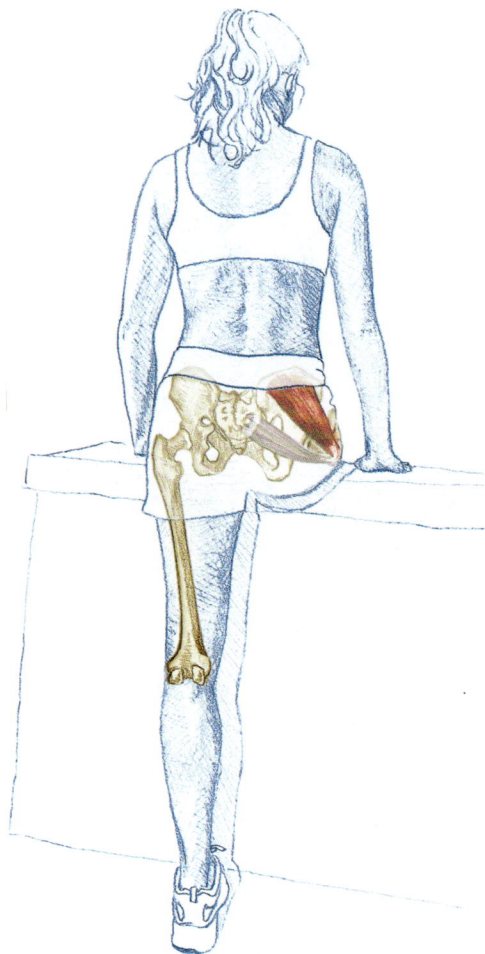

肌肉知识

　　臀中肌和臀小肌呈层状，臀中肌整个覆盖在臀小肌之上。它们位于髋骨外侧，向下延伸至股骨顶端外侧的隆起上。臀中肌和臀小肌的主要作用是保持骨盆竖直，特别是在走路、跑步和单脚站立的时候。它们还有助于向外侧伸腿，向内、向外扭转腿部。

肌肉紧绷的原因

　　大多数人喜欢使用身体的某一侧，臀部就会向这一侧倾斜，更靠向这一侧。这种习惯使常用的一侧产生静态拉伸。有时，双腿长度不同也会导致臀部向一侧突出。较短的腿通常承担更多的身体重量。伤病也会促使人们把更多的重量附加在某一条腿上。

肌肉紧绷的症状

- 肌肉和背部局部疼痛。
- 疼痛向下放射至腿部（假性坐骨神经痛）。

注意

　　如果膝盖内侧或外侧疼痛，请不要进行这一动作。

动作要领

　　找一个与腹股沟同高的平面，如桌面或其他平面。

　　右脚放在桌面上，右膝位于肚脐前方，右脚朝着左臀部的左侧方向平放。

　　骨盆旋转面向正前方。请想象，脚以骨盆为基础形成一个三角形。收紧腹部，腰背部试着向下压，以增加腰背部的弓度。记

　　我们步行或跑步时这些肌肉会持续工作，这就意味着它们需要经常拉伸。由于它们负责向后扭转臀部，减小背部的弓度，因此，拉伸者应当通过这一动作增加背部的弓度，以达到拉伸的效果。如果腹部收紧，这些肌肉会对背部产生负面影响。

住，务必保持支撑腿伸直。

保持腰背部的拱度，上半身慢慢向前倾斜，拉伸5~10秒。右臀部有拉伸感或轻微刺痛感时停止动作。放松肌肉5~10秒。

膝盖向下压桌面，以产生抗阻力，坚持5~10秒。放松肌肉5~10秒。

保持腰背部的拱度，上半身再次向前倾斜以进一步拉伸，直至到达新的终止点。

重复2~3次。

常见错误

- 没有保持腰背部的拱度。
- 膝盖没有固定在肚脐正前方。

说明

如果无法保持身体竖直，请将手指放在桌面上支撑身体。

如果腹股沟被拉伸的一侧出现疼痛，则将膝盖略微向外侧移动。如果无法保持腰背部的拱度，说明肌肉太过紧绷，或者腿部放置的平面过高。

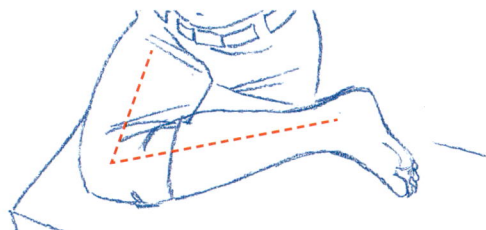

膝盖应位于肚脐的正前方。

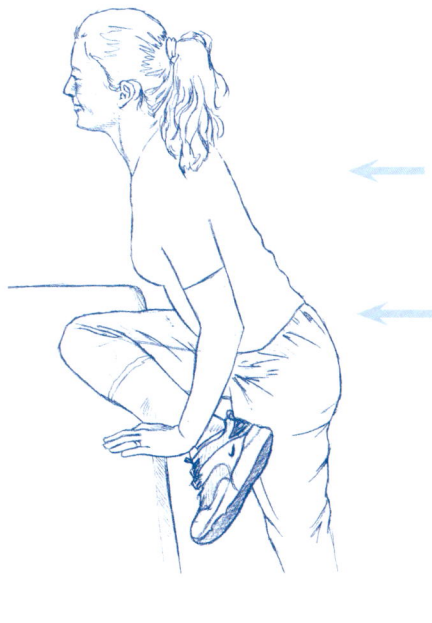

右腿放置的平面应与腹股沟同高，以确保臀部与平面保持平行。同时记住上半身前倾时收紧腹部，完全挺直背部。

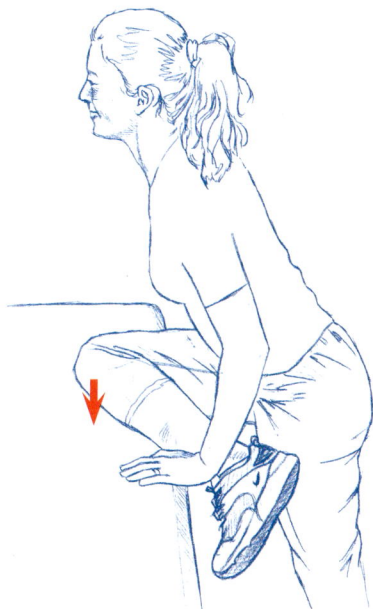

右膝盖发力压桌面以产生抗阻力。

臀中肌（搭档拉伸版）

拉伸臀中肌时，将膝关节向斜对侧肩膀滑动。

动作要领

进行这种有治疗效果的拉伸练习时，被拉伸者可以仰卧在地面或有一定高度的平坦物体上（例如长凳）。如果使用长凳，长凳不能过高，否则会导致搭档在拉伸过程中无法施展力量。

搭档站在长凳的一侧，与被拉伸者的一侧相对。拉伸右侧身体时，搭档需要抓住被拉伸者的右腿，被位伸者的髋关节和膝关节都弯曲90度。接着，在髋关节处将右腿向外侧旋转约45度，使被拉伸者的右小腿外侧靠在搭档的腹部。现在，被拉伸者的右膝应该在髋关节的正上方。搭档用左大腿固定被拉伸者的左腿。搭档将左前臂放置于被拉伸者弯曲腿的髌骨正下方，轻轻将腿下压至长凳。拉伸过程中，保持这种压力。

将被拉伸者的腿移向其胸部，以拉伸肌肉。被拉伸者的膝盖朝向其斜对侧的肩部运动。拉伸过程中，小腿角度保持不变。

告诉被拉伸者，当他感觉到目标肌肉有轻微拉伸感时，停止拉伸。在该位置停留5~10秒。然后，让被拉伸者的脚和小腿朝搭档腹部的方向发力，坚持5~10秒，接着放松5~10秒。让被拉伸者的腿更靠近胸部位置，以进一步施展拉伸。

重复此系列动作2~3次。

说明

- 在拉伸开始时要小心旋转，因为旋转可能会给僵硬的身体带来不适或疼痛。
- 拉伸过程中，时刻提醒被拉伸者指出感觉到拉伸的部位。如果拉伸伤害或挤压了被拉伸者的腹股沟，请停止此运动，将腿向外侧旋转，尽量使被拉伸者感觉到舒适。

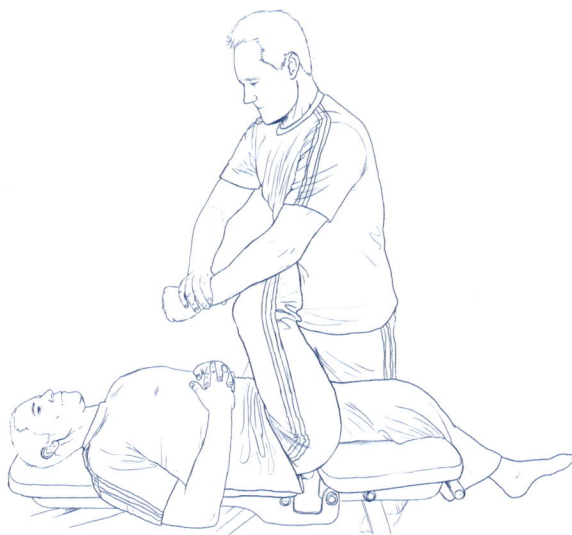

搭档站在要拉伸腿的对侧。整个拉伸过程中，搭档用腿固定被拉伸者不拉伸的大腿。将拉伸腿的髋关节弯曲至90度。

在髋关节处将右腿向外侧旋转约45度，小腿抵在搭档的腹部和髋部。

向对侧轴移动膝盖和整个小腿。如果将膝盖向身体对侧的肩部移动，依然无法达到有效的拉伸效果，则沿对角线方向移动更远距离。

臀中肌和臀小肌（跪姿版）

这是一个静态拉伸运动，主要靠身体自重发挥放松作用。

动作要领

四肢触地，双膝跪地并拢，髋关节和肩关节弯曲约90度。将拉伸手臂向拉伸侧移动几厘米。轻轻拉伸腹部肌肉，接着慢慢控制髋部向下倾斜至地面。当你的臀部肌肉有拉伸感时，坚持10秒。放松，接着再次将髋部下沉至地面。

说明

通过增大或缩小髋部弯曲角度，可以对此拉伸运动进行调整。如果要增大角度加强拉伸效果，请将双手向膝盖较远的位置移动；如果要缩小角度减弱拉伸效果，请将双手向膝盖较近的地方移动。

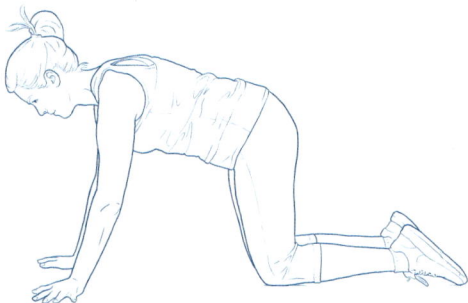

髋关节和肩关节弯曲约90度，轻轻拉伸腹部。

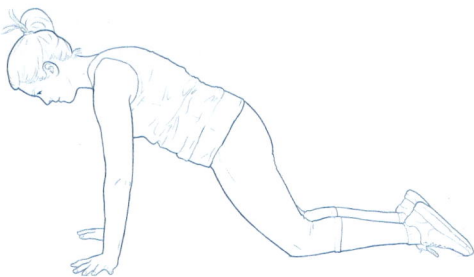

可以增大髋关节的弯曲角度，找到合适的姿势，以加强拉伸效果。

慢慢将髋部下沉至地面。

臀中肌（网球放松版）

　　将网球放置于髋骨正下方，找到酸痛的位置，停留在这个位置，让肌肉放松。如果这个姿势让你感到不适，躺下来让肩膀（而不是肘部）接触地面。为了更好地放松目标肌肉，可以将网球放置于衣服下面，紧贴皮肤。

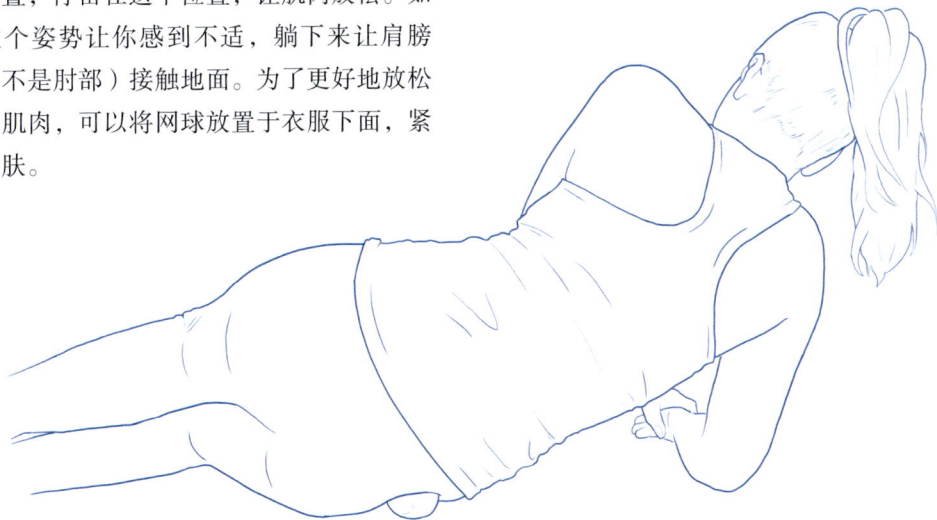

将网球放置于髋骨正下方。

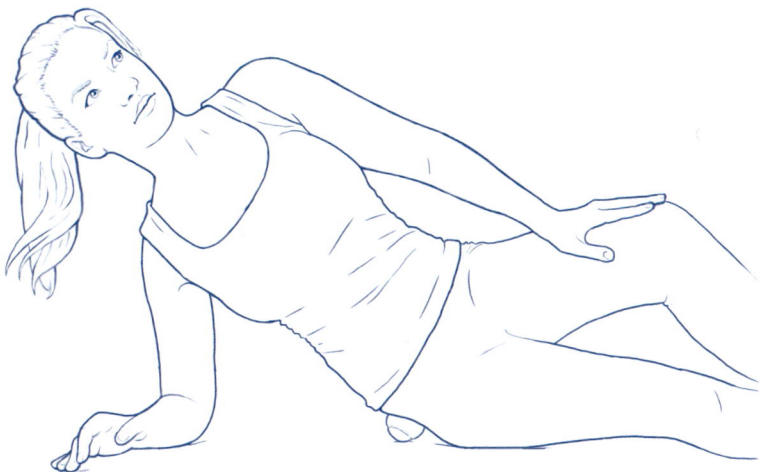

这个增加一点变式的动作可以增强拉伸效果，更精准地放松臀中肌的前部。

梨状肌（站姿版1）

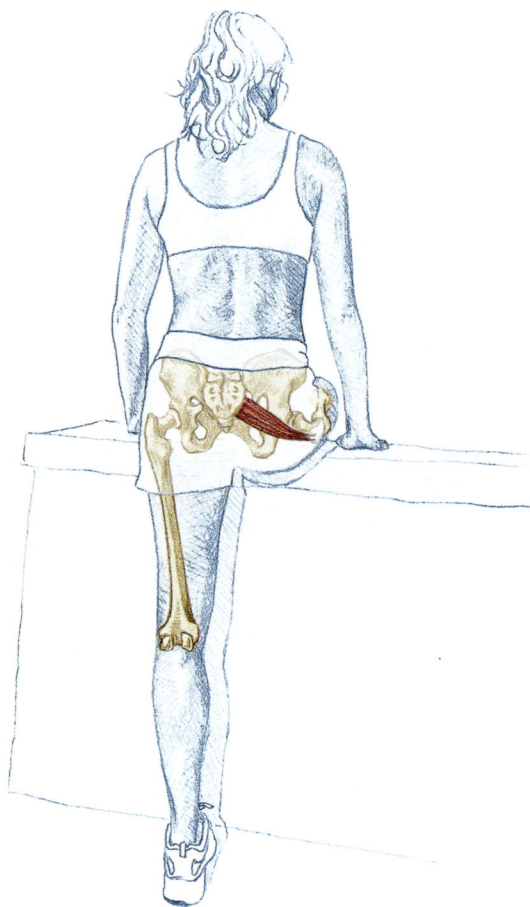

肌肉知识

梨状肌位于臀大肌的下方，属于影响髋关节活动的深层肌肉。它从骶骨前部一直延伸至股骨顶部突起处（或称大转子）。梨状肌的主要功能是髋关节伸展（站立）时向外旋转腿部。髋关节弯曲超过60度时，梨状肌则会导致腿部向内旋转。

肌肉紧绷的原因

短期或长期久坐都会使梨状肌紧绷或缩短。请回想这些年你坐着不动的时间有多久！坐着时双脚分开的间距较宽，会导致臀部外旋，从而加深对梨状肌的影响。梨状肌也深受其拮抗肌的影响，如髋部屈肌在梨状肌紧绷时会增加梨状肌的负担。髋部屈肌还会向外旋转腿部，导致梨状肌被动缩短。

柔韧性测试

测试1

面朝下俯卧，双膝并拢，一条腿弯曲90度。弯曲腿的脚向外侧倾斜，保持对侧的髋部始终碰触地面。此时，弯曲腿的小腿与地面的夹角应该在45~50度。双腿的活动范围应该相同。

测试2

坐在椅子上，双腿并拢，背部挺直。一条腿放在另一条腿的膝盖上，脚跟指向腹股沟，抬高腿的膝盖向外侧倾斜。此时小腿应该保持水平。

另一条腿重复以上动作并比较两条腿的活动范围。在测试中注意应坐在同一位置。

梨状肌是每个人每天都应该拉伸的肌肉。这块肌肉会导致背部和腿部疼痛。由于其所处位置特殊，坐骨神经偶尔会刺入梨状肌。如果这块肌肉紧绷，会直接压迫神经，造成局部疼痛，或者将疼痛放射至腿部（假性坐骨神经痛）。

肌肉紧绷的症状

- 臀部出现局部疼痛。
- 麻木或疼痛从大腿后侧一直延伸至膝盖后侧。
- 背部疼痛。
- 膝盖外侧疼痛，又称为跑步膝。

注意

如果膝盖内侧或外侧出现疼痛，或者腹股沟部位在拉伸过程中出现不适，请不要做这一动作。

动作要领

选用与你腹股沟同高的平面。根据身高，可以选用餐桌、橱柜台或靠着门的烫衣板。抬起右腿，右膝放在右臀的正前方。确保右膝弯曲90度。大腿和骨盆之间也应形成直角。

完成上述动作后，骨盆和腿应该形成一个开放的方形。确保支撑腿竖直。

现在，请最大限度地弯曲腰背部，保持腹部收紧。

你已经做好了正确的初始姿势。

上半身小心地向前倾斜，保持下腰背的拱度，直至肌肉出现轻微刺痛感，拉伸肌肉5～10秒。放松肌肉5～10秒。

脚和膝盖小心地向下压5～10秒，以产生抗阻力。这一过程中，刺痛感应该会消失。如果刺痛感没有消失，说明拉伸过度。放松肌肉5～10秒。

上半身继续向前倾斜以进一步拉伸，直至肌肉再次出现轻微刺痛感。此时到达新的终止点。

如果膝盖无法碰到平面，请卷起毛巾垫在膝盖下方。

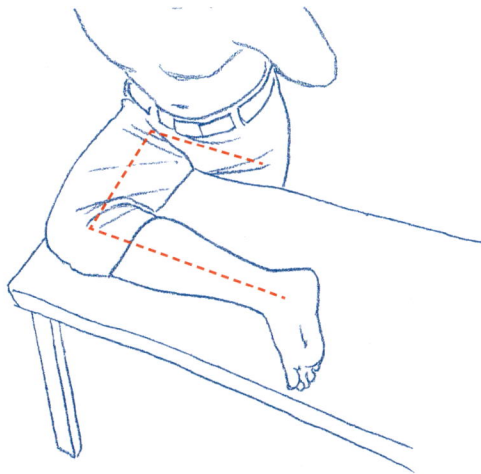

膝盖应该呈直角，臀部、大腿和小腿应该形成一个开放的方形。

针对性拉伸

常见错误

- 腿部向外移动，没有与腹股沟对齐。
- 膝盖过度弯曲。
- 腰背部拱度不够。
- 骨盆向前的姿势偏移。

说明

　　如果腹股沟疼痛，请稍微向外侧移动膝盖。如果膝盖出现疼痛，请在膝盖下放置一个垫子借力支撑。如果无法保持各个部位对齐，说明你选择的平面过高或过低。如果这一动作难度太大，在继续练习之前请先拉伸臀大肌和臀中肌，也可以尝试此动作的坐姿版。如果难以保持身体挺立，请用双手扶住平面。

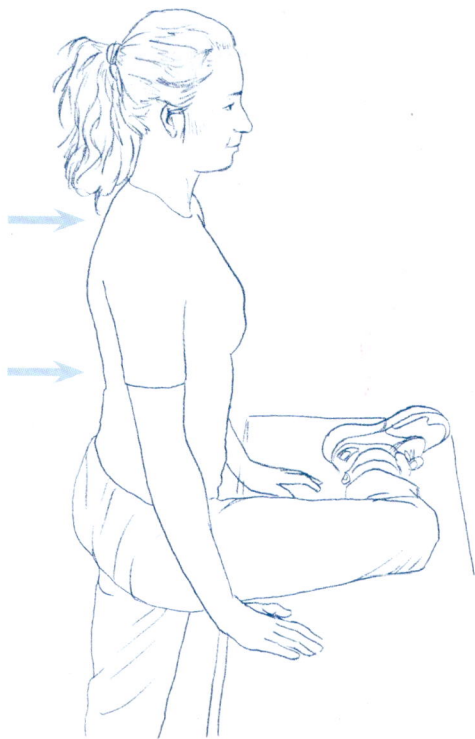

上半身向前倾斜的同时，保持腰背部的拱度。用手指支撑身体。别忘了收紧腹部。

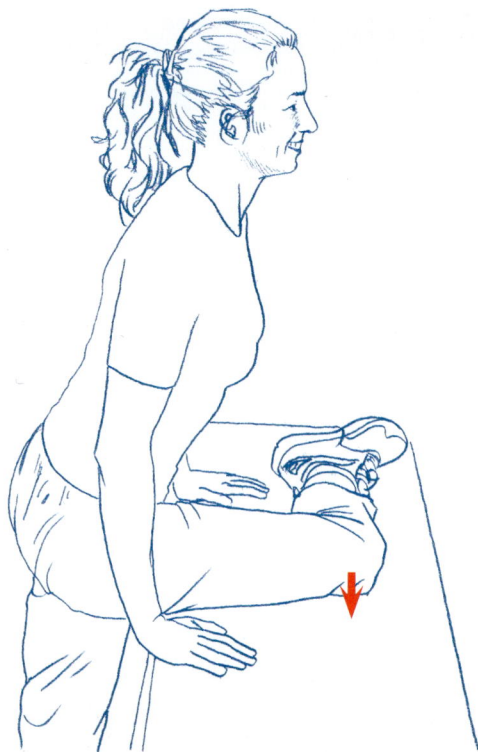

右膝向下压支撑平面，以产生抗阻力。

人邮体育

精准拉伸

疼痛消除和损伤预防的针对性练习

［瑞］克里斯蒂安·博格（Kristian Berg） 著　王雄 杨斌 译

尊享版

模特：安琦

**国家队体能教练专业指导，
真人实拍展示动作**

本图册为非售卖品，
仅作为随书附赠

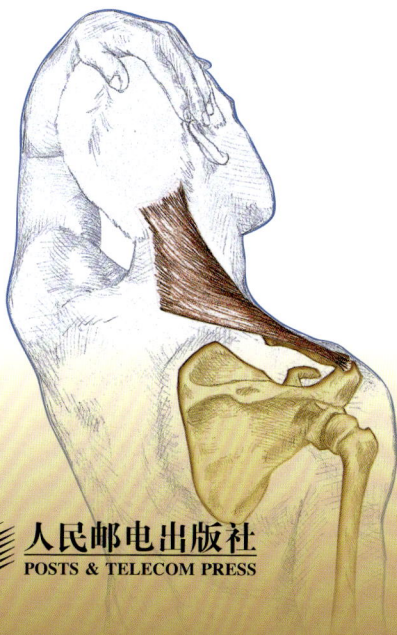

中国工信出版集团

人民邮电出版社
POSTS & TELECOM PRESS

01

上斜方肌
（参见本书 P32）

腹部收紧，上半身向左倾斜。

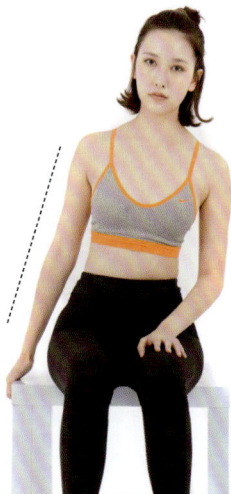

将头部靠向左侧并微微转向右侧。左手扶头部，小心地将其拉向一侧。

02

胸锁乳突肌
（参见本书 P36）

在锁骨的右侧找到肌肉的附着点，将双手放置于肌肉下端。

缓慢地向左后侧移动头部，直到颈部右侧有轻微的灼热感。

腹部收紧，上半身向左倾斜。

左手抱头，放在颈部右侧。小心地将头部向左侧拉，直到颈部右侧有轻微的刺痛。

03
斜角肌
（参见本书P38）

拇指置于颅底正下方软组织处。头部向前伸时避免弯腰。

头部与手掌反方向运动，以产生抗阻力。

04
枕下肌群
（参见本书P40）

05

肩胛提肌
（版本1）
（参见本书 P42）

手放置于身体斜后方，扭转头部。头部朝左膝方向向下拉伸，保持身体挺直。

将头部压在手上与手掌相抵，以产生抗阻力。

06

肩胛提肌
（版本2）
（参见本书 P44）

手臂尽可能往颈部后方伸展，头部朝着左膝的方向向前伸。

将头部往后推，与手掌相抵，以产生抗阻力。

手肘略高于肩部。收紧腹部，上半身向前倾斜。

身体保持不动，手肘靠压在门框上以产生抗阻力。

07

胸大肌
（版本1）
（参见本书P46）

双肘与肩部平行。收紧腹部，上半身向墙角倾斜。

身体保持不动，双肘向墙面靠压，以产生抗阻力。

08

胸大肌
（版本2）
（参见本书P48）

将手肘保持在眼部的高度。收紧腹部，上半身前倾。

身体保持不动，手肘向门框靠压，以产生抗阻力。

09

胸小肌
（站姿版）
（参见本书P54）

支撑的平面一定是固定的，手臂必须伸直。让身体慢慢下沉，使肩部上升。

上半身向天花板方向上提约5厘米，以产生抗阻力。

10

胸小肌
（坐姿版）
（参见本书P56）

右手置于右膝前约10厘米的位置。左手和右膝发力推，保持腹部收紧。

身体保持不动，将身体向凳子的方向往下拉，以产生抗阻力。

11

中斜方肌和菱形肌
（站姿版）
（参见本书P58）

尽最大努力坐直。上半身向后靠的同时左手推大腿，保持腹部收紧。

上臂保持不动，手臂和背部向后拉，以产生抗阻力。

12

中斜方肌和菱形肌
（坐姿版）
（参见本书P60）

左脚尽量向前迈，进而将身体向后推。左腿与左手发力向后推。

双手位置保持不动，身体向右移，以产生抗阻力。

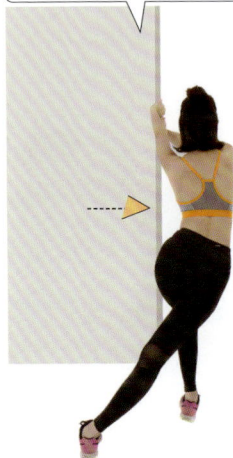

13

背阔肌
（站姿版）
（参见本书P63）

腿放在桌子下方，最大限度地抬高手臂。上半身向左倾斜，手臂向斜上方伸展。

小心地将膝盖抬起抵住桌子，或将上半身抬起约5厘米，以产生抗阻力。

14

背阔肌
（坐姿版）
（参见本书P66）

右手臂完全放松，用左手臂抬起右手臂。左手肘下压向内旋转右手臂。

右手向上抬起，与左手肘产生抗阻力。

15

冈下肌
（版本1）
（参见本书P72）

手肘放在门框前，上半身慢慢向后倾斜，手肘随之往前移动。

手肘小心地向后压门框，以产生抗阻力。

16

冈下肌
（版本2）
（参见本书P75）

确保整个拉伸
过程中手肘始终位
于身体正前方。小心
地拉伸大拇指。

用左手与右手
掰手腕的动作以产
生抗阻力。

17

冈上肌
（版本1）
（参见本书P80）

将右手肘保持
在身体正中央，肚脐
正上方。小心地向后
面和侧面拉棍子。

左手握住棍子，
保持棍子不动，右手
臂以掰手腕的动作
向上抬起以产生抗
阻力。

18

冈上肌
（版本2）
（参见本书P82）

根据自身柔韧性调整桌子或凳子的高度，保持背部挺直。

身体前倾，左脚踩压桌子或凳子以产生抗阻力。

19

臀大肌
（参见本书P84）

右腿放置的平面应与腹股沟同高，以确保臀部与平面保持平行。上半身前倾时收紧腹部，完全挺直背部。

右膝盖发力压桌面以产生抗阻力。

20

臀中肌
和臀小肌
（站姿版）
（参见本书P86）

上半身向前倾斜的同时，保持腰背部的拱度，收紧腹部。

右膝向下压支撑平面，以产生抗阻力。

21

梨状肌
（站姿版1）
（参见本书P92）

坐着时背部挺直，腹部收紧。小心地朝地板方向按压膝盖。

右膝抵住手掌向上抬起，以产生抗阻力。

22

梨状肌
（坐姿版）
（参见本书P96）

右侧卧，弯曲左腿，并尽量将左腿向上提起。右手撑地，慢慢伸直手臂。

右脚下压地面以产生抗阻力。

23

腰方肌
（卧姿版）
（参见本书P101）

右膝放在桌面下，上半身尽量向上挺。略微向右扭转身体，然后向侧面倾斜。

膝盖小心地抵住桌面下方向上抬起，或者将上半身向上抬起5厘米，以产生抗阻力。

24

腰方肌
（坐姿版）
（参见本书P104）

为了保护背部，必须朝胸部方向上提左腿。始终保持腰背部紧贴桌面。左腿保持不动，慢慢放下右腿并放松。

右腿向上朝天花板方向抬起5厘米，以产生抗阻力。

25

髂腰肌
（髋部屈肌）
（参见本书P108）

左腿应尽量往前放，以避免任何弓腰的可能性。左脚稳固地踩在地上，收紧腹部，小心地拉动绳子。

26

股直肌
（卧姿版）
（参见本书P113）

伸直腿部的同时，右膝向下压桌子表面以产生抗阻力。

大腿和躯干保持在同一条直线上。收紧腹部，伸展手臂。不要弯曲背部或髋部。

小心地伸直腿部，以产生抗阻力。

27

股直肌
（跪姿版）
（参见本书P117）

左腿尽可能往身后伸展。上半身挺直并收紧腹部。保持腰背部向前弓，上半身向前倾斜。可以把手指放在桌子上支撑身体。

上半身保持不动，脚和大腿向下压桌子以产生抗阻力。

28

腘绳肌
（参见本书P126）

29

耻骨肌、
长收肌和
短收肌
（短内收肌）
（参见本书P132）

上半身上提并收紧腹部。小心地弯曲左腿，带动左膝向侧面移动。

身体保持不动，右膝向左侧地面按压，以产生抗阻力。

30

股薄肌
（长收肌）
（参见本书P136）

尽可能靠墙平躺，左腿抵住门框。右腿小心地向侧面滑动。

右腿小心地沿着墙面往回滑动2.5~5厘米，以产生抗阻力。

脚掌踩在平面上站立。确保腿部完全伸直。脚后跟小心地向下放。

脚掌下压平面以产生抗阻力。

31

腓肠肌
（参见本书P138）

整个动作过程中，应保持膝盖弯曲，以免拉伸到腓肠肌。拉伸过程中，可以用手帮助身体向前倾斜。

身体保持不动，脚掌踩压墙面，以产生抗阻力。

32

比目鱼肌
（参见本书P141）

33

胫骨前肌
（参见本书P145）

请不要过度弯曲膝盖。弯曲右腿的同时向下按压脚后跟，以拉伸踝关节。

脚尖下压，以产生抗阻力。

34

肱二头肌
（参见本书P148）

手背放在平面上，保持上半身挺直。

手向下和向前按压，以产生抗阻力。

尽可能地弯曲手臂。手肘放在脑后，以增加拉伸强度。手肘向右移动的同时试着伸直手臂，以产生抗阻力。

确保肩胛骨稳固地抵在墙面上。

35

肱三头肌
（参见本书P150）

手臂和身体向后靠。确保在拉伸过程中手肘完全伸直。左手放在右手手指上，以加强拉伸效果。

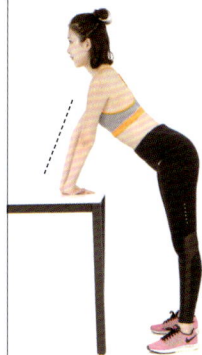

右手下压桌面，以产生抗阻力。

36

前臂屈肌
（参见本书P152）

37

前臂伸肌
（参见本书P154）

用左手帮助右手握紧拳头、弯曲手指。在拉伸过程中，确保手腕完全伸直。向后拉拽手臂和身体。

手指向下压桌面，以产生抗阻力。

38

桡侧腕长伸肌和短伸肌
（参见本书P156）

弯曲右手臂并用左手帮助弯曲右手腕和手指。伸直手臂，并用左手将右手腕和手指保持在原来的位置。

右手手背抵住左手发力，以产生抗阻力。

Prescriptive Stretching

这是一本大家写给大家看的拉伸书!
众多运动科学、健身、时尚、演艺界人士鼎力推荐!
运动爱好者和不爱动的普通人也将获益匪浅!

尊享版图书特附赠专属兑换码,
为你提供自我能力水平检验,
助你完成精准拉伸知识体系的全面复习!

　　精准拉伸在线测试共计50道单选题，每道题2分，满分为100分。你需要在2个小时内完成所有题目，获得80分及以上成绩即可通过考试。如未通过考试，你可于24小时后再次参加考试，有效期内重考次数不限。

购书用户专享测试兑换码

兑换码　　**5XndRH3g**

专属兑换码使用说明

第1步：
扫描二维码，跳转后输入唯一兑换码

第2步：

兑换成功后点击【查看兑换记录】，进入精准拉伸在线测试

第3步：

点击【课堂互动】后参与考试，通过即可获得NSCA继续教育0.4学分

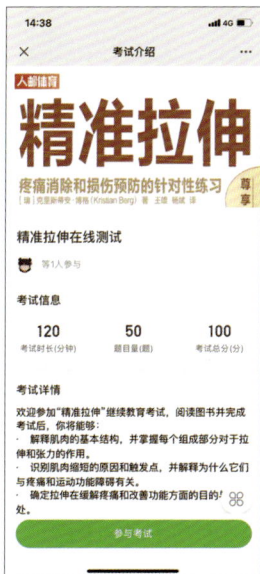

- 如兑换成功后未立即使用，请再次扫码后点击【兑换记录】，查看并完成精准拉伸在线测试

●● 一书一码，随书附赠，兑换有效期将于2023.12.31截止，请在有效期内尽快完成兑换

●●● 精准拉伸在线测试自兑换之日起一年内有效，请在此期间内通过考试

PRESCRIPTIVE STRETCHING

精准拉伸

疼痛消除和损伤预防的针对性练习

尊享版

梨状肌（站姿版2）

如果你的臀部肌肉僵硬，这个动作可能会对你有帮助。尽管这个练习的拉伸方式与臀中肌和梨状肌的一些拉伸动作相同，但其涉及髋关节的旋转要少得多，因此对灵活性的要求不那么高。

动作要领

将训练凳的靠背调整为约45度，在靠背上放置一个杠铃片。初始姿势时脚站在负重板顶部，杠铃片的直径长度应该使大腿与地面平行。

抬起右腿放在靠背上，将右脚放置于杠铃片上。现在，你的右腿小腿应该靠在靠背上，右腿大腿与地面平行，且右膝弯曲90度。如果有需要，将右手放在靠背上保持平衡。

用增加腰背部弯曲角度的方法拉伸梨状肌，且将上半身向前倾斜。拉伸过程中，用后边的腿支撑身体重量。肌肉出现轻微紧绷感时停止拉伸，坚持5～10秒，接着放松5～10秒。推动右脚脚后跟抵住靠背，坚持5～10秒，进一步激活梨状肌，接着放松5～10秒。身体进一步向前倾斜，从而增加拉伸力度。

重复此系列动作2～3次。

说明

拉伸过程中，不要让膝盖向前滑动；相反，让膝盖向后滑动几厘米。

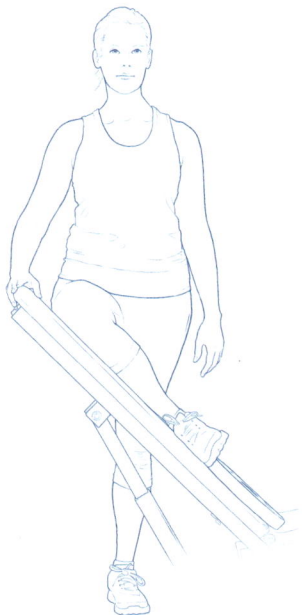

选用能让大腿与地面平行的杠铃片。身体重心应该放在站立在地面上的支撑腿上。

根据需要的拉伸力度，调整靠背角度；45度通常是一个很好的开始位置。

梨状肌（坐姿版）

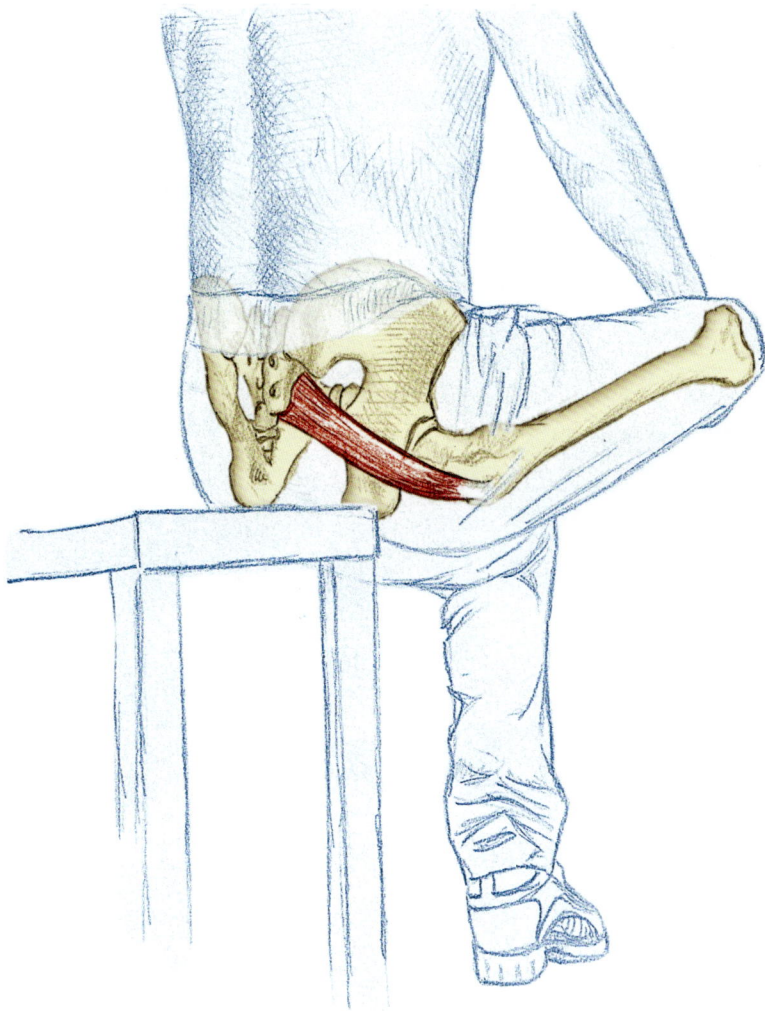

　　如果完成站姿版的动作有难度，此动作的坐姿版会对你有帮助。也许是因为肌肉过于紧绷，导致无法找到正确的初始姿势。虽然站姿版的拉伸效果更好，但练习这个版本会让你感到更舒适。坐姿版拉伸有两种方案。如果肌肉确实紧绷，请尝试方案2，方案2能让你逐步地下压膝盖。如果柔韧性稍微好一些，小腿能够水平放置，请尝试方案1，方案1是采取上半身前倾的方法进行拉伸。

注意

拉伸过程中，如果膝盖内侧或外侧，或腰背部出现疼痛，请立即停止动作。

动作要领

这一动作的初始姿势与92页的柔韧性测试2的动作相同。坐在椅子上，双腿并拢，背部挺直。右腿放在左腿上，右脚外侧置于左腿膝盖上方位置。端坐在椅子上，收紧腹部，腰背部尽量向前弯曲。一只手放在膝盖上，将膝盖向下压并固定住膝盖。

上半身向前倾斜，或向地板方向下压膝盖，直至目标肌肉出现轻微刺痛感，拉伸肌肉5～10秒。然后放松肌肉5～10秒。

膝盖抵住手掌小心地向上抬，以产生抗阻力，保持5～10秒。或者可以试着向大腿方向按压腿部以产生抗阻力并保持5～10秒。然后放松肌肉5～10秒。

拉伸时可以采用上述上半身向前倾斜或用手向下按压膝盖的方法，直至肌肉再次出现拉伸感。此时到达新的终止点。

重复2～3次。

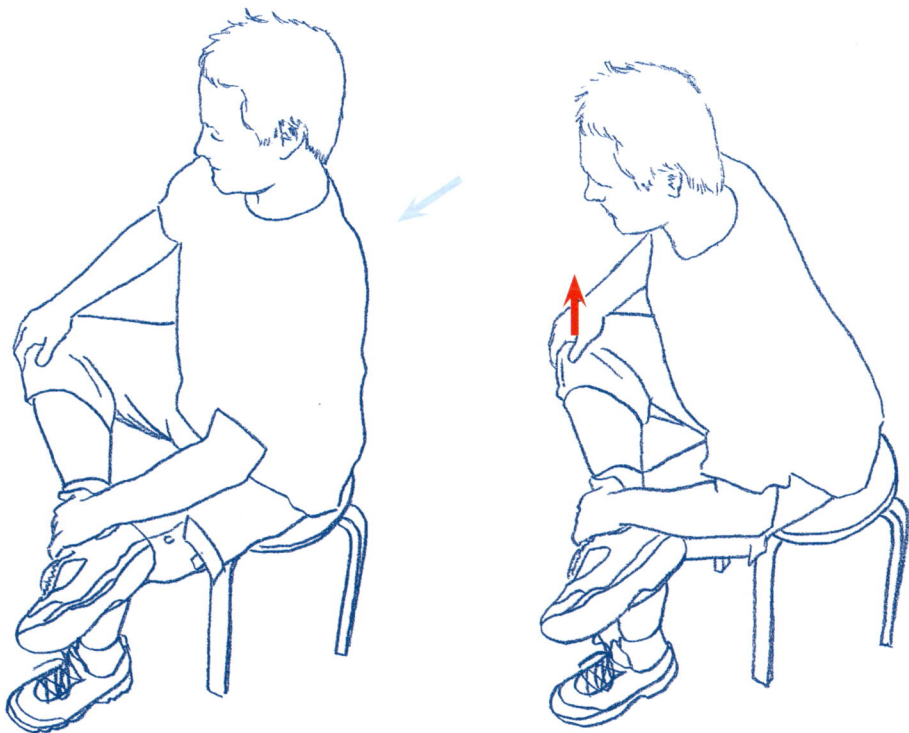

从初始姿势开始，尽量坐直并轻轻下压膝盖。上半身向前倾斜，同时保持腰背部弯曲。

右膝盖抵住手掌向上抬起，以产生抗阻力。

针对性拉伸

常见错误

- 过于费力地保持身体竖直。
- 在动作过程中，过度费力地增加和保持腰背部的弯曲度。
- 脚没有压在大腿上，导致压力上移至小腿。
- 由于其他部位的肌肉紧绷，导致初始姿势不正确。

说明

如果难以达到较好的肌肉拉伸效果，请尝试92页和95页的站姿版。如果肌肉过于紧绷，站姿版和坐姿版都无法完成，可以考虑进行深层组织按摩，或请推拿理疗师或物理治疗师帮助你拉伸。

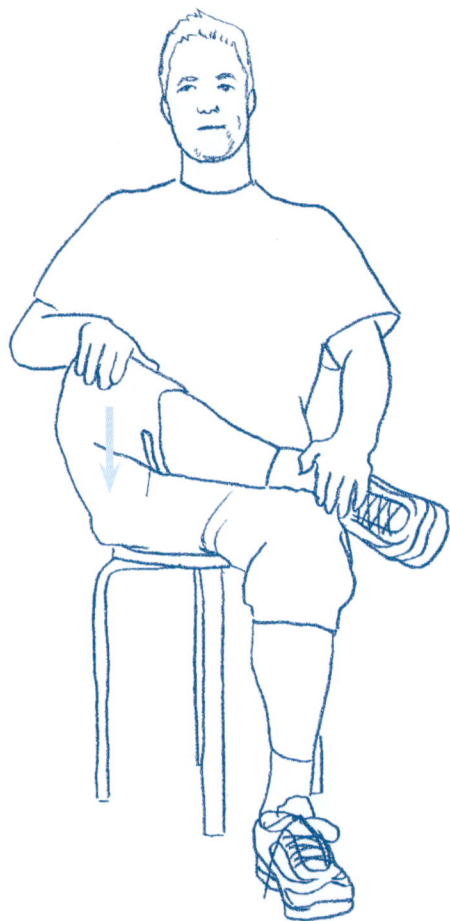

坐着时背部挺直，腹部收紧。小心地朝地板方向按压膝盖。

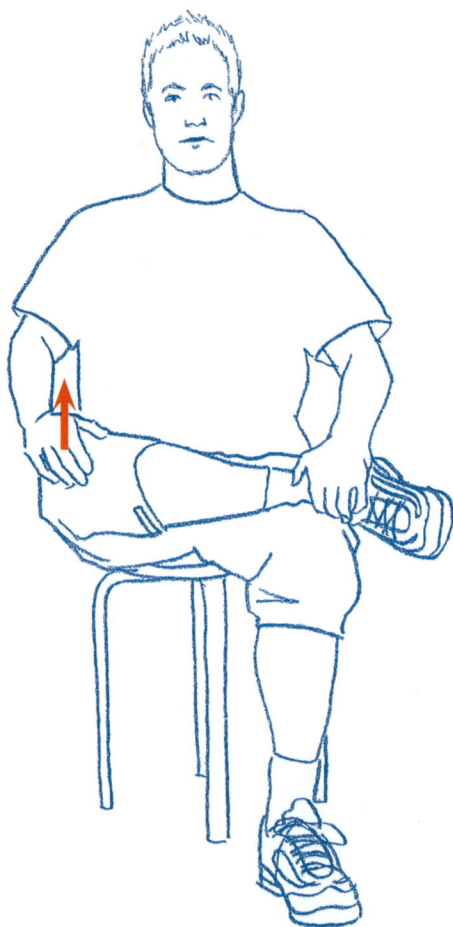

右膝抵住手掌向上抬起，以产生抗阻力。

梨状肌（搭档拉伸版）

梨状肌的拉伸练习与臀中肌和臀小肌（见86页）的拉伸练习类似。最主要的区别是，拉伸臀中肌需要将髋关节旋转大约45度，而拉伸梨状肌需要最大限度地旋转髋关节。

动作要领

进行这种有治疗效果的拉伸运动时，被拉伸者可以仰卧在地面或有一定高度的平坦物体上（例如长凳或者治疗床）。如果使用长凳，长凳不能过高，否则会导致拉伸过程中无法施加力量。

搭档站在长凳的一侧，与被拉伸者要拉伸的一侧相对。拉伸右侧身体时，搭档需要抓住被拉伸者的右腿，被拉伸者的髋关节和膝关节都弯曲90度。接着，在髋关节处将右腿尽最大可能向外侧旋转，使被拉伸者的右小腿外侧靠在搭档的腹部。现在，被拉伸者的右膝应该在髋关节的正上方。用搭档的左腿大腿外侧固定住被拉伸者的左腿。为了进一步固定初始姿势，将搭档的左前臂放置于弯曲腿的髌骨的正下方，将腿轻轻下压至长凳。拉伸过程中，保持这种压力。

让被拉伸者感觉到目标肌肉有轻微拉伸感时，告诉搭档停止拉伸。在该位置停留5～10秒。现在，让被拉伸者的脚和小腿朝搭档腹部的方向推动，坚持5～10秒，接着放松5～10秒。将被拉伸者的腿向搭档的胸部位置更靠近一些，以进一步拉伸，直至肌肉出现轻微拉伸感。

重复此系列动作2～3次。

说明

- 在拉伸开始时要小心旋转，因为旋转可能会给僵硬的身体带来不适或疼痛。
- 拉伸过程中，时刻提醒被拉伸者指出感觉到拉伸的部位。如果拉伸伤害或挤压了被拉伸者的腹股沟，请停止此运动，将腿向外侧旋转，尽量使被拉伸者感觉舒适。

搭档用大腿固定被拉伸者不做拉伸运动的那条腿，防止身体滑动。同时确保前臂的作用力施加在小腿上，而不是施加在膝盖上。将被拉伸者的腿对准同一侧的肩膀。

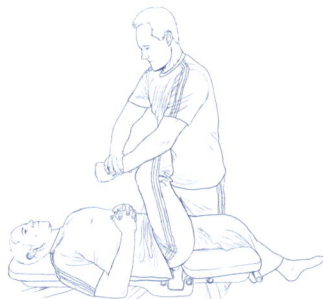

下压股骨，使其紧贴训练凳，以免训练凳折叠处在腰椎部位卷起。

梨状肌（网球放松版）

坐在地面上，将网球放置于梨状肌上半部分的中央。手脚用力轻轻向上抬起身体，找到疼痛位置，然后慢慢增加压力。到一定位置保持不动，直至疼痛减轻。再次增加压力，然后保持不动。不要让网球来回滚动，可以将网球放置于衣服里面，使它位于衣服和皮肤之间以保持固定。

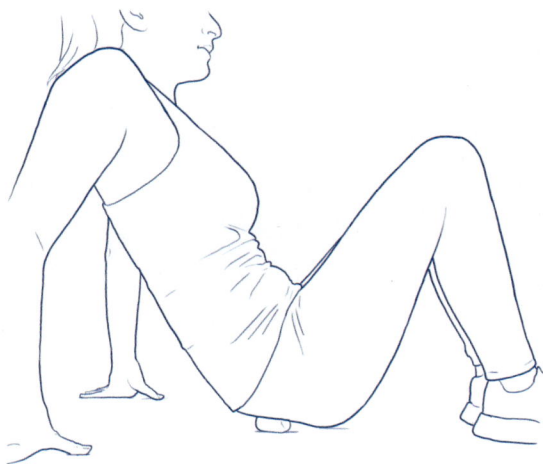

在地面上进行的梨状肌网球放松版。

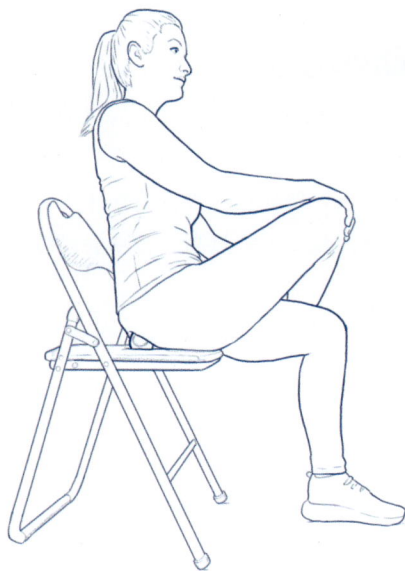

网球放松还可以用椅子变式，这种方式将拉伸和压力相结合，所以效果非常明显。梨状肌网球放松版也可以平躺进行。

腰方肌（卧姿版）

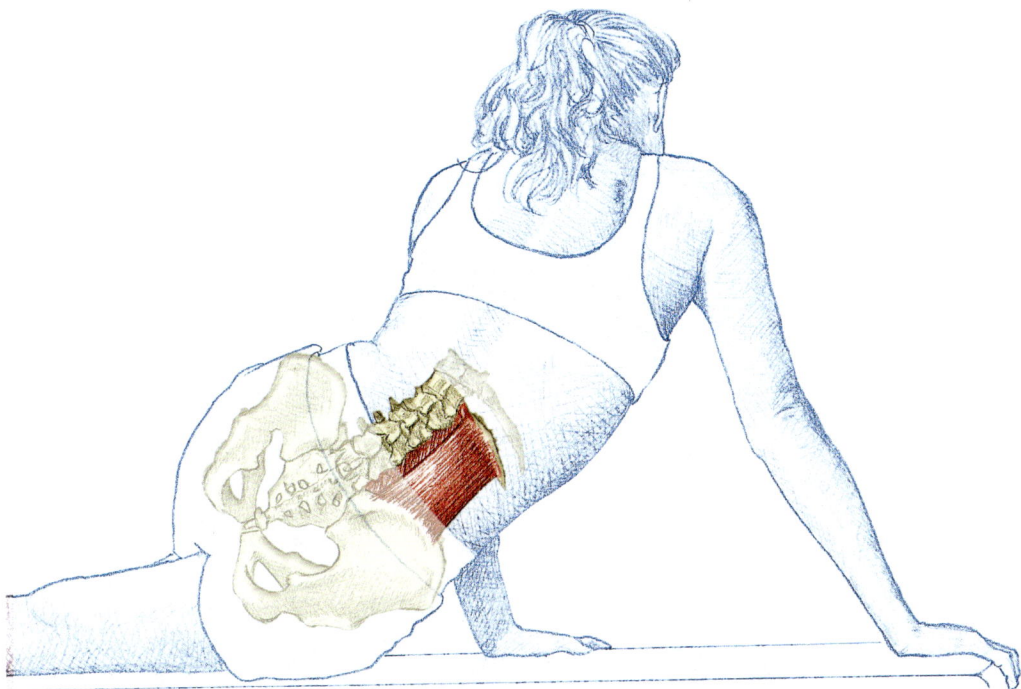

　　这一动作的力度较大，需要一定的手臂力量和良好的身体控制能力。动作过程中，如果身体无法保持在一条直线上，那么就无法达到有价值的拉伸效果。你可以在地板上画线或标记出正确的初始位置。刚开始时以躺在沙滩上的姿势进行拉伸有点困难，但是用左手辅助拉伸通常有帮助。

　　记住，这一动作的力度较大，开始练习时务必谨慎，以免受伤。

肌肉知识

　　腰方肌位于腰背部深处，脊柱两侧长而直的肌肉下方。它从髋骨顶部边缘和腰椎开始，连接至最底部的肋骨。腰方肌负责向后、向两侧弯曲背部、扭转上半身和使腰背部弯曲更大的弧度。

肌肉紧绷的原因

　　如果经常侧卧在过于柔软的床上睡觉，对着天花板一侧的腰方肌就会紧绷或缩短。

　　双腿长短不一也会给上半身肌肉增加额外负担，站立或行走时腰方肌不得不持续地静态工作。

肌肉紧绷的症状

- 腰背部疼痛。
- 大力吸气时腰背部疼痛。

注意

拉伸过程中，如果腰背部或肩部出现疼痛，请不要做这一动作。

动作要领

身体右侧侧卧，前臂支撑身体，呈沙滩卧姿。保持身体挺直。弯曲左腿，并将左腿尽量向身体上方提起，下方右腿保持不动。如果下方右腿和上半身依然在同一直线上，说明你完成了正确的初始姿势。

右手撑地，将右手放置在右手肘之前所处的位置，拉伸5～10秒。慢慢地伸直手臂，可以用左手帮助身体保持平衡。右侧腰部出现轻微刺痛感或拉伸感时，请停止该运动。放松肌肉5～10秒。

位于下方的右腿发力压地板，以产生抗阻力，按压5～10秒。

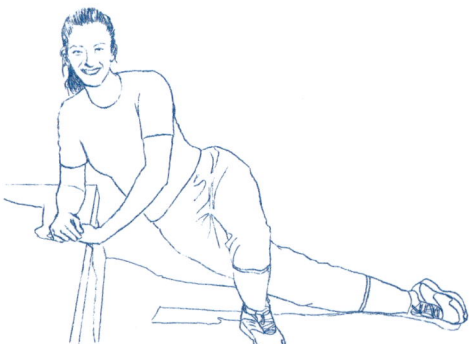

继续伸直手臂或手臂移动至更靠近臀部的位置，进一步拉伸，直到到达新的终止点。

重复2～3次。

常见错误

- 改变初始姿势导致臀部和身体其他部位不再处于同一条直线上。
- 膝盖向上提起的高度不够。
- 上半身向前弯曲导致拉伸的是腹斜肌而非腰方肌。

说明

如果手腕原本就疼痛，请扭转手掌，使得手指朝向外侧。如果手臂无法支撑起身体，请尝试将前臂放置在更高的平面上。可以用枕头或几本书将手臂垫高。

如果伸直手臂无法撑起身体，请将前臂放置在更高的平面上。

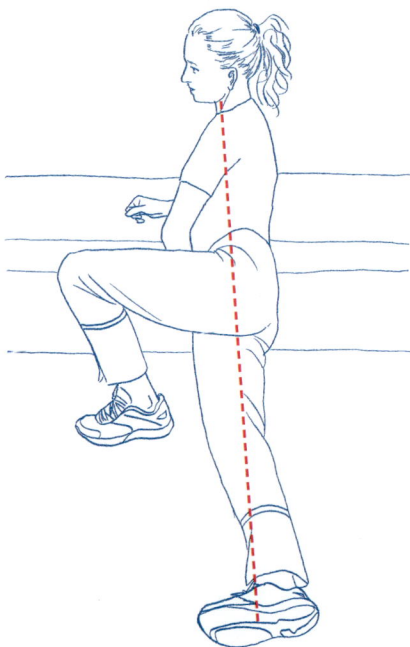

如果伸直手臂时无法撑起身体，请将前臂放在更高的平面上。

确保上半身与腿部在同一条直线上。

在整个过程中请保持左膝上提以保护背部。放下左手并小心地伸直手臂。

右脚下压地面以产生抗阻力。

腰方肌（坐姿版）

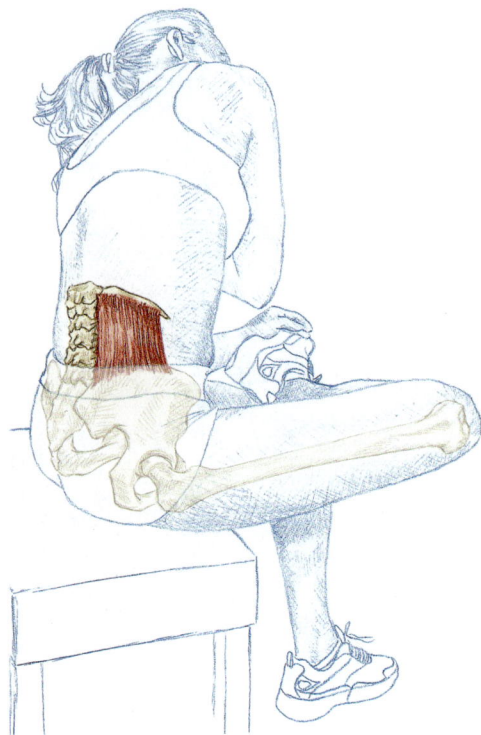

这一动作是卧姿版的调整版，但对柔韧性和平衡性有一定的要求。在工作中坐着也能完成这个练习。如果腹股沟部位的肌肉感觉不适，需要格外注意。确保收紧腹部。

注意

如果平衡性不佳，或者腹股沟或膝盖感觉到疼痛，请不要做这一动作。

动作要领

这个动作的初始姿势与92页中梨状肌的柔韧性测试2相同。坐在椅子上，双腿并拢，背部挺直。右脚放在左腿上，右脚踝外侧放置在左大腿膝盖上方的位置。右膝放在桌面下，保持右膝固定且无法向上抬起。接着，右手放在左肩上。

上半身缓慢地向左侧倾斜，拉伸5~10秒。继续向左倾斜，直至肌肉出现轻微刺痛感。放松肌肉5~10秒。

右膝小心地顶住桌面向上抬起，以产生抗阻力，坚持5~10秒。此时，也可试着将上半身小心地抬起约1厘米。放松肌肉5~10秒。

继续将上半身向侧面倾斜，以进一步拉伸，直至到达新的终止点。

重复2~3次。

常见错误

• 身体过度向前倾斜。
• 臀肌过于收紧，导致无法坐正坐直。

说明

如果无法完成拉伸动作，请在拉伸右侧肌肉时试着稍微向右侧扭转上半身。如果膝盖疼痛，请在膝盖和桌上之间垫一些软的东西。如果对自己的平衡性没有把握，请在身边放一张椅子，可以靠在椅子上。

右膝放在桌面下,上半身尽量向上挺。略微向右扭转身体,然后向侧面倾斜。

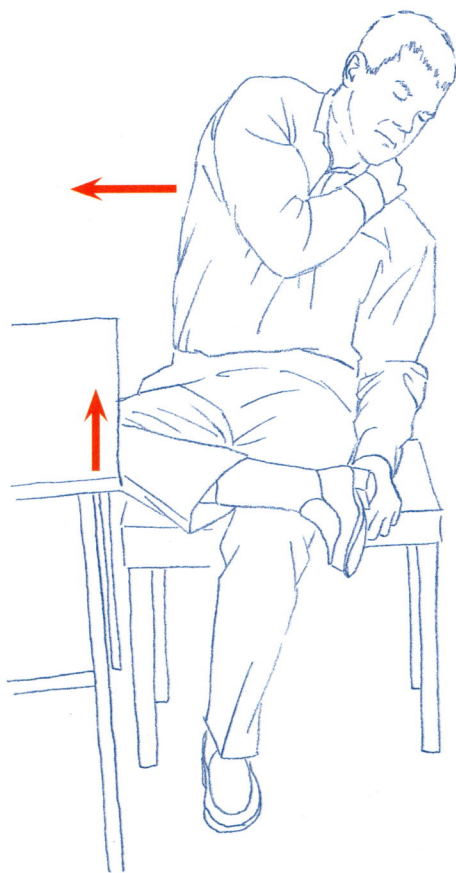

膝盖小心地抵住桌面下方向上抬起,或者将上半身向上抬起5厘米,以产生抗阻力。

腰方肌（搭档拉伸，版本1）

这一拉伸运动力度较大，需要用搭档的大腿和脚锁住被拉伸者的髋关节，以保持稳定。

动作要领

此运动的初始姿势与卧姿版自我拉伸的初始姿势相同。如果被拉伸者处在搭档右前臂的位置，搭档应将右腿大腿放置在被拉伸者的腰部以下位置（朝向髋骨），小心地将小腿降低，紧接着将左脚放置于被拉伸者的右膝前。现在搭档已经锁住了被拉伸者的髋关节，其髋关节完全伸直了。

让被拉伸者将左腿向上靠在搭档的左膝和左大腿上，并使大腿保持与地面水平。脊柱应当保持挺直，不转向任意方向。

开始拉伸时，让被拉伸者将右手放置在地面上，缓慢伸直右臂。感觉到目标肌肉被拉伸时，停止拉伸，停留5～10秒。接着，让被拉伸者将小腿向下推向地板方向，停留5～10秒，然后休息5～10秒。然后让被拉伸者将手移动至靠近身体的位置，以进一步施展拉伸。

重复此系列动作2～3次。

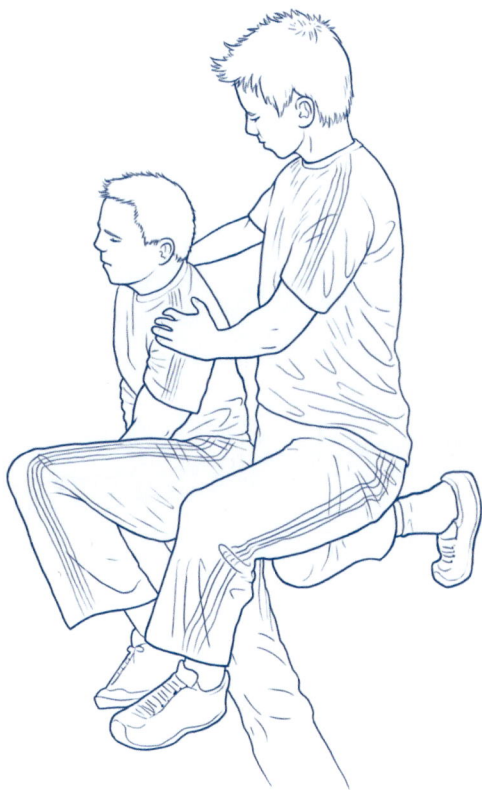

搭档在用膝盖和脚锁住被拉伸者的髋部之前，确保自己的身体也在一条直线上。

腰方肌（搭档拉伸，版本2）

这一运动的初始姿势与坐姿版的自我拉伸的初始姿势几乎相同；区别在于在此运动中，是搭档锁住被拉伸者的大腿和骨盆。

动作要领

被拉伸者坐在长凳上，其右腿盘起放在长凳上，左脚固定在地面上。接着，被拉伸者将右手放置于左肩上，向左侧拉伸上半身。同时搭档的右臂放置于被拉伸者右膝盖上方，抓住长凳的边缘，锁住被拉伸者的大腿和骨盆。被拉伸者进入拉伸状态后，搭档用左手和前臂将被拉伸者的躯干向斜前方推。肌肉得到轻轻拉伸后，停止运动，让被拉伸者保持该姿势5~10秒。接着，让被拉伸者试着坐直，继续拉伸5~10秒。保持稳定，搭档的前臂继续放在被拉伸者盘起的腿上。休息5~10秒后，让被拉伸者的躯干继续向前倾斜。

重复此系列动作2~3次。

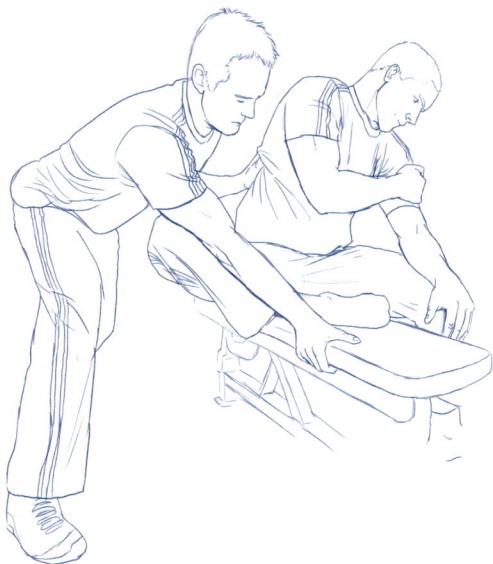

确保被拉伸者的脚稳定放置于靠近长凳的地面上。如果脚放的位置离长凳侧面太远，拉伸过程中被拉伸者会感到不稳定。

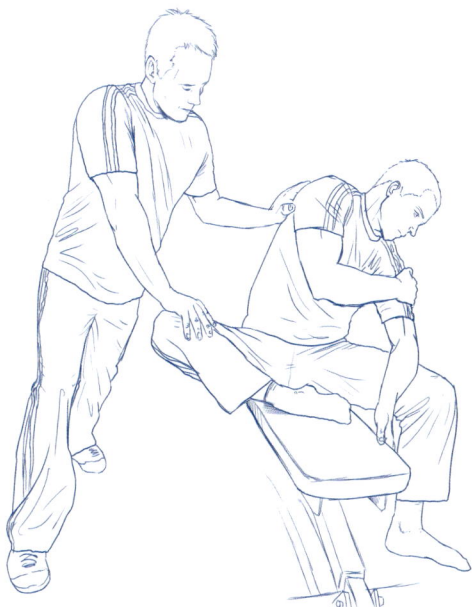

在此变式动作过程中，搭档只需用一只手固定住被拉伸者的大腿和骨盆，另一只手压住被拉伸者的肩部。

髂腰肌（髋部屈肌）

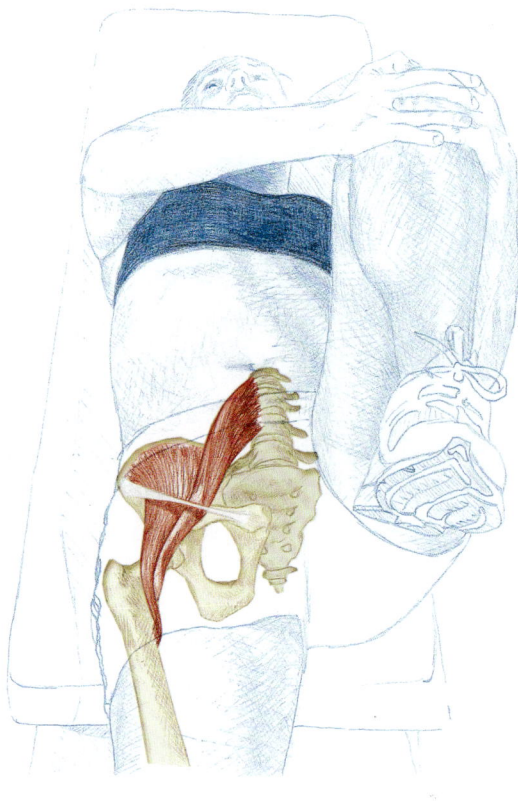

肌肉知识

髂腰肌位于肌肉系统的深处，始于下腰椎和髋骨的前侧。它们从耻骨前侧向下延伸，连接至股骨上端内侧。髂腰肌的功能是收缩和向内旋转髋关节，也能使腰背部向前弯曲。

肌肉紧绷的原因

任何长时间收缩臀部的动作，比如久坐，都会造成髂腰肌缩短。髋部屈肌静态地工作时，例如以不正确的姿势做仰卧起坐，也会增加肌肉的紧绷度。

肌肉紧绷的症状

- 腰背部出现疼痛。
- 腹股沟或大腿内侧疼痛。

柔韧性测试

双膝弯曲平躺，向胸腔方向抬起膝盖。抓住一只膝盖继续向胸腔方向提起，小心地伸直另一条腿并将其放置于地面上。伸直腿的脚不要向两侧偏移。

注意

如果在拉伸过程中腹股沟和弯曲腿感到挤压痛，或者腰背部疼痛，请不要做这一动作。

髋部屈肌是导致腰背部问题的罪魁祸首。髂腰肌的肌力和位置易对身体产生负面作用。只要长时间坐着工作，这些肌肉就会缩短。缩短的肌肉最终导致站立或行走时腰背部疼痛。拉伸这些肌肉的练习有很多，但既安全又有效的方法却很少。如果拉伸时不小心犯了错误，反而会加剧疼痛。

动作要领

坐在一张稳固的桌子或长凳上。背部平躺在桌面上，双手朝胸腔方向拉起双腿。此时，整个腰背部应该紧贴于平面。双手抓住左膝，小心地伸直右腿，直至右腿自然悬空。如果依然朝胸腔方向拉左膝，并且腰背部紧贴桌面，那么这就是正确的起始点。

放松悬空的腿，拉伸5～10秒。让腿自然垂下5～10秒。想要加强拉伸效果，可以在悬空的腿上加一些重量，比如挂上一个装有几本书的背包，也可以主动下压腿部，模拟负重状态。然后放松肌肉5～10秒。

右腿朝天花板方向抬起，以产生抗阻力，坚持5～10秒。

继续放松悬空的腿以进一步拉伸，直到到达新的终止点。腿部自然垂下10～20秒。

重复2～3次。

常见错误

- 身体平躺的位置离桌面边缘太远，限制悬空腿的活动。
- 身体平躺的位置离桌面边缘太近，导致腰背部弯曲角度更大。
- 腿部向胸腔方向上提的距离不够。

说明

如果腰背部疼痛，请再次检查初始姿势是否正确。最常见的错误是腿部没有抵住胸腔，导致腰背部无法贴在桌面上。

有时，找到合适的位置进行这一拉伸运动有一定难度。餐桌是一个很好的选择。为保证桌面牢固，请确保沿着桌面对角线平躺，而不是躺在桌子边缘。

为了加强拉伸效果，可以在腿上悬挂一个书包等重物。请沿着桌面的对角线平躺，以免桌子翻倒。

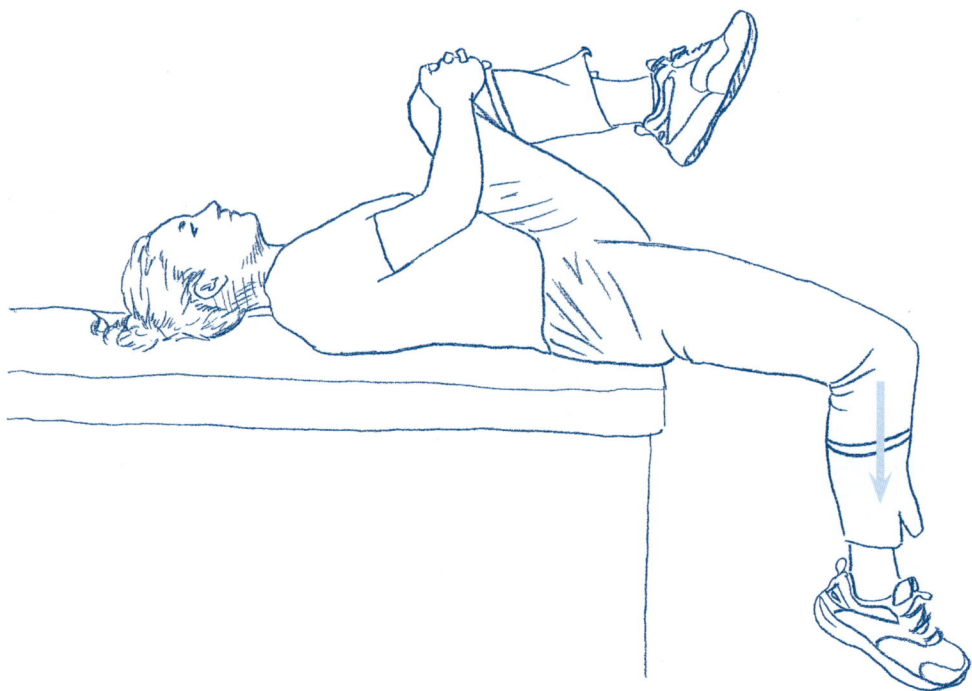

为了保护背部，必须朝胸部方向上提左腿。始终保持腰背部紧贴桌面。左腿保持不动，慢慢放下右腿并放松。

右腿向上朝天花板方向抬起5厘米，以产生抗阻力。

腰大肌（搭档拉伸版）

此治疗性拉伸练习要求搭档对被拉伸者的感受做出积极的反应。整个拉伸过程中，被拉伸者的腰椎应始终紧贴于长凳。搭档可以将手放在被拉伸者的腰背部来检查，腰背部与长凳平面之间不应有任何缝隙。

这一拉伸练习可以在有一定高度的平坦物体表面进行，如桌子或可调节高度的健身房长凳。如果使用长凳，则必须稍微倾斜靠背，以免脚在拉伸过程中接触地面。但这样会使得头部在心脏下方，将大大增加头部和颈部的血压。因此，老年人和高血压患者应避免在倾斜的长凳上做这种拉伸运动。

动作要领

被拉伸者坐在长凳边缘。如果使用倾斜的长凳，倾斜角度不要太大，最大倾斜20度就足够。倾斜20度的原因是在拉伸过程中，被拉伸者的脚不接触地面。

为了更好地保护脊椎，帮助被拉伸者躺在长凳上，搭档一只手扶住他的上背部，另一只手放在他的膝盖背面。当被拉伸者双腿弯曲躺在长凳上时，让被拉伸者双手抓住左膝，整个拉伸过程中都要抓住左膝；用这种方法抬起左腿能防止弯曲角度增大（搭档可以用身体的一侧给被拉伸者的腿部提供支持力）。然后让被拉伸者小心地伸展右腿，搭档将右手放置于膝盖处缓慢下压来保证被拉伸者的右腿位置。当右腿不能再下降时，则初始姿势正确。

将搭档的双手放置在被拉伸者的右腿膝盖上方，轻轻地将腿向下推向地面以增加拉伸强度，直至被拉伸者感觉腹股沟或大腿内侧轻微紧缩，停留5～10秒。然后让被拉伸者在搭档保持手不动的时候，朝天花板方向轻轻顶压膝盖5～10秒。休息5～10秒，然后再朝天花板方向顶压膝盖5～10秒。

重复此系列动作2～3次。

当搭档完成拉伸动作后，帮助被拉伸者再次抬腿。在不改变被拉伸者身体位置的前提下，换身体另一侧，伸展左侧。

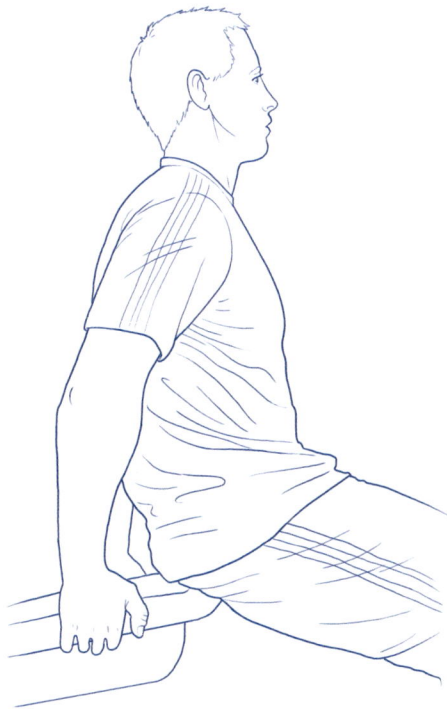

被拉伸者应该坐在长凳边缘，以免大腿背面在拉伸过程中进入长凳边缘。

帮助被拉伸者躺在长凳上，以免腰椎过度拉伸。在整个拉伸过程中，避免过度拉伸。

身体一侧用力，为被拉伸者抬起的腿提供支持力。双脚站立，保持稳定。请勿将被拉伸者伸直的膝盖按压到长凳边缘下方超过7.5~10厘米。

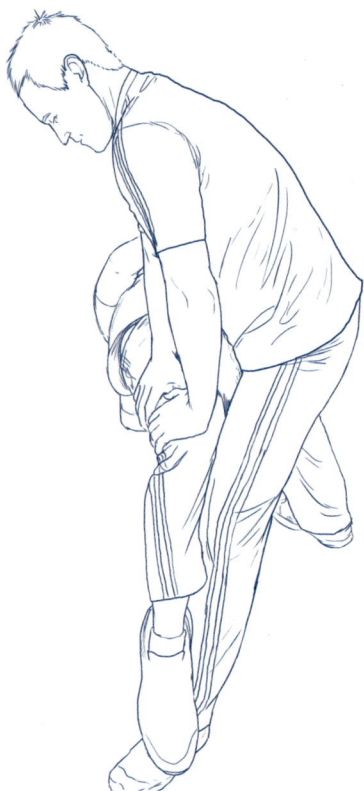

如果被拉伸者的小腿向内倾斜，用搭档的小腿辅助将其放置在合适位置。

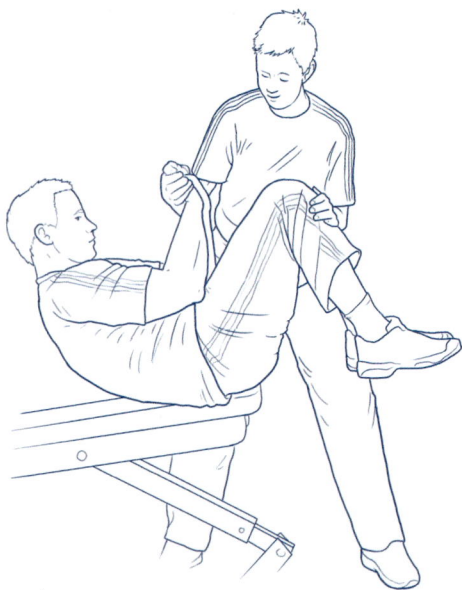

一只手帮助被拉伸者起身，另一只手握住被拉伸者的膝盖，协助被拉伸者的腰大肌发力完成屈腿动作。

股直肌（卧姿版）

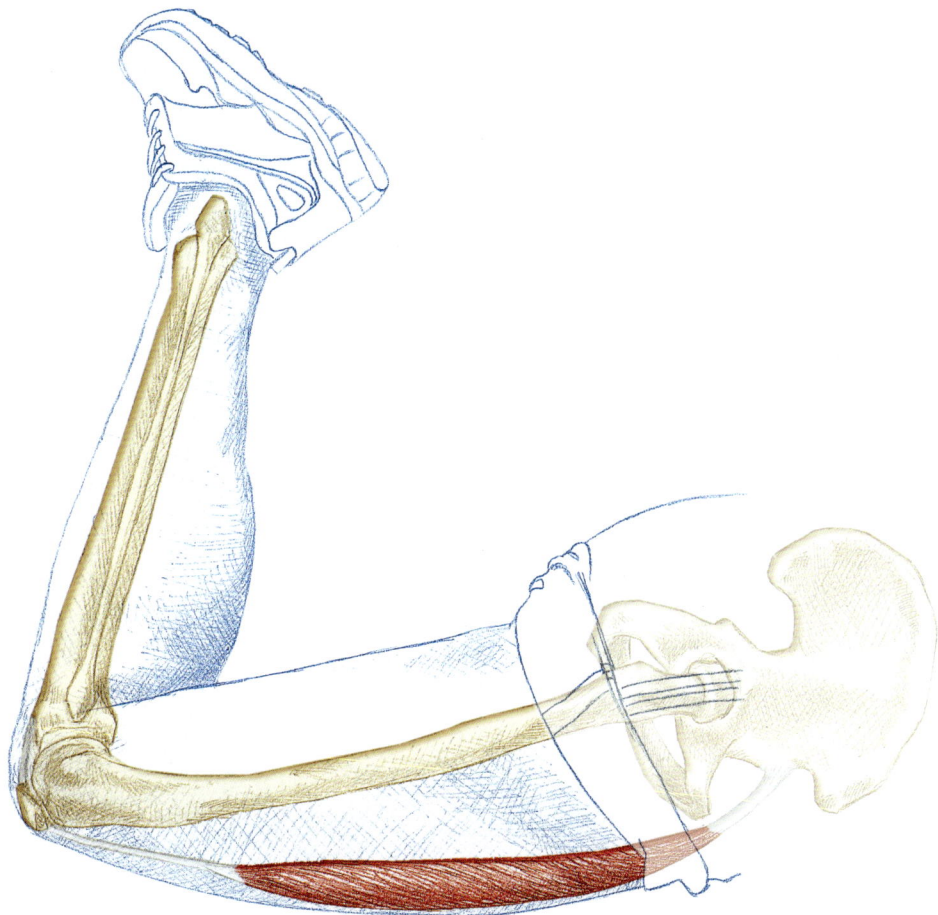

股直肌是构成大腿前侧肌肉群的4块肌肉之一，它是4块肌肉中唯一一块连接膝关节和髋关节的肌肉。因此，股直肌很特别，因为它能影响腰背部、臀部和膝关节。

有很多拉伸大腿前侧的动作都是错误的。这些拉伸运动使人们误以为股直肌的柔韧性比实际情况更好。最不正确的动作就是站着将脚跟往臀部方向拉。

做这个动作，你需要一把长凳和一根绳子。如果地板较滑，穿一双优质、有支撑功能的鞋会让你受益良多。

肌肉知识

　　股直肌始于臀部前端，延伸至髋关节和膝关节，与小腿前侧顶部相连，在髌腱处与股四头肌的其他三块肌肉相连。在这一动作中也同样拉伸了其他三块肌肉。但是，对于健康而言，其他三块肌肉的重要性不能与股直肌相提并论。

　　股直肌负责伸展和弯曲膝关节，还能使腰背部弯曲更大的角度。

肌肉紧绷的原因

　　日常坐着或过多地进行由股直肌主要参与的活动，如跑步、踢足球、打曲棍球和骑自行车等运动，都会造成股直肌缩短。

肌肉紧绷的症状

- 腰背部疼痛。
- 膝盖骨周围疼痛。

柔韧性测试

　　俯卧在地面上，额头碰触地面。确保双膝并拢、收紧腹部。双膝慢慢弯曲，保持双膝并拢。在臀部不离开地面的前提下，膝盖应该能够弯曲大约110度。也可以请一位搭档辅助，监督你在达到110度之前是否弓腰。

注意

　　拉伸过程中，如果腰背部和膝盖出现疼痛，请不要做这一动作。

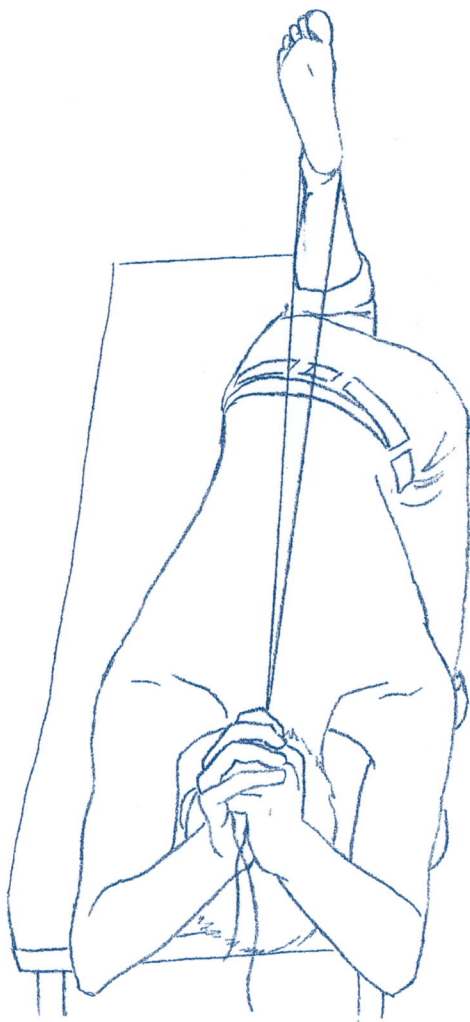

确保你正对着臀部的方向拉膝盖。

动作要领

找一个稳固的平面，平面的高度取决于你的身高和柔韧性。需要注意的最重要的问题是，在动作过程中，无论何时都不要弯曲背部。用一根绳子套住右脚脚踝处，绳子越过右肩，双手前臂抬起拉住绳子。左脚向前踩地，身体趴在长凳的平面上。确保整个左脚都踩在地面上，腰背部完全伸直。

将放在长凳上的右腿稍微向左侧倾斜。只要右膝还在平面上，脚就可以在长凳上方活动。如果正确地完成这部分动作，身体应该呈弓形，这样拉伸会更加有效。双手举过头顶，抓住绳子两端。

小心地伸直手臂，带动绳子拉小腿，拉伸肌肉5～10秒。当大腿前侧肌肉出现拉伸感时，停止拉动绳子。放松肌肉5～10秒。

稳稳地抓住绳子，在努力伸直右膝的同时，将右膝向下按压长凳表面，保持5～10秒以产生抗阻力。放松5～10秒。

左腿应尽量往前放，以免任何弓腰的可能性。根据自己的身高和柔韧性来选择平面的高度。左脚需要稳固地踩在地上，收紧腹部，小心地拉动绳子。

继续在头部上方伸直手臂，以进一步拉伸，直至到达新的终止点。

重复2~3次。

常见错误

- 凳子的高度过高。
- 左脚向前迈的幅度不够。
- 绳子的长度过短。

说明

长凳高度过高容易导致腰背部弯曲，从而导致无效拉伸。绳子过短也不行，你将无法在头部上方抓住它，结果导致手臂被往后拉。如果没有长绳子，可用披肩、围巾等物品代替，或将几条腰带绑在一起使用。

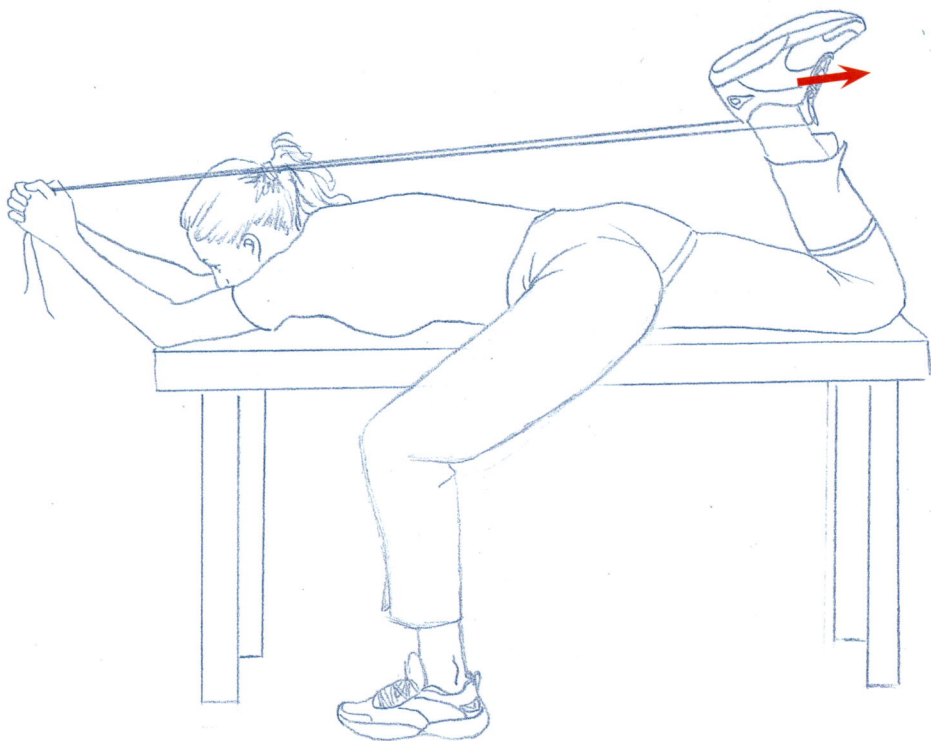

伸直腿部的同时，右膝向下压凳子表面以产生抗阻力。

股直肌（跪姿版）

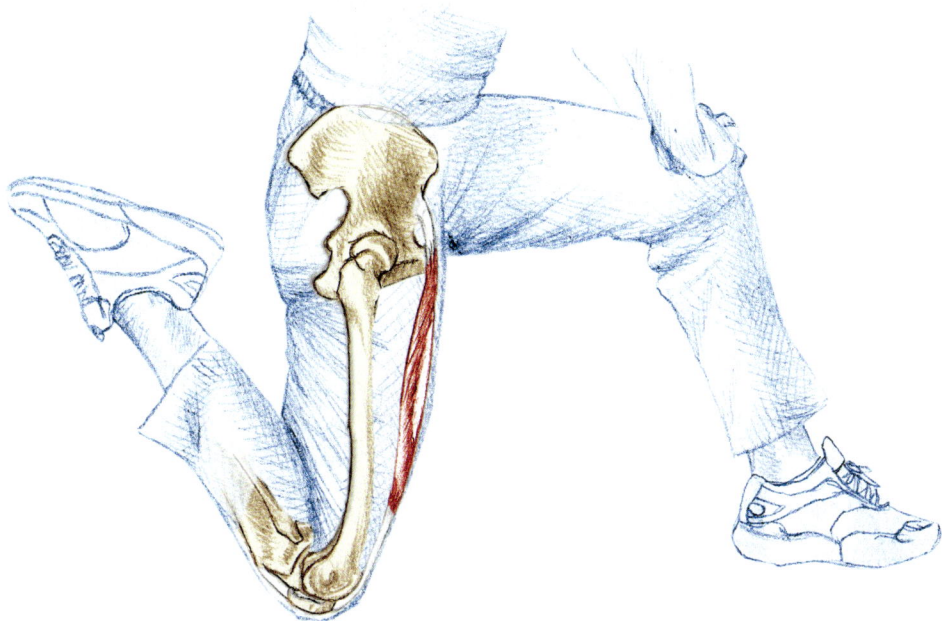

　　如果腿部肌肉群过于紧绷，无法完成前一个运动，请尝试此运动。进行此练习时，你必须考虑一个问题，那就是两个关节（膝关节和髋关节）是协同运动的。在整个动作过程中，髋关节必须打开并且保持竖直。收紧腹部，以免下腰背拱起。

注意

　　如果膝盖骨周围有伤病，请不要进行此动作。

动作要领

　　背对着墙双膝跪地，脚趾应该碰到墙面。左腿向前迈一步，左脚整个脚面踩地，左小腿与地面垂直。上半身向前倾斜，靠在左大腿上。右膝盖向后朝墙壁方向滑动，右脚沿墙面向上并靠在墙上。右膝弯曲至90度时停止动作。你现在的姿势就是正确的初始姿势。

　　小心地伸直手臂，移动上半身和大腿使其更靠近墙壁，拉伸肌肉5～10秒。大腿前侧出现轻微刺痛感时停止动作。放松肌肉5～10秒。

　　脚抵住墙壁，小心地朝地面方向按压右膝，以产生抗阻力，保持5～10秒。放松肌肉5～10秒。

继续伸直手臂，以进一步拉伸，直至到达新的终止点。你也可以将右膝往更靠近墙面的位置滑动。

重复2～3次。

常见错误

- 腹部没有收紧导致腰背部弯曲。
- 收缩髋关节，从而减弱了拉伸效果。
- 膝盖离墙面太近，造成力度过大，背部无法挺直。
- 初始姿势膝关节的弯曲度不够。
- 后腿从墙面滑落倒向一侧。

说明

如果在动作过程中或结束后出现背部疼痛，请先练习上一个拉伸动作，一段时间后再做此练习。如果膝盖在地板上感觉疼痛，可以在地面垫一个枕头。

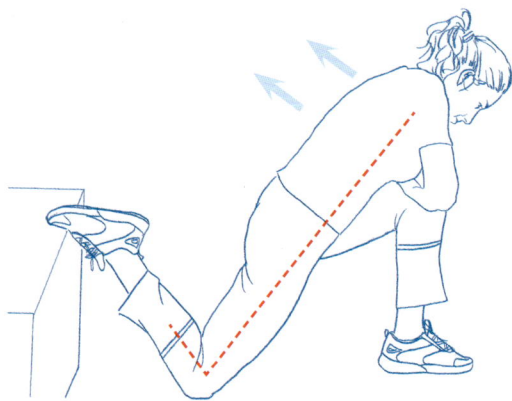

大腿和躯干保持在同一条直线上。请收紧腹部，伸展手臂。请不要弯曲背部或髋部。

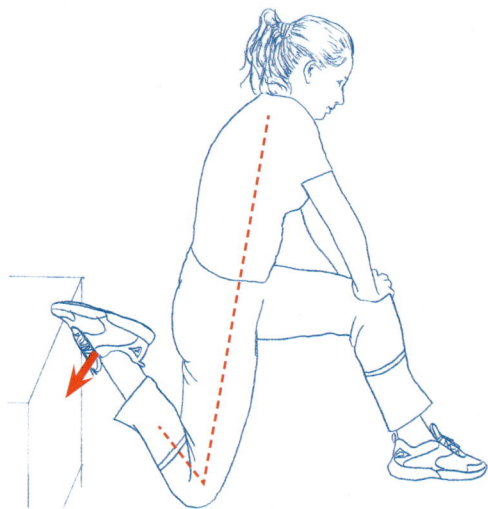

小心地伸直腿部，以产生抗阻力。

股直肌（搭档拉伸版）

为了正确拉伸股直肌，首先必须将长凳调整到合适的高度。

如果被拉伸者身高较高且柔韧性较差，需要找一个较高的长凳。如果用的是健身房长凳，请抬高靠背。如果被拉伸者身高较矮小，则长凳高度需要降低。最重要的是，无论在初始姿势还是拉伸过程中，腰椎都不能拱起。如图所示，将一只脚放在地上，使小腿与地面垂直，可以防止腰椎弯曲。

动作要领

让被拉伸者俯卧在长凳或类似的平坦表面上。拉伸右腿时，确保被拉伸者的左脚踩在地面上，且小腿与地面垂直。搭档站在长凳左侧，将被拉伸者的右腿朝自己的方向移动，使身体和右腿从上方俯视角度看呈弓形。搭档将左前臂放置于被拉伸者右侧臀部下方的肌肉上，从而固定被拉伸者的髋关节。搭档缓慢增加压力，拉伸髋关节，最好直接将其按压在长凳表面上。

确保被拉伸者的腰椎始终是轻微弯曲的。如果没有弯曲，降低长凳高度或左脚在地板上进一步向前移动。让被拉伸者的右腿在长凳上轻轻弯曲，将其放置于搭档的右肩上。搭档轻轻向前弯曲躯干，同时用右手在长凳上支撑上半身，增加被拉伸者膝关节的弯曲角度。

当被拉伸者的大腿前侧感觉到轻微拉伸时，需要告诉搭档，此时在该位置停留5~10秒。接着，让被拉伸者轻轻将膝盖推向长凳，轻轻拉伸膝关节5~10秒。然后让被拉伸者休息5~10秒。与第一个姿势相比，大腿现在应该感觉没那么紧绷了。继续弯曲膝关节，直至肌肉再次被拉伸。

重复此系列动作2~3次。

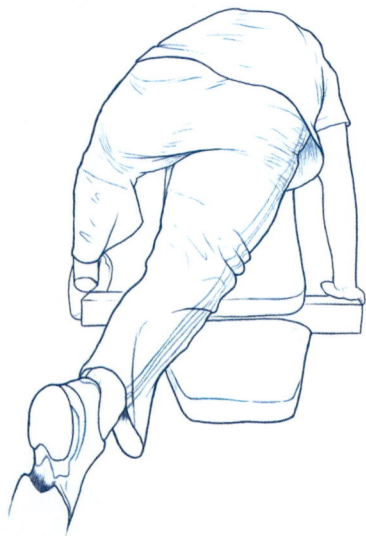

确保拉伸腿的小腿和脚与另一只脚在地面的位置呈一条直线。这样，身体就呈一个弓形，可以提升该练习的拉伸效果。

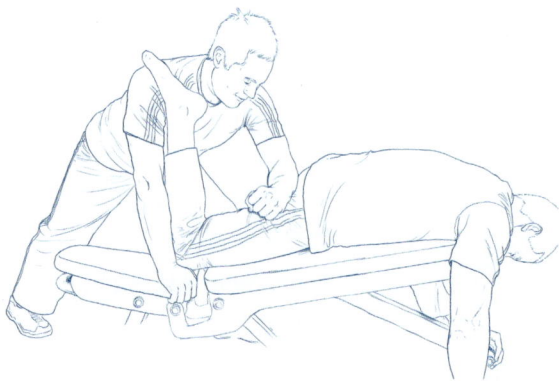

搭档用左前臂压住被拉伸者的髋关节，使其固定。搭档的右手握住长凳，以缓解自己背部的压力。被拉伸者的右脚和小腿应该靠在搭档的右肩上休息，而被拉伸者的左腿小腿应该完全与地面垂直。

被拉伸者的脚跟对准自己的大腿，搭档保持左手手臂的按压力度不变。

股直肌（网球放松版）

俯卧，将网球放置于大腿前侧的上半部。找到疼痛部位，保持不动。收紧腹部，肘部用力，轻轻地将自己抬起。

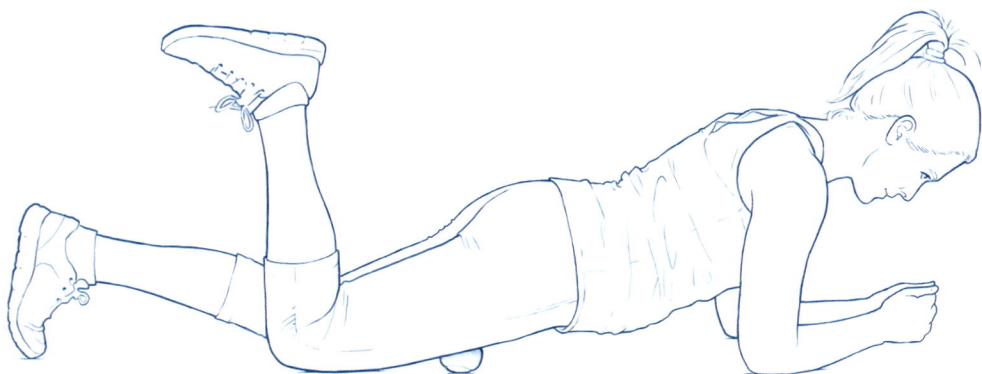

将压着网球的腿弯曲约90度。

阔筋膜张肌

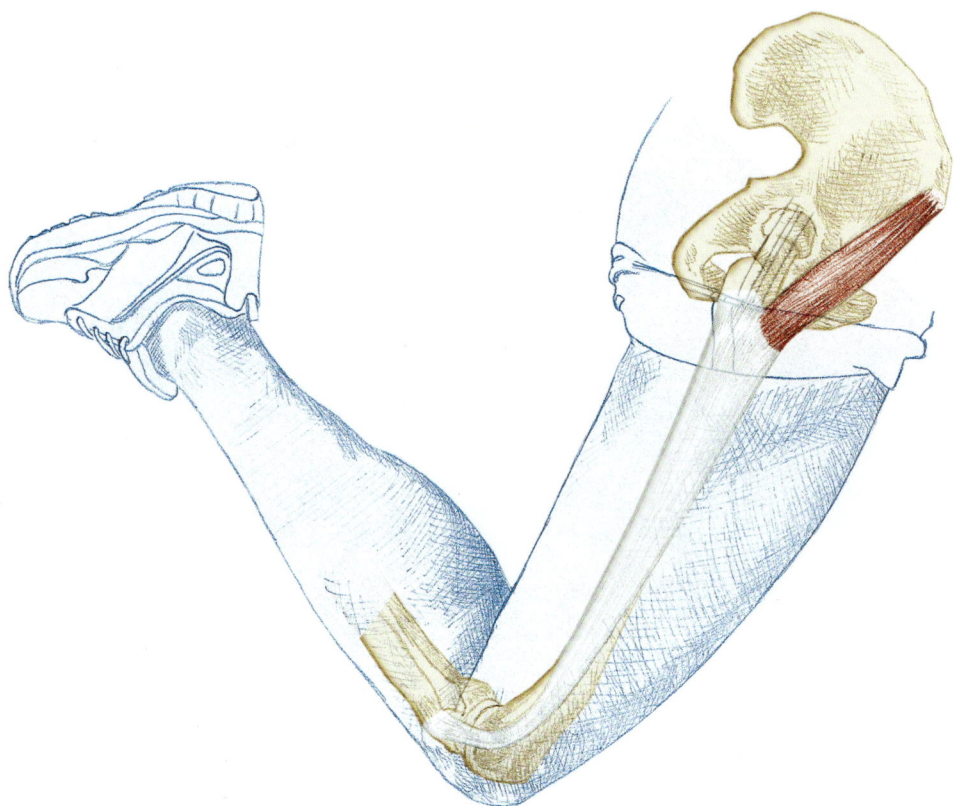

这个动作与拉伸股直肌的跪姿版动作类似。但是，在这个动作当中，上半身和腿部之间应形成弓形。记住保持腹部收紧，以避免弯曲腰背部或臀部。

肌肉知识

阔筋膜张肌起于臀部外侧的前部，一直向下延伸，形成强有力的肌腱与大腿外侧相连。这一肌腱就是胫韧带。胫韧带继续向下沿着膝盖外侧连接至胫骨上端。阔筋膜张肌负责收缩臀部，向身体两侧伸腿。由于其肌腱与膝盖下方相连，因此阔筋膜张肌也能帮助膝盖伸直。

肌肉紧绷的原因

久坐、跑步、攀岩和骑自行车都会造成这一肌肉缩短。

肌肉紧绷的症状

- 臀部（弹响髋）和大腿外侧疼痛。
- 膝盖外侧（跑步膝）和膝盖骨周围疼痛。
- 腰背部疼痛。

注意

拉伸过程中，如果腰背部或膝盖出现疼痛，请停止动作。

动作要领

初始动作与跪姿版拉伸股直肌的初始动作类似。但是，在这一动作过程中，上半身和腿要形成弓形。背对着墙双膝跪地，脚趾触碰墙面。左腿向前迈一步，整个左脚踩地，左小腿与地面垂直。上半身向前倾斜，靠在左大腿上。右膝向后朝墙面方向滑动，右脚沿墙面向上并靠在墙上。膝盖弯曲至90度时，停止动作。

接着，右脚沿墙面向左侧滑动约30厘米的距离。收紧腹部，双手放在左膝上。上半身稍微向左倾斜，与腿部形成弓形。此时，你已做好了初始姿势。

慢慢地伸直手臂，拉伸5~10秒。请不要弯曲腰背部或臀部。继续拉伸，直至大腿外侧有刺痛感。放松肌肉5~10秒。

右膝朝地面方向按压，右脚小心地用力对抗墙壁，以产生抗阻力。放松肌肉5~10秒。

继续伸直手臂，以进一步拉伸，同时注意不要弯曲腰背部或臀部，直至到达新的终止点。

重复2~3次。

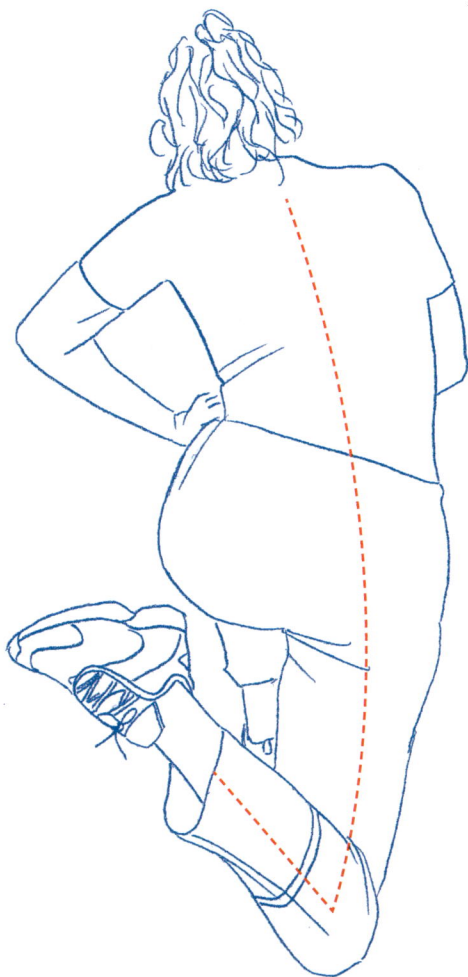

上半身和腿部应形成弓形，小腿向内侧弯曲呈一定角度。

针对性拉伸

常见错误

- 出现弓腰，没有将大腿和上半身保持在一条直线上。
- 髋部弯曲，导致肌肉缩短，而不是拉伸肌肉。
- 腿部和上半身没有形成弓形，初始姿势不正确。
- 膝盖弯曲角度不够。

说明

如果肌肉没有拉伸感，可能是因为膝盖的位置离墙壁太远。请在初始姿势时减小膝盖弯曲的角度。

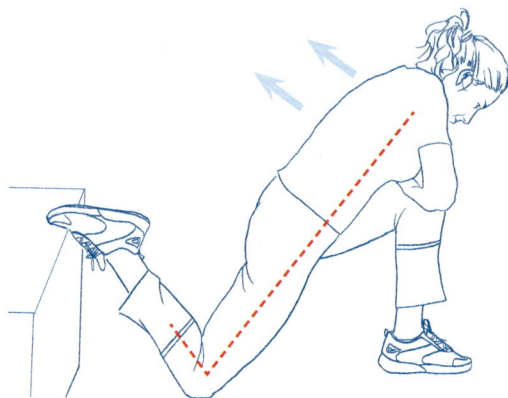

大腿和躯干应该在一条直线上。收紧腹部并伸直手臂。请不要弯曲背部或髋部。

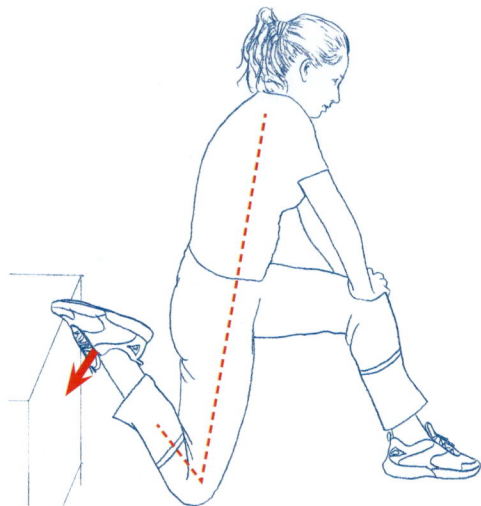

小心地将脚压向墙壁发力，以产生抗阻力。

阔筋膜张肌（网球放松版）

俯卧，手肘放置于地面。将网球放置在阔筋膜张肌和地面之间，即髋骨前面的下方。轻微转动身体，找到疼痛位置，此时身体一半偏向一边。找到疼痛位置后，停留在此处不动，直到疼痛明显缓解后，接着增加压力。

重复此系列动作2~3次；最后一次做此动作时，之前的疼痛位置应感受不到疼痛。

通过仔细观看第122页的解剖学图示，确保准确找到目标肌肉。在拉伸过程中，可以将网球放置在皮肤和衣服之间以确保网球位置不变。

腘绳肌

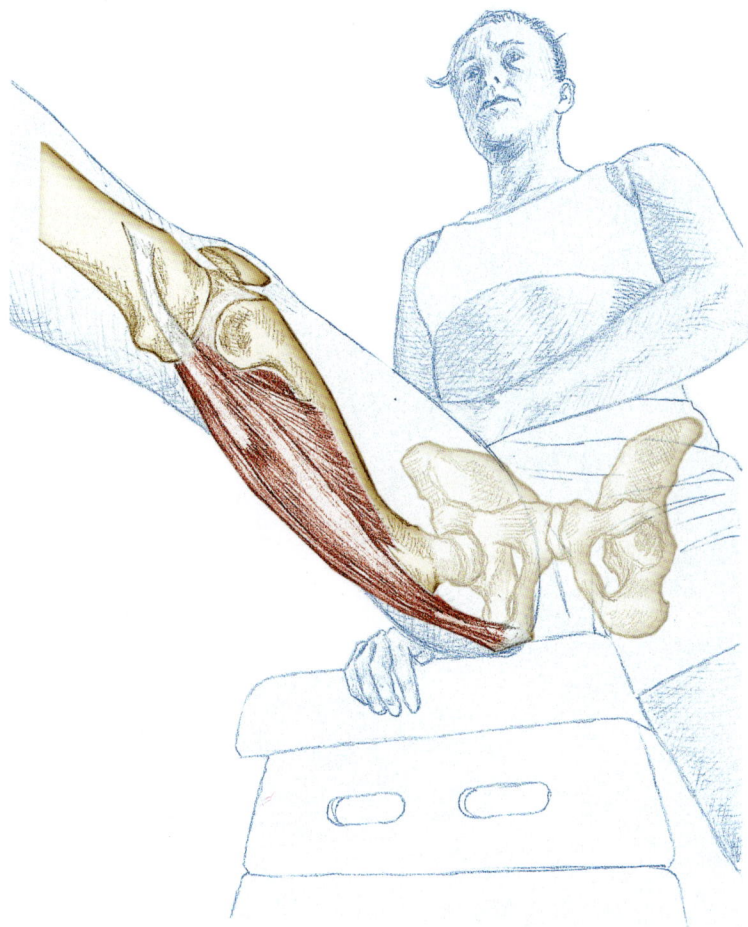

　　大腿后部肌群想要达到良好的拉伸效果，就必须达到两个条件。首先，必须向前弓腰达到一定程度。如果弯曲腰背部，肌肉拉伸的效果就会减弱。其次，脚不能放在长凳上，而是应该放在长凳边缘外侧。如果脚放在长凳上，小腿的灵活性会受到限制。

　　为了进一步加强小腿的锻炼，要绷直脚尖。记住，放在凳子下的腿是为了帮助你增加弓腰弧度的，从而加强腘绳肌的拉伸。

　　确保左腿尽可能向后伸。

肌肉知识

　　大腿后侧的肌肉主要包括4块独立的肌肉。其中3块始于臀部的坐骨，另外1块始于股骨后侧。4块肌肉都与小腿上端相连。腘绳肌的功能是收缩膝关节，拉伸臀部，向后翘起臀部，减小腰背部的弓度。

肌肉紧绷的原因

　　如果久坐或总体运动量较小，腘绳肌就会缩短。跑步、滑雪、足球、曲棍球等体育运动也会造成腘绳肌缩短。

肌肉紧绷的症状

- 腰背部疼痛。
- 身体难以向前弯曲。
- 走路或跑步时步伐太小（效率更低）。
  肌肉紧绷会增加大腿后侧痉挛的风险。

柔韧性测试

　　躺在地面上，保持双腿完全伸直。向天花板方向抬起一只腿，直至与地面垂直。臀部应该能够形成一个90度的夹角。

注意

　　拉伸过程中，如果背部或膝盖骨周围疼痛，或是只有跟腱出现拉伸感，请不要做这一动作。

动作要领

　　坐在凳子或类似的平面上。借助两把没有扶手的椅子也能完成这一运动。

　　保持坐立并将整条右腿放在平面上，确保右腿放在凳子边缘的外侧。一只手放在右膝下方，确保右腿轻微弯曲。左脚尽可能向后伸（一直往后伸，直至大腿前侧出现拉伸感），确保左脚稳稳地踩在地面上。

　　上半身挺直坐立，收紧腹部，主动地向前弓腰。可以用手扶住凳子。

　　现在，你的姿势就是练习的初始姿势。

　　上半身慢慢向前、向下移动，拉伸腘绳肌，直至大腿后侧出现轻微刺痛感。放松肌肉5～10秒。

　　右腿小心地向下压凳子以产生抗阻力，持续5～10秒。放松肌肉5～10秒。

　　上半身继续向前、向下移动以进一步拉伸，直至到达新的终止点。

　　重复2～3次。

常见错误

- 向前、向下拉伸时弯曲背部，而不是弯曲臀部。
- 上半身前倾时膝盖弯曲。
- 接触地面的腿所处位置不够靠后。

说明

　　如果小腿的拉伸感还是比大腿后侧强烈，请在初始姿势时增加拉伸腿膝盖的弯曲度。

左腿尽可能往身后伸展。上半身挺直
并收紧腹部。保持腰背部向前弓，上
半身向前倾斜。可以把手指放在长凳
上支撑身体。

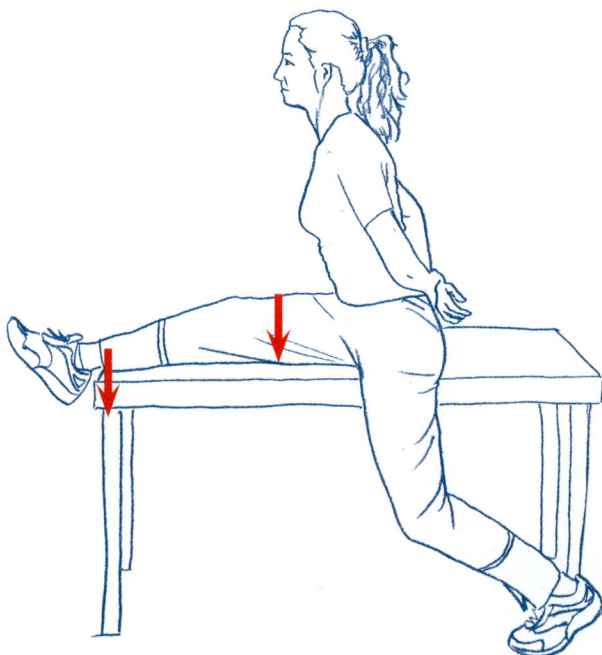

上半身保持不动，脚和大腿向下压凳
子以产生抗阻力。

腘绳肌（搭档拉伸，版本1）

在地面或长凳上均可进行这一拉伸运动。如果使用长凳，确保长凳高度不要过高，不要让搭档难以进行拉伸。

在这一版本中，腿部伸直，通常膝关节和小腿处的拉伸感更强烈。相反，屈腿版本（见版本2）拉伸的是大腿后侧中间的位置。做完版本1后接着做版本2，效果会更好。

动作要领

被拉伸者仰卧在长凳或类似的平坦表面上。搭档站在要拉伸腿的对侧。搭档抬起被拉伸者的右腿，将其小腿下部靠在自己的左肩上。不要把被拉伸者的脚踝或脚跟靠在肩上，否则脚容易向后弯曲，导致拉伸的是腓肠肌，而不是腘绳肌。

搭档用左大腿前侧固定被拉伸者的左腿，将双手放置在被拉伸者右大腿膝盖上方。现在，拉伸被拉伸者右腿的膝关节，方法是用双手将大腿朝自己的方向拉，但不要使膝关节完全伸展。

开始拉伸时，将腿向被拉伸者同侧肩膀的方向移动。当大腿后部有轻微拉伸感时，让被拉伸者告诉搭档，此时停止拉伸。保持该姿势休息5～10秒。然后，让被拉伸者将腿轻轻向下推，压向搭档肩膀的方向，保持5～10秒。休息5～10秒后，接着将腿向同侧肩部进一步移动，以进一步加大拉伸。

重复此循环动作2～3次。

说明

- 拉伸过程中，确保膝关节不要弯曲。
- 如果膝关节和小腿的拉伸感比大腿后部更强烈，也是正常的。

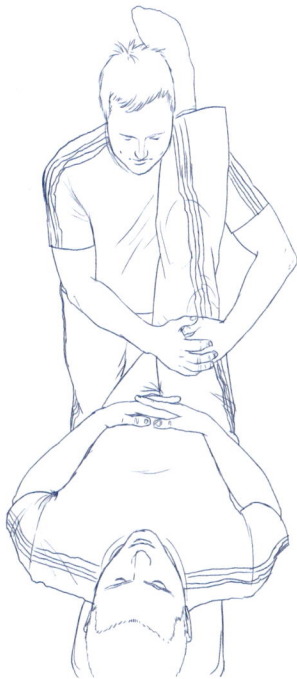

将被拉伸者的腿朝同侧肩膀推动。如果将其调整为变式版本，搭档可以尝试向被拉伸者对侧肩膀推动，该版本对其腘绳肌外侧有更好的拉伸效果。

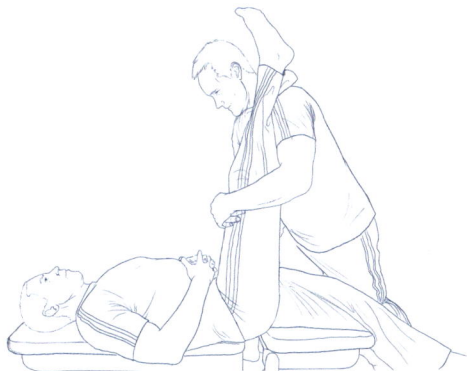

拉伸过程中不要增加膝关节的弯曲角度；整个过程中腿部弯曲角度应保持一致。

腘绳肌（搭档拉伸，版本2）

在地面或长凳上均可进行这一拉伸运动。如果使用长凳，确保长凳高度不要过高，不要使搭档拉伸时感觉困难。

动作要领

被拉伸者仰卧在长凳或类似的平坦表面上。搭档站在要拉伸腿的对侧。被拉伸者抓住自己右膝后面下方位置，并在整个拉伸过程中一直保持在该位置。

搭档用左大腿前侧固定被拉伸者的左腿，将被拉伸者的右腿抬起，将其右腿小腿靠在自己的肩上。不要把脚踝或脚跟靠在肩上，否则脚容易向后弯曲，导致拉伸的是腓肠肌，而不是腘绳肌。

现在搭档用肩按压被拉伸者的右小腿，拉伸他的膝关节，从而拉伸腘绳肌。当被拉伸者的大腿后侧有轻微拉伸感时，停止拉伸动作。休息5～10秒。现在，让被拉伸者朝搭档肩膀的方向向下按压脚后跟，保持5～10秒。休息5～10秒后，接着稍微伸直一点膝关节，以进一步拉伸。

重复此系列动作2～3次。

与版本1相比，此版本大腿后侧的拉伸感更强烈。

整个拉伸过程中，确保被拉伸者一直抓着膝盖后面下方位置。

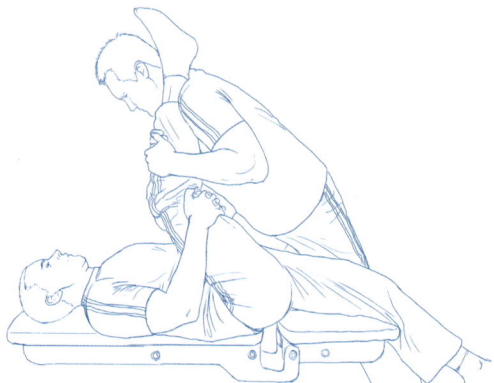

小心地加大拉伸力度；否则，被拉伸者会感到非常不适。

腘绳肌（网球放松版）

地面版

　　坐在地面上，左腿弯曲，左脚平放在地面上，伸展右腿，将网球放置于地面和右大腿之间，右大腿后侧上方。找到疼痛部位，停留于此处。伸展腿部或轻轻将上半身前倾，以增加压力。如果网球不好控制，可以用手握住或将其放置于皮肤和衣服中间。如果疼痛剧烈并且放射到整条腿，请立即停止，因为你可能碰到了坐骨神经。

椅子版

　　你可以通过一个步骤或两个步骤做这个动作（见图示）。坐在椅子上，双脚触地，将网球放置于大腿后侧上部。找到疼痛部位，停留于此处。慢慢伸直腿，以增加压力。如果整条腿都感觉疼痛剧烈，请立即停止，因为你可能碰到了坐骨神经。

将网球放置于大腿后侧与地面之间。

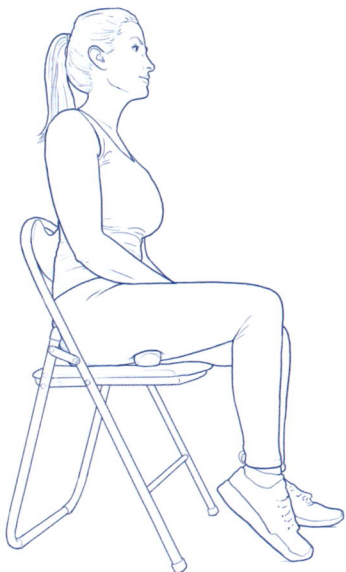

步骤1：弯曲腿。

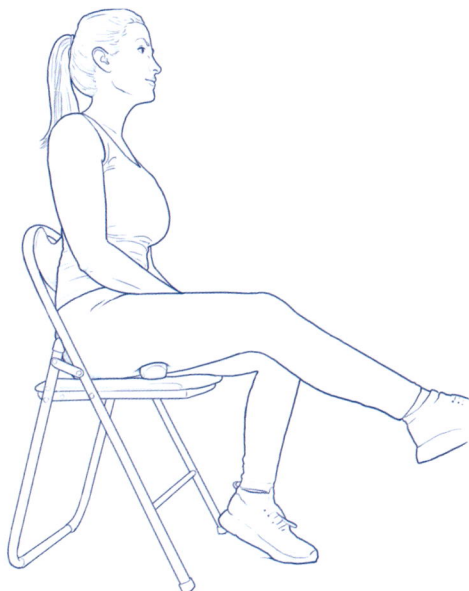

步骤2：伸直腿。

耻骨肌、长收肌和短收肌（短内收肌）

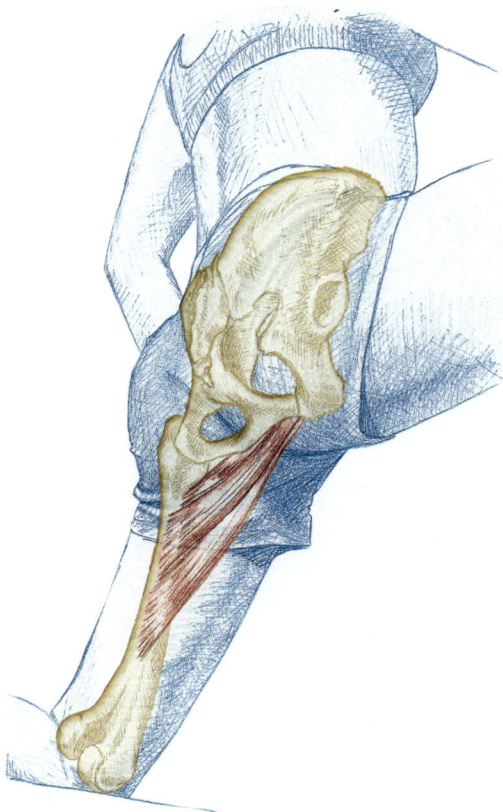

由于位于大腿内侧的肌肉通常都非常敏感，因此推荐你做这个简单的热身动作。它会帮助你找到肌肉的正确位置，从而正确地拉伸肌肉。整个动作都由左腿控制，包括你能拉伸到何种程度。确保左腿运动时，右腿处于放松状态。

肌肉知识

短收肌包含三块肌肉。它们始于耻骨前侧，沿着大腿内侧向下连接至股骨后侧。短收肌的功能是并拢双腿和向外扭转腿部。它们也能帮助髋部前倾，以及增加腰背部弯曲角度。

肌肉紧绷的原因

如果坐着时间过长，或运动量太小，都会造成肌肉紧绷。曲棍球、足球、骑马等体育运动也会导致这些肌肉缩短。

肌肉紧绷的症状

• 腰背部弯曲或疼痛。

如果收肌紧绷，会增加腹股沟肌肉拉伤的风险。

注意

拉伸过程中，如果膝盖或腰背部出现疼痛，请不要做这一动作。

拉伸短收肌之前请热身。

由于大腿内侧肌肉非常敏感，请在拉伸之前完成这一热身动作。

以站姿开始。右腿发力，左右移动身体。交替使用大腿内侧和臀部肌肉。

请在热身之后再拉伸短收肌。

动作要领

双膝跪地。向侧面抬起左腿，左脚着地。确保右大腿和左大腿呈90度角。左脚脚尖应指向左膝所指方向。

确保左膝弯曲呈90度角，右侧髋关节打开。收紧腹部并稍微减小腰背部的弯曲角度，同时保持右侧髋关节不弯曲。上半身必须完全挺直。

这就是初始姿势。

小心地弯曲左膝，右膝向右侧按压，直至右腿内侧出现轻微刺痛感，拉伸5～10秒。放松肌肉5～10秒。

右膝小心地向左侧按压5～10秒，以产生抗阻力，放松肌肉5～10秒。

继续弯曲左膝，并将右膝向右侧按压，以进一步拉伸，直至到达新的终止点。

重复2～3次。

常见错误

- 髋关节弯曲。
- 弓腰过度。
- 左脚的位置距离身体太近。

说明

随着柔韧性的不断提高，在初始姿势时请将左脚放在距离身体更远的位置。如果膝盖跪地有些疼痛，请在膝盖下方垫一个枕头。如果腰背部出现疼痛，请收紧腹部。

上半身上提并收紧腹部。小心地弯曲左腿，带动左膝向侧面移动。

身体保持不动，右膝向左侧地面按压，以产生抗阻力。

内收肌（搭档拉伸，版本1）

此版本主要拉伸短收肌的后部
（大收肌后部）。

动作要领

如图所示，此拉伸运动可以在地面、
长凳或其他类似的平坦表面上进行。被拉伸
者仰卧，搭档右膝跪地，固定被拉伸者的
左腿。搭档将左脚放置于被拉伸者腰部的位
置。如果被拉伸者躺在长凳上，要根据其柔
韧性和体形来调整长凳的高度。

将被拉伸者的右脚放在搭档的左侧大
腿根处，即大腿和躯干相连的地方。同时搭
档用左手握住被拉伸者的膝盖，右手将被拉
伸者的左腿固定在地面上。拉伸内收肌，方
法是搭档将髋部左侧向前推，直至被拉伸者
的内收肌有轻微拉伸感。在此处停留5～10
秒。然后，让被拉伸者对抗拉伸，方法是被
拉伸者的脚推向搭档的髋部，保持对抗5～
10秒。休息5～10秒后，接着将被拉伸者的
脚再次向前推动，以进一步拉伸。

重复此系列动作2～3次。

说明

拉伸过程中，搭档可以通过引导被拉伸
者调整膝盖朝向地面按压的力度，来增加或
减小拉伸强度。

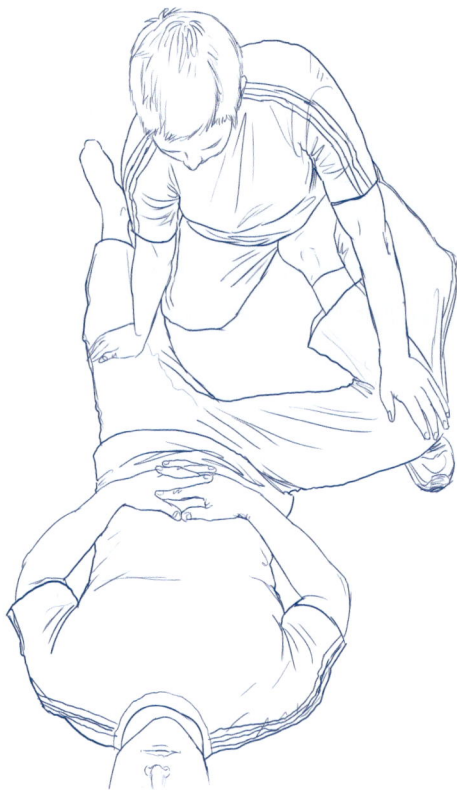

引导被拉伸者将膝盖朝向同侧肩膀。

内收肌（搭档拉伸，版本2）

此版本主要拉伸短收肌，同时还包括长收肌、耻骨肌和大收肌（前部）。

动作要领

如图所示，此拉伸运动可以在地面、长凳或其他类似的平坦表面上进行。此版本的初始姿势与版本1的初始姿势类似。将搭档的左脚和被拉伸者的右膝放置于一条直线上，接着将被拉伸者的右脚放置于搭档的左脚上，以起稳定作用。搭档将左手放在被拉伸者的右膝上，右手放在被位伸者的左髋关节上方。整个拉伸过程中，搭档的右手都应该放在被拉伸者髋骨的前缘，以免拉伸时被拉伸者身体摇晃。

要增加拉伸幅度，方法是轻轻地将被拉伸者的右膝朝地面方向按压，直至被拉伸者感觉到肌肉被轻微拉伸，在此处停留5~10秒。让被拉伸者朝天花板方向顶起膝盖形成对抗，保持5~10秒。然后，将右膝继续朝地面方向按压，进一步增强拉伸。

重复此系列动作2~3次。

说明

如果被拉伸者感到疼痛或不适，在他的髋部和搭档的手之间垫一块毛巾。

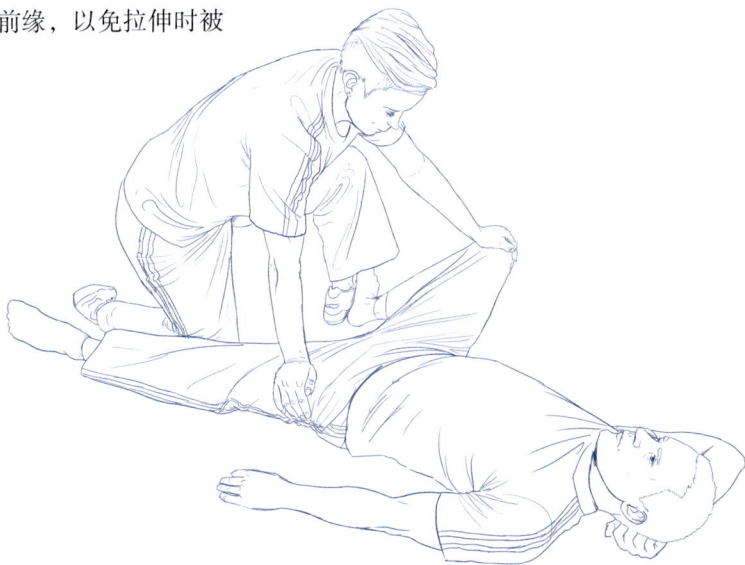

朝地面方向按压膝盖时，要轻轻用力。

股薄肌（长收肌）

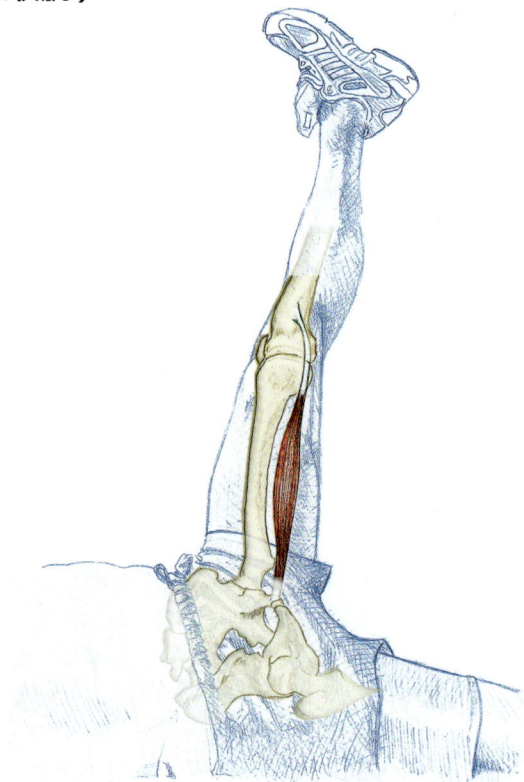

股薄肌影响膝关节和髋关节的活动。如果想让这块肌肉达到较好的拉伸效果，在拉伸短收肌的动作中，腿部向侧面伸出时应该伸直，不能弯曲腿部。伸直腿部会增加膝关节受伤的风险，因此，做这一动作时请多加小心，并且避免在站立时做类似的动作。为了安全起见，完成拉伸后，收回腿之前请弯曲膝盖。在做这一动作之前，参照前面的热身动作进行热身是一个不错的方法。

肌肉知识

股薄肌是一块长而薄的肌肉，始于耻骨前侧，沿着大腿内侧连接膝盖内侧，再向下连接至小腿内侧上端。这一肌肉的肌腱有时会在手术中替代膝关节交叉韧带（ACL）。

股薄肌的功能是收缩髋关节和膝关节，它还帮助髋部前倾和弓腰。

肌肉紧绷的原因

如果坐着的时间过长，或是总体上活动量太小，股薄肌就会紧绷。曲棍球、足球、骑马等运动也会造成股薄肌缩短。

肌肉紧绷的症状

• 膝盖内侧疼痛。

注意

拉伸过程中，如果膝盖内侧感到疼痛，请不要做这一动作。

动作要领

靠着门框右侧卧在地面上，臀部抵住墙壁，双腿竖直向上靠墙。弯曲左腿，让大腿和膝盖紧贴门框内侧。这一动作会增加运动的稳定性，保护背部。右腿应该完全伸直，指向天花板方向。收紧腹部，双臂向身体两侧伸展。

沿着墙面小心地向侧面滑动右腿，拉伸5~10秒。脚跟沿着墙面滑动，直至大腿内侧出现刺痛感。放松肌肉5~10秒。

沿着墙面小心地将腿抬起约2.5厘米的距离，以产生抗阻力。放松肌肉5~10秒。

腿部继续向侧面滑动以进一步拉伸，直至到达新的终止点。

重复2~3次。

常见错误

- 右腿过度弯曲。
- 腹部不够收紧。
- 所躺的位置离墙过远。

说明

如果长收肌比较敏感，可以先做133页拉伸短收肌的动作。也可以循序渐进地做这一动作。腿部先向侧面滑动，然后再回到初始姿势。重复这个动作，腿部收回之前，每一次向侧面滑动的距离都比上一次更远些。通过每次多移动10厘米的距离来预热肌肉。

尽可能靠墙平躺，左腿抵住门框。右腿小心地向侧面滑动。

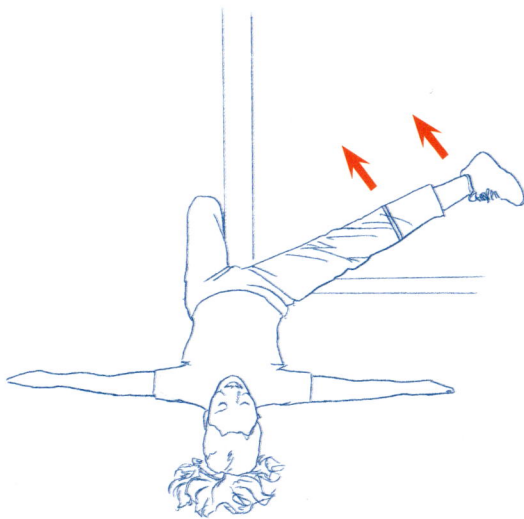

右腿小心地沿着墙面往回滑动2.5~5厘米，以产生抗阻力。

腓肠肌

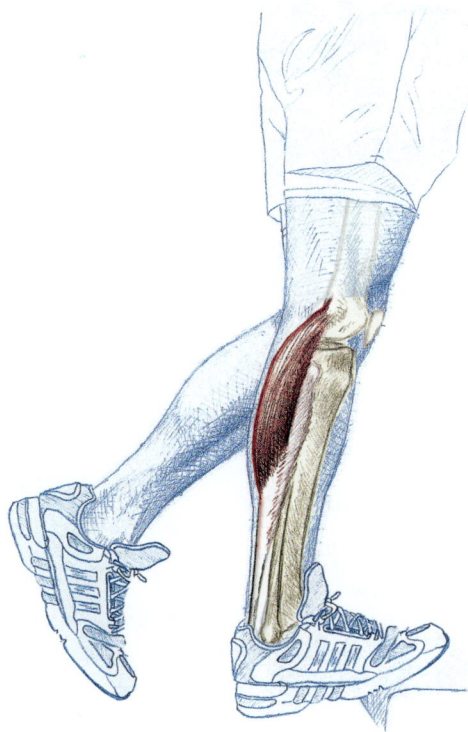

腓肠肌是身体最强壮的肌肉之一。虽然它体积不大，但却能轻松提起整个身体的重量。例如跑步和跳跃。这块肌肉及其肌腱还有很强的耐力。它们的结构适合长时间低强度的负荷，比如长距离步行。腓肠肌需要花大量的时间和力量，才能达到真正的拉伸效果。因此，每次拉伸都必须坚持足够的时间，以达到预期效果。站立或上台阶的拉伸动作对于腓肠肌几乎没有效果。为了在拉伸这块肌肉的动作中寻求一些新变化，请站立在具有一定倾斜度的物体表面上。做此动作时请务必穿鞋。

肌肉知识

腓肠肌有两个头，均始于股骨下端后侧。两个头共同形成肌腱，连接至脚后跟。腓肠肌的功能是绷脚尖和弯曲膝盖。

肌肉紧绷的原因

长时间运动量过低或长距离跑步都有可能造成腓肠肌紧绷。

肌肉紧绷的症状

- 腹肌痉挛。
- 跟腱疼痛（可能导致跟腱炎）。
- 小腿前侧肌肉疼痛。
- 足弓疼痛。

注意

如果脚背出现疼痛，请不要做这一动作。

动作要领

找一处牢固的物体边缘，如台阶或几本较薄的书。右脚脚掌踩在平面上（约三分之一脚长），足弓和脚后跟悬空。

放松小腿，让脚后跟顺势落下进行拉伸。放松肌肉5 ~ 10秒。

腓肠肌发力，将身体向上提起2.5 ~ 5厘米的距离以产生抗阻力。放松肌肉5 ~ 10秒。

脚后跟继续向下落，以进一步拉伸，直至肌肉再次出现轻微刺痛感。到达新的终止点。

重复2 ~ 3次。

常见错误

- 脚踩在平面边缘的部分过短。
- 腿部没有伸直。

说明

如果做这一动作时出现疼痛，请试着同时拉伸两条小腿。

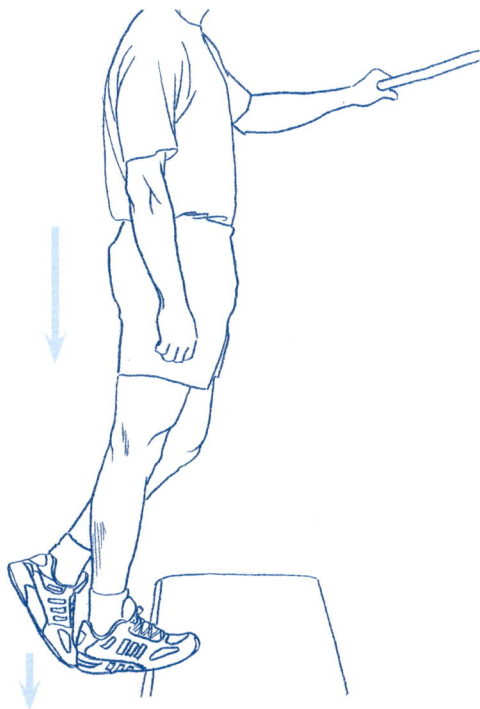

脚掌踩在平面上站立。确保腿部完全伸直。脚后跟小心地向下放。

脚掌下压平面以产生抗阻力。

腓肠肌（网球放松版）

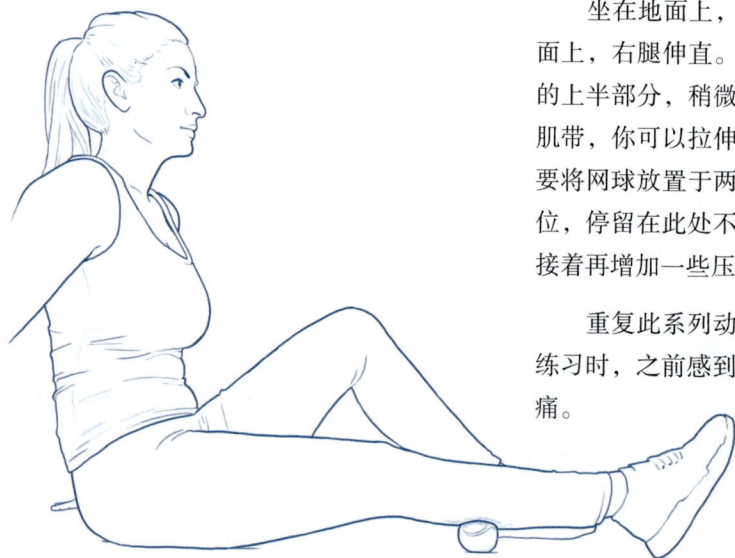

坐在地面上，左腿弯曲，左脚放置在地面上，右腿伸直。将网球放置于右小腿下方的上半部分，稍微偏向一边。腓肠肌有两个肌带，你可以拉伸内侧肌带或外侧肌带。不要将网球放置于两个肌带中间。找到疼痛部位，停留在此处不动，直至疼痛明显减轻，接着再增加一些压力。

重复此系列动作2～3次；进行最后一次练习时，之前感到疼痛的部位应该不再有疼痛。

为了给腓肠肌施加压力，你可以将身体前倾和/或交叉双腿，将另一条腿部的重量施加在放松的小腿上。

比目鱼肌

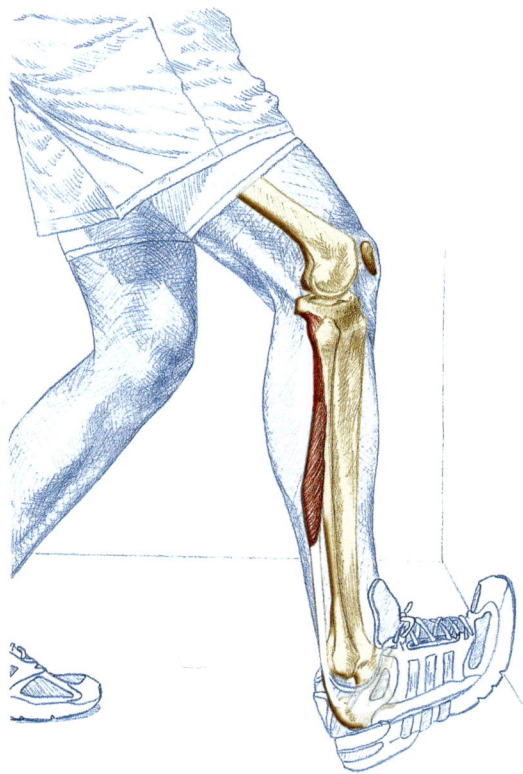

比目鱼肌位于小腿深处，与腓肠肌的区别在于，它没有经过膝关节。因此，比目鱼肌不会影响膝关节的活动。这一动作能在不拉伸腓肠肌的前提下拉伸比目鱼肌。基于这一点，拉伸比目鱼肌时应保持腿部微屈。

肌肉知识

比目鱼肌位于腓肠肌下层，与跟腱相连。比目鱼肌始于小腿腿骨后侧，连接至脚后跟。比目鱼肌也负责绷脚尖。

肌肉紧绷的原因

长期运动量过少或习惯性久坐都会造成比目鱼肌紧绷。对比目鱼肌工作量要求较高的运动，例如跑步和骑自行车，也有可能造成肌肉紧绷。

肌肉紧绷的症状

- 小腿疼痛。
- 足弓疼痛。

比目鱼肌紧绷也会导致跟腱出现问题。

注意

运动过程中，如果脚后跟或膝盖后侧出现疼痛，请停止动作。

动作要领

找一面靠门的墙，将门打开以帮助你保持平衡，增加身体前倾的幅度。前脚掌抵住墙壁，脚后跟踩在地面上。用后面的腿保持身体平稳。抓住门框，小心地弯曲右膝。收紧腹部并挺直上半身。现在的姿势就是初始姿势。

膝盖保持弯曲，腿部和上半身小心地向前倾斜，拉伸肌肉5~10秒，直至小腿出现轻微刺痛感。放松肌肉5~10秒。

拉伸腿的脚小心地踩压墙面，试着绷直脚尖5~10秒，以产生抗阻力。放松肌肉5~10秒。

保持膝盖弯曲，腿部和上半身继续向前倾斜，以进一步拉伸，直至到达新的终止点。

重复2~3次。

常见错误

- 腿部伸直造成过度拉伸。
- 脚掌踩在墙上的位置过高或过低。

说明

拉伸过程中，如果脚后跟出现疼痛，请多加小心，或者先拉伸腓肠肌一段时间再进行此练习。

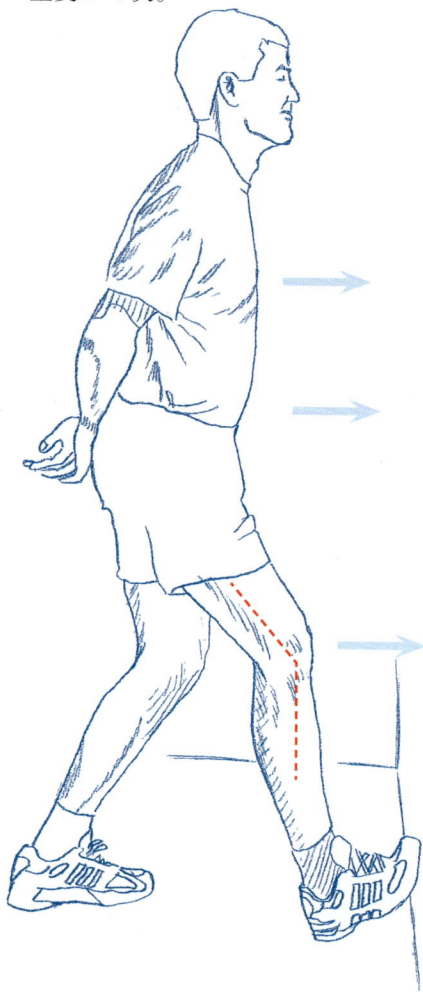

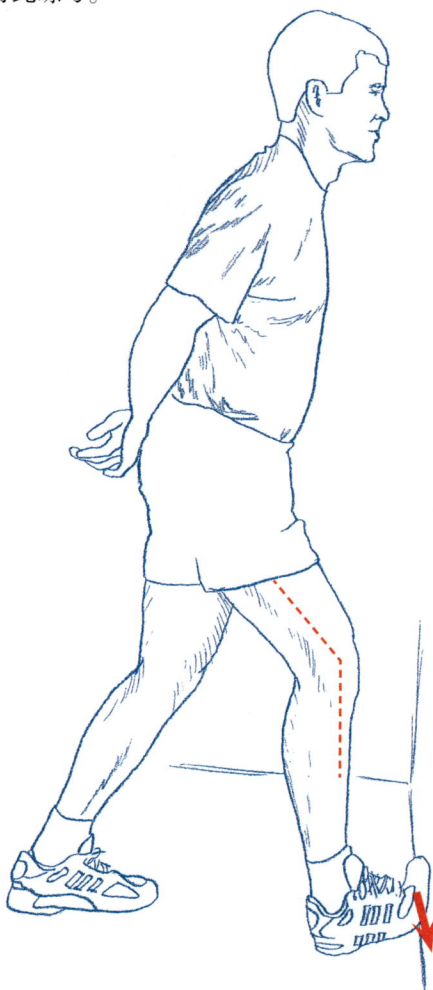

整个动作过程中，请保持膝盖弯曲，以免拉伸到腓肠肌。拉伸过程中，可以用手帮助身体向前倾斜。

身体保持不动，脚掌踩压墙面，以产生抗阻力。

比目鱼肌（网球放松版）

坐在地面上，左膝弯曲，左脚放在地面上，右腿伸直。将网球放置于右腿小腿下半部分，即腓肠肌肌肉隆起的下方。找到疼痛部位，停留在此处，保持不动，当疼痛明显减弱时，接着增加压力。

重复此系列动作2～3次；最后一次做此动作时，之前疼痛的部位应该感受不到疼痛。

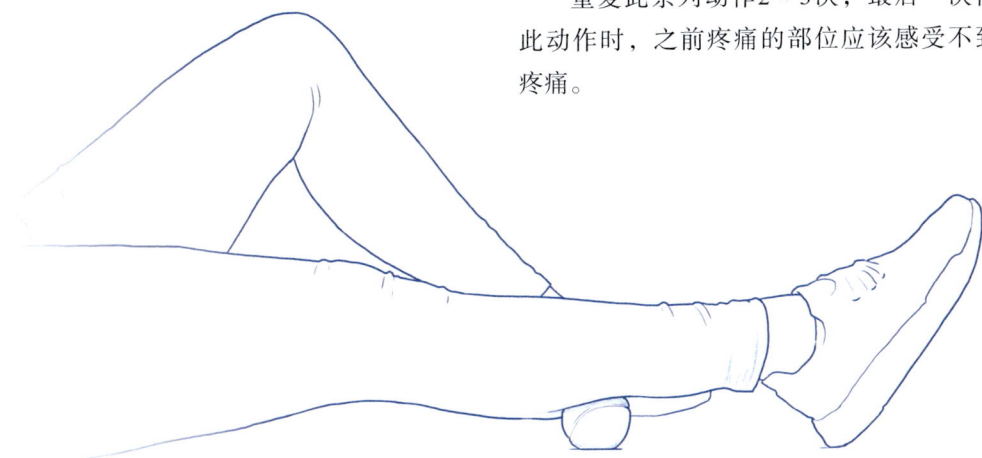

为了给比目鱼肌增加压力，你可以将身体前倾和/或交叉双腿，将另一条腿的重量施加在放松的小腿上。

足底筋膜（网球放松版）

　　足底筋膜是一种宽带状纤维组织，它的功能是支撑足部的纵弓。在这项功能中，它由一些小肌肉帮助完成。

　　你可以选择站立或坐着，这取决于你想施加多大的压力。将网球置于地面和足弓之间。前后滚动网球，找到疼痛部位，停留此处按压，直至疼痛显著减轻，接着增加压力。

　　重复此系列动作2～3次。最后一次做此动作时，之前的疼痛部位应该感觉不到疼痛。

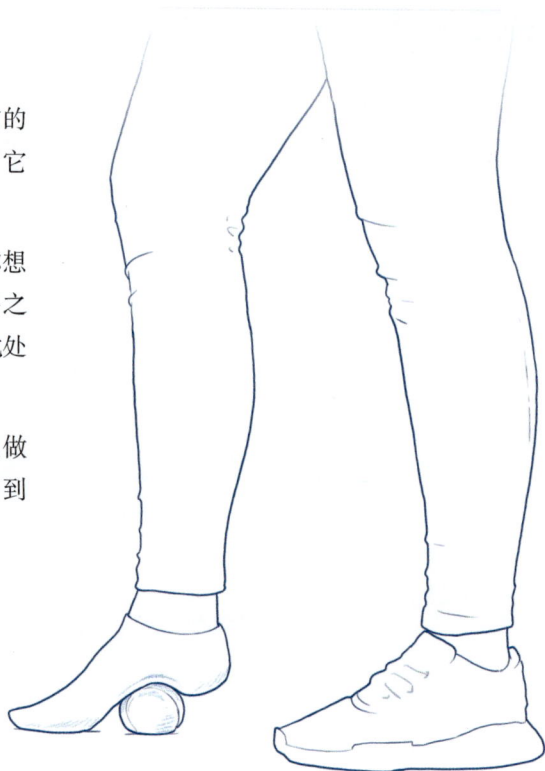

确保按压网球的位置是足弓，不要将网球靠近脚跟，脚跟是足底筋膜的起点。将网球放在脚跟的话会适得其反。

胫骨前肌

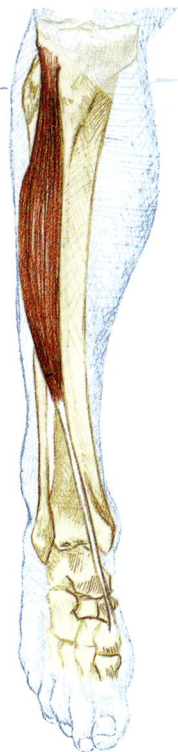

由于胫骨前肌位于胫骨前侧，加上踝关节活动范围的限制，拉伸胫骨前肌有一定难度。拉伸这块肌肉时，很难感受到拉伸其他肌肉时的拉伸感。其他一些动作，例如臀部坐在脚后跟上，能够产生更好的拉伸效果。但缺点是膝关节有受伤的危险。错将胫骨前肌疲劳当作胫纤维发炎的现象很常见。胫纤维发炎常发于胫骨下端内侧，而不是在胫骨外侧。

肌肉知识

胫骨前肌位于小腿前侧和胫骨外侧。它起于胫骨的整个前侧，经过脚踝和足部顶部，与大脚趾相连。胫骨前肌的功能是收缩踝关节，内翻足部（旋后）。

肌肉紧绷的原因

如果快步行走时无法适应这种强度，胫骨前肌就可能出现紧绷。肌肉在跑步或骑踏板上有脚扣的自行车时也会紧绷。

肌肉紧绷的症状

- 胫骨外侧疼痛。
- 踝关节疼痛。
- 由于足部旋后的能力有限，走路或跑步时脚底无法向上抬起。

注意

拉伸过程中，如果脚踝或膝盖出现疼痛，请不要做这一动作。

动作要领

找一处略高于膝盖的柔软平面。可以选择一个较高的长凳，或者在凳子上放两个枕头。靠近凳子站立，脚踝放在凳子上。右手放在脚后跟上，手指朝前以便抓住脚跟。

用手向前方和下方按压脚后跟，拉伸5~10秒，直至脚踝前侧出现轻微刺痛感。放松肌肉5~10秒。

脚趾下压凳子表面5~10秒，以产生抗阻力。放松肌肉5~10秒。

继续向下方和前方按压脚后跟，以进一步拉伸，直至到达新的终止点。

重复2~3次。

常见错误

- 凳子或椅子的高度过低，导致手无法向下压脚后跟。

说明

如果无法达到较好的拉伸效果，请找推拿理疗师或物理治疗师帮你放松。

请不要过度弯曲膝盖。弯曲右腿的同时向下按压脚后跟，以拉伸踝关节。

脚尖下压，以产生抗阻力。

胫骨前肌（网球放松版）

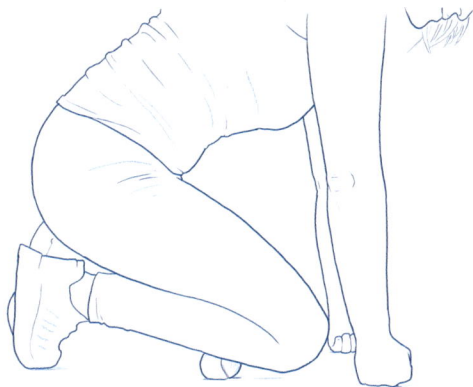

胫骨前肌肌腹位于胫骨上半部分，确保将网球置于胫骨上半部分和胫骨尖缘正外侧。

　　双膝跪地，双拳触地，将网球放置于地面和胫骨前部之间。将上半身向后倾斜，以增加压力。找到疼痛部位，停留在此处，直至疼痛明显减轻，接着增加压力。

　　重复此系列动作2～3次；最后一次做此动作时，之前的疼痛部位应该感觉不到疼痛。

肱二头肌

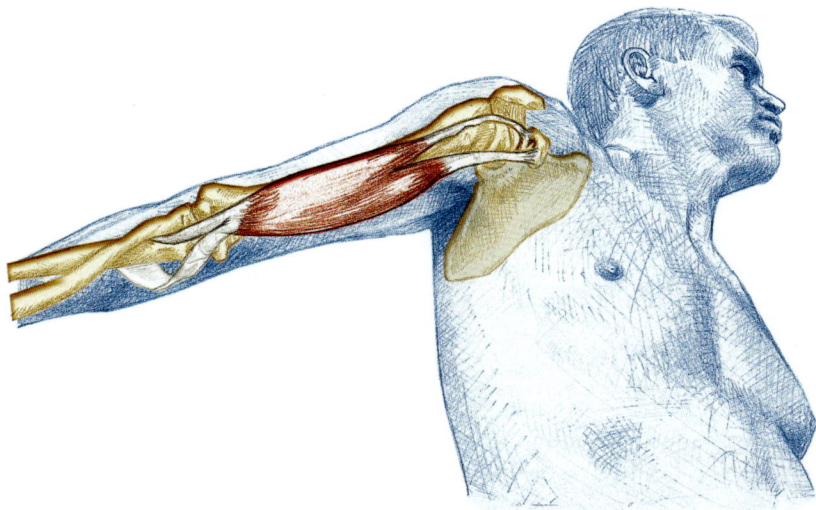

由于肱二头肌经过肘关节和肩关节，因此在做这一动作时应多加小心，这一点很重要。虽然拉伸肱二头肌的感觉和拉伸其他肌肉的感觉不太一样，但你仍然能够从中受益。通过拉伸可以避免肌肉拉伤或撕裂。

肌肉知识

肱二头肌位于上臂的前侧。它有两个头，分别始于肩胛骨的不同位置，并在上臂中部合二为一形成肌腹，并连接至桡骨。肱二头肌的功能是收缩肘关节，向外旋转前臂（旋转时手心朝上）。它还能帮助肩关节稍微抬起手臂。

肌肉紧绷的原因

肘关节长时间保持收缩状态的活动，如铲雪、提重物，会导致肱二头肌紧绷和缩短。

肌肉紧绷的症状

- 肩部前侧和外侧疼痛。
- 手肘前侧疼痛。

注意

拉伸过程中，如果手腕、手肘或肩关节出现疼痛，请不要做这一动作。

动作要领

找一个壁架或吧台，根据柔韧性选择与肩部同高或略低于肩部的高度。背对壁架或吧台站立，离壁架或吧台约一臂的距离。右手臂应向内旋转，让大拇指指向臀部。手臂向后伸抓住吧台或将手背放在平面上。此时，指关节应该向下，大拇指则指向身体的方向。挺直身体，收紧腹部，右脚向前迈一小步。你现在的姿势就是正确的初始姿势。

小心地弯曲双腿，同时上半身不要前倾，拉伸5～10秒。继续拉伸，直至上臂前侧出现轻微刺痛感。放松肌肉5～10秒。

手臂朝地面方向下压5～10秒，以产生抗阻力。放松肌肉5～10秒。

继续弯曲双膝以进一步拉伸，直至到达新的终止点。

重复2～3次。

常见错误

- 手臂旋转的方向错误。

- 吧台的高度过高或过低。
- 上半身弯曲或前倾。

说明

上臂前侧的肌腹无法出现明显拉伸感是很常见的现象。可能只有肩关节或手肘能感受到拉伸。只要没有不适感，这一动作对你会有一定的益处。如果在抓住吧台时出现手腕疼痛，试着在到达拉伸位置时将上半身稍稍前倾，以伸展手腕。如果手部感觉不适，请在壁架或吧台上垫一块毛巾。

手背放在平面上。如果抓住一个固定的杆会帮助你实现更好的拉伸效果。弯曲双腿时请保持上半身挺直。

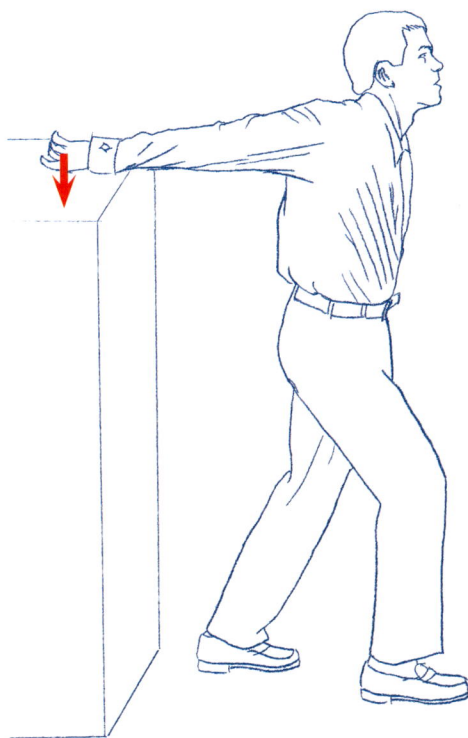

手向下和向前按压，以产生抗阻力。

肱三头肌

肌肉知识

肱三头肌位于上臂的后侧，包含三个头。三个头汇集成一个肌腹，连接至手肘。其中一个头起于肩胛骨，另外两个头起于肱骨后侧。肱三头肌的功能是伸直手臂，向后且略靠近身体的方向移动手臂。

肌肉紧绷的原因

网球、羽毛球这类运动会造成肱三头肌紧绷和缩短。

肌肉紧绷的症状

- 手肘疼痛。
- 放射至前臂的疼痛。

注意

拉伸过程中，如果肩部或手肘内侧出现疼痛，请不要做这一动作。

动作要领

身体右侧靠墙站立。身体离墙壁应该保持适当距离，以便需要倾斜身体才能接触到墙面。抬起右手臂举过头顶，全身只有肩胛骨接触墙面。尽可能地弯曲右手臂。左手抓住右手肘。

小心地在脑后拉动右手肘，拉伸5~10秒，直至上臂后侧出现轻微的刺痛感。放松肌肉5~10秒。

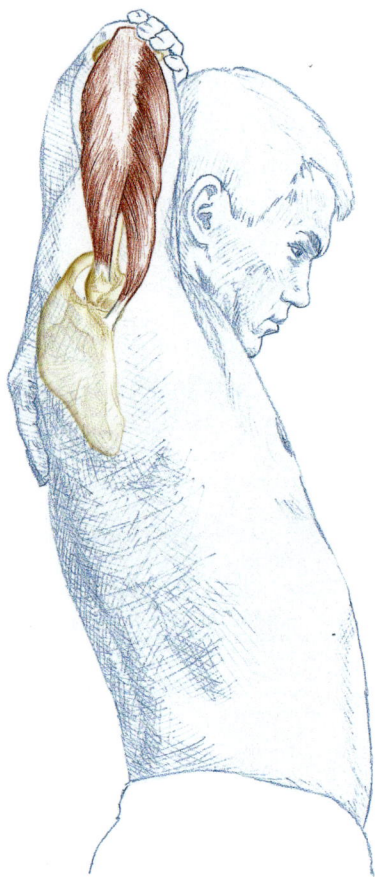

虽然位于上臂后侧的肌肉很少受伤，但其依然能引起不同类型的疼痛。肌肉中的触发点或结节向下会引起放射至手肘的疼痛，向上则会造成辐射至肩部部位的疼痛。如果肩关节柔韧性非常好，拉伸时应确保将肩胛骨抵在墙面上。

继续在脑后拉动右手臂，以进一步拉伸，直至到达新的终止点。可以试着朝天花板方向提起手臂以加强拉伸效果。

重复2~3次。

常见错误

- 拉伸时胸部、背部和肩部收紧。
- 肩胛骨使劲抵在墙上。
- 手肘弯曲度不够。

说明

由于这块肌肉几乎不会出现严重的缩短，大多数人基本感受不到肌肉的拉伸。

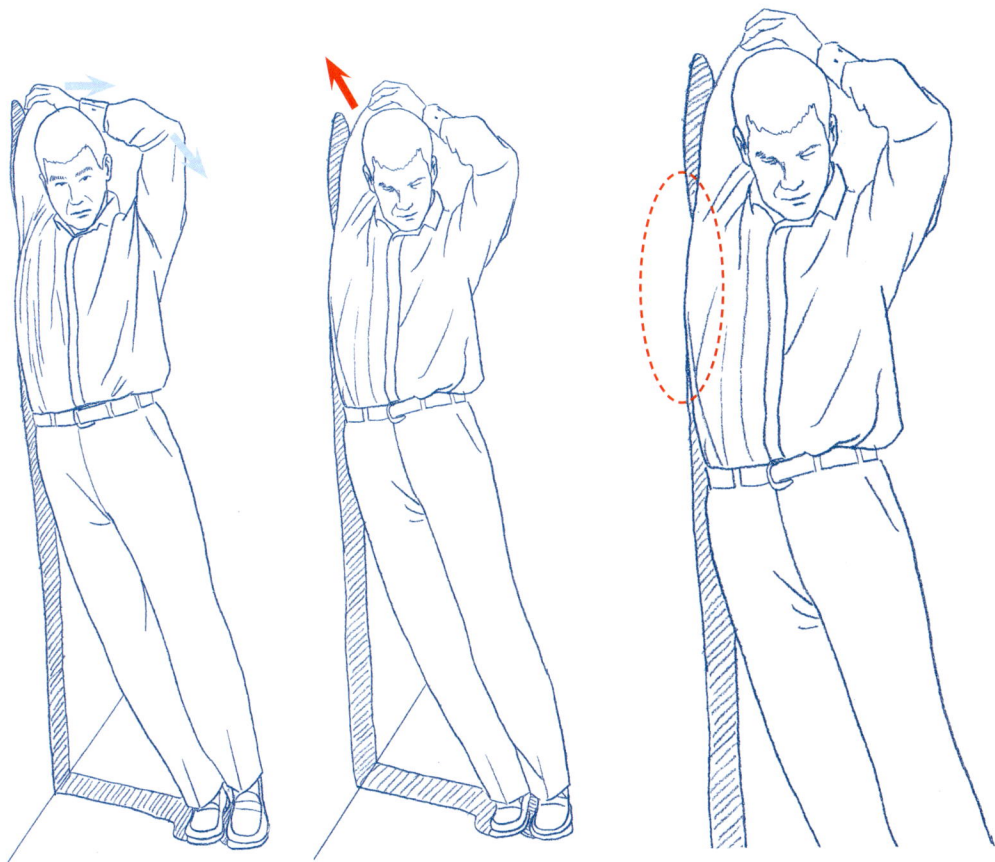

尽可能地弯曲手臂。手肘放在脑后，以增加拉伸强度。手肘向右移动的同时试着伸直手臂，以产生抗阻力。

确保肩胛骨稳固地抵在墙面上。

前臂屈肌

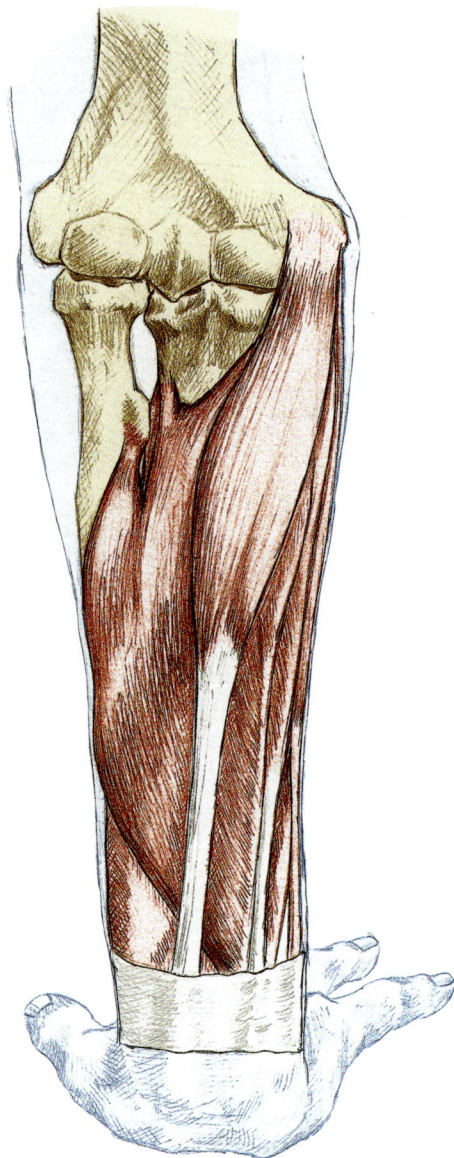

前臂屈肌指位于前臂与手掌同侧的9块小肌肉。为了防止这些屈肌出现疼痛，应该经常进行拉伸，避免长时间静态地、反复地使用这些肌肉。

肌肉知识

前臂屈肌起于上臂下方末端，穿过肘关节内侧，经过手腕和手掌同侧的位置。最后，它们形成肌腱延伸至手指。

这些屈肌共同作用，负责向手掌方向弯曲手指。它们也在各自的关节处单独活动，弯曲每一根手指。

肌肉紧绷的原因

长时间静态工作，例如敲击电脑键盘等，会导致这些屈肌紧绷和缩短。所有需要大量手部活动的职业也会导致这些屈肌出现问题。木匠、按摩治疗师、推拿理疗师、体操运动员、攀岩者和曲棍球运动员常常会受到屈肌问题困扰。

肌肉紧绷的症状

- 前臂和手指出现疼痛。
- 手肘内侧出现疼痛（被称为"高尔夫球肘"）。

柔韧性测试

双手放在脸部前方，手掌合拢。手肘向上抬起，直至前臂位于水平位置。不要移动双手。

注意

如果拉伸时手腕出现疼痛，请不要做这一动作。

动作要领

找一个类似桌面的平面，向外旋转双手，让手指对着身体，双手放在桌面上。此时，右大拇指应指向右边。

左手放在右手手指上。右手臂完全伸直。

小心地朝身体方向拉右手臂，拉伸5~10秒，直至右前臂出现轻微刺痛感。

放松肌肉5~10秒。

手指按压桌面5~10秒，以产生抗阻力。放松肌肉5~10秒。

右手臂继续朝着身体的方向移动，以进一步拉伸，直至到达新的终止点。

重复2~3次。

常见错误

- 弯曲手肘。
- 手指没有完全伸直。
- 桌面高度过高。

说明

如果桌子过高，就会妨碍整个练习过程中正确的初始姿势，以至于在整个拉伸过程中也无法完成正确的动作。手掌下垫一块毛巾可以帮助你保持手指伸直。

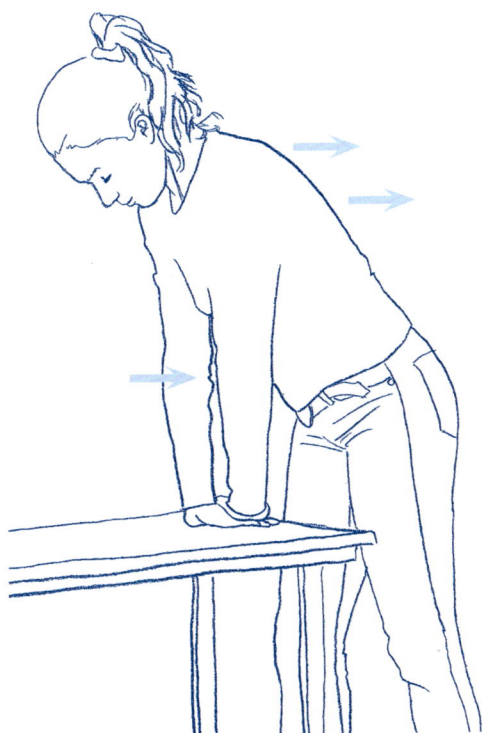

手臂和身体向后靠。确保在动作过程中手肘完全伸直。左手放在右手手指上，以加强拉伸效果。

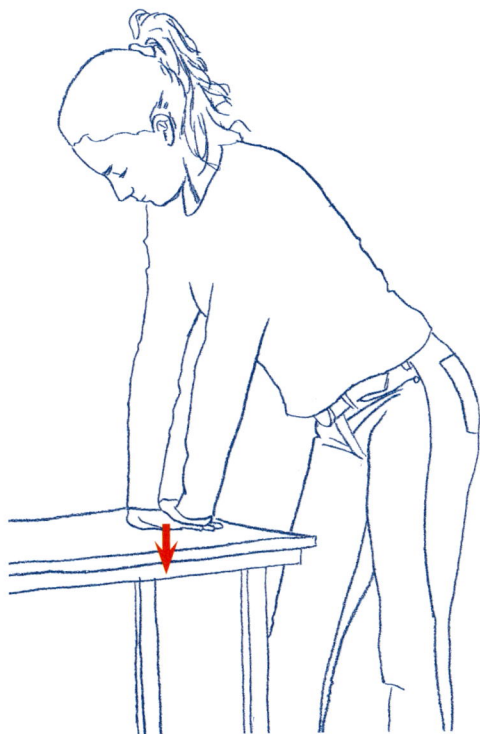

右手下压桌面，以产生抗阻力。

前臂伸肌

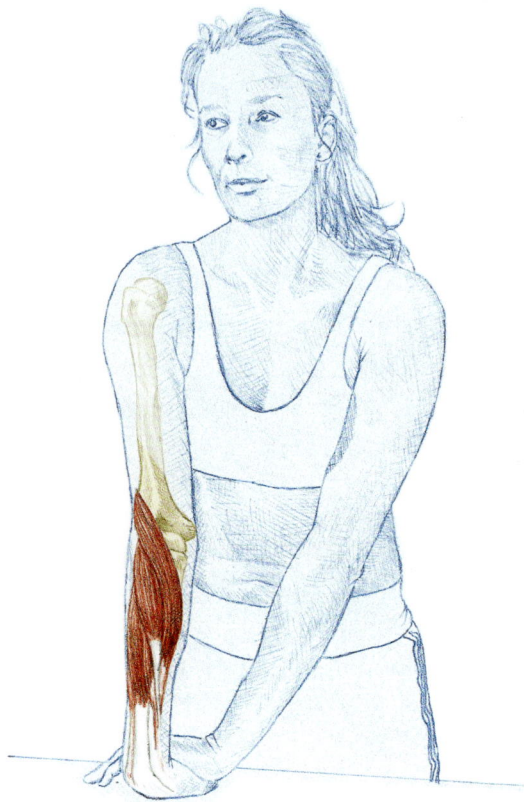

前臂伸肌包括10块肌肉，位于前臂外侧和后侧。因为现在很多人的工作需要每天打字好几个小时，所以前臂伸肌疼痛会造成工作效率不高。每天拉伸这些肌肉20次，不仅能给身体带来好处，还是在工作中休息一下的好方法。

肌肉知识

大多数前臂伸肌始于上臂下端的外侧。它们沿着手肘外侧向下经过手腕，直达手掌和手指，形成肌腱。前臂伸肌的功能是弯曲手肘，向手背方向收缩腕关节。同时，它们也在指关节处独立运动，负责伸展每一根手指。

肌肉紧绷的原因

操作电脑时肌肉静态地或机械性地工作，都会造成前臂伸肌缩短。从事手部工作量较大的人群，如木匠、按摩理疗师、攀岩者、体操运动员和举重运动员，常常会受到前臂伸肌紧绷的影响。

肌肉紧绷的症状

- 前臂疼痛。
- 手肘外侧疼痛（网球肘）。
- 手指疼痛。

注意

如果拉伸导致手腕疼痛，请不要做这一动作。

动作要领

如果喜欢站着，请找一张桌子；如果喜欢坐着，坐在地面上就可以。手背朝前，握紧拳头。弯曲手腕，手背紧贴桌面或地面，手指面向自己。用另一只手帮助固定并捏紧拳头。手腕保持伸直。

将手臂向身体方向拉伸5~10秒，直至前臂出现轻微刺痛感。放松肌肉5~10秒。

指关节小心地下压桌面5~10秒，以产生抗阻力。放松肌肉5~10秒。

继续向后拉手臂，以进一步拉伸，直至到达新的终止点。

重复2~3次。

常见错误

• 弯曲手肘。
• 握拳不够紧。
• 桌面高度过高。

说明

如果桌子过高，整个拉伸过程中会导致初始姿势不正确，也无法保持正确的拉伸动作。如果拉伸时手部疼痛，请在桌上或地上垫一块毛巾或一个枕头。

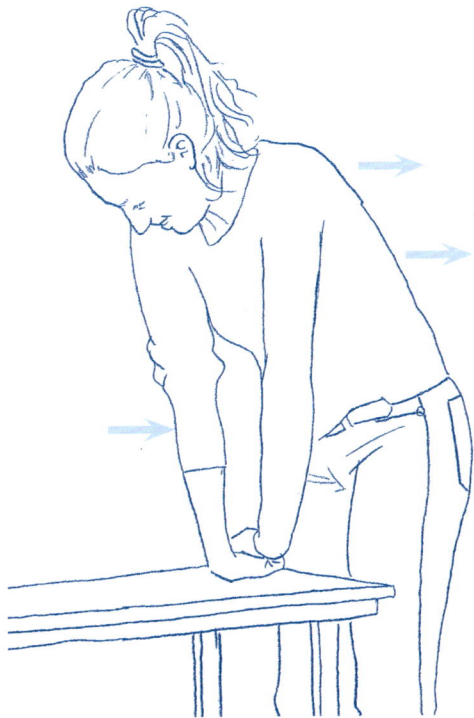

用左手帮助右手握紧拳头、弯曲手指。在拉伸过程中，确保手腕完全伸直。向后拉拽手臂和身体。

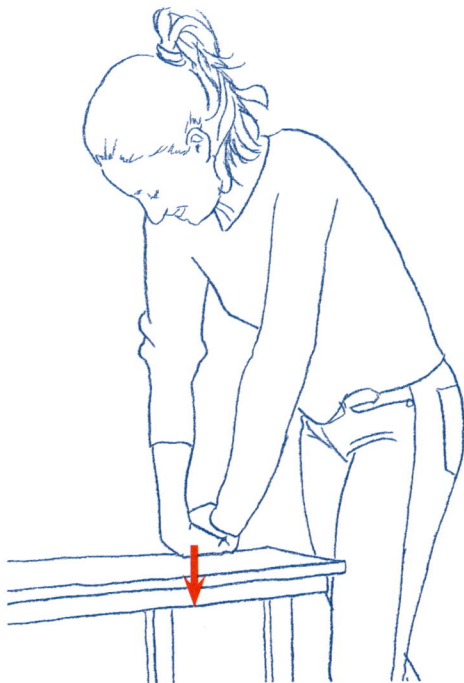

手指向下压桌面，以产生抗阻力。

桡侧腕长伸肌和短伸肌

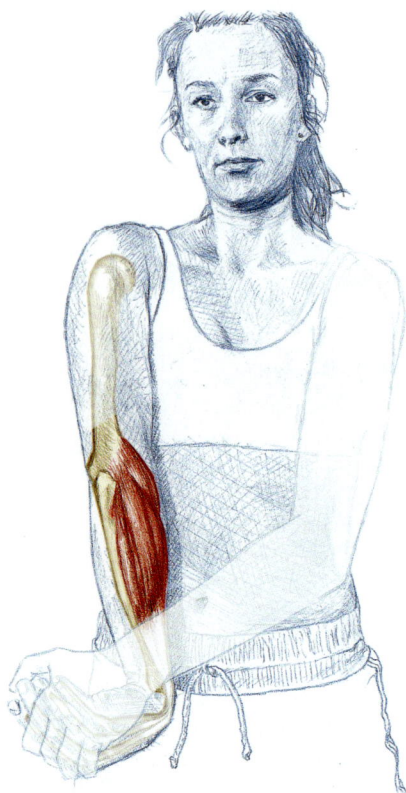

长期使用鼠标导致肌肉静态工作，会造成前臂疼痛，而经常产生这种疼痛的肌肉就是桡侧腕长伸肌和短伸肌。这些肌肉可以承担大量的工作，但是年复一年不加休息地重复同样的动作，会让它们精疲力竭并出现症状。虽然我们常常不想承认，但疼痛确实是肌肉自我保护的方式。缓解前臂疼痛需要长期坚持拉伸，同时充分地按摩和放松软组织。

日积月累出现的病症同样需要一定的时间才会消除。解决这类问题需要制订一个长期计划。

肌肉知识

桡侧腕长伸肌和短伸肌始于上臂末端，经过手肘，沿着前臂外侧向下穿过手腕。最后，它们与食指和无名指相连。这些肌肉负责弯曲手肘，伸直手腕、食指和无名指。

肌肉紧绷的原因

长期静态地运动导致桡侧腕长伸肌和短伸肌缩短。从事手部活动量较大职业的人群，如建筑工人、攀岩者、曲棍球运动员和用电脑办公的人常常会受到影响。

肌肉紧绷的症状

- 前臂外侧疼痛。
- 食指和无名指疼痛或麻木。
- 手肘外侧疼痛（网球肘）。

注意

拉伸过程中，如果手腕或肩部疼痛，请不要做这一动作。

动作要领

弯曲右手臂，在肚脐前方固定住。右手握拳并向内旋转前臂，同时向掌心的方向弯曲腕关节。左手抓住右手进一步弯曲右手腕。手肘应保持弯曲状态。放松肩部和右手臂。

向内旋转右前臂，同时小心地伸展右手臂，左手帮助右手腕进一步弯曲，拉伸5~10秒。继续拉伸，直至右前臂出现轻微刺痛感。放松肌肉5~10秒。

试着小心地伸直右手腕，保持5~10秒，以产生抗阻力。放松肌肉5~10秒。

伸直右手臂并弯曲右手腕，以进一步拉伸，直至到达新的终止点。

重复2~3次。

常见错误

- 前臂旋转的幅度不够。
- 手腕弯曲的幅度不够。
- 握拳不够紧。
- 右臂伸得不够直。

说明

虽然刚开始练习这一动作时会有些难度，但是请不要放弃。记住，熟能生巧。

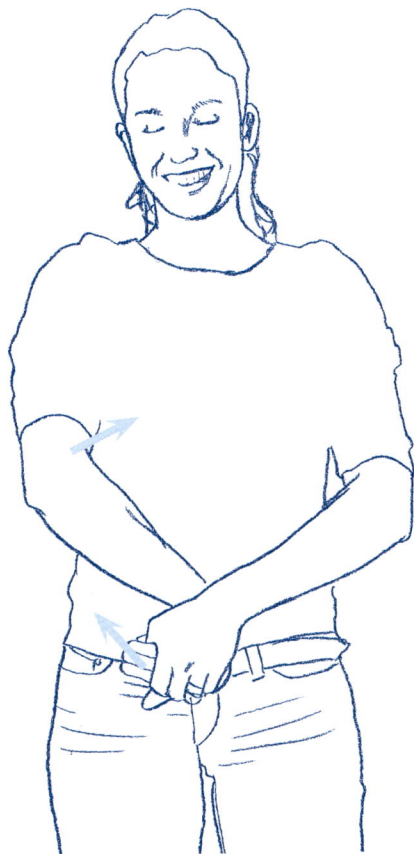

弯曲右手臂并用左手帮助弯曲右手腕和手指。伸直手臂，并用左手将右手腕和手指保持在原来的位置。

右手手背抵住左手发力，以产生抗阻力。

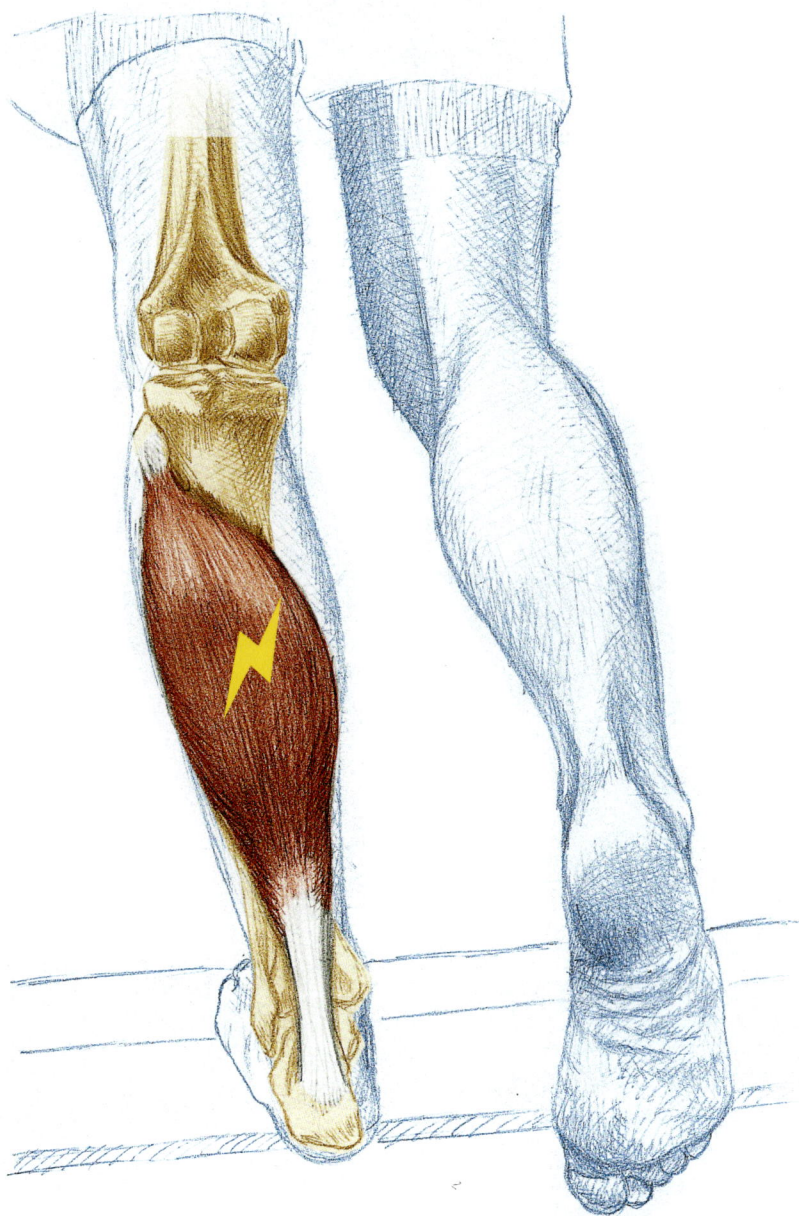

疼痛缓解方案

早晨易出现的常见疼痛

如果早晨起床后，感觉像是昨晚被人用棒球棍敲打了头部，或者仿佛有人想折断你的背部，双臂好像被压在背后，这说明你的睡姿可能产生了负面影响，但改变睡姿并不容易。我们在年轻时养成了习惯的睡姿，而如今肌肉的柔韧性已不比当年。下面介绍一些治疗睡醒后出现的常见疼痛的方法。

睡醒后头疼吗

睡醒后头疼绝不是开启崭新一天的理想方式。虽然你的确睡觉了，但并不意味着得到了休息和放松。睡觉时磨牙和紧咬下颌都是压力的典型症状。这类夜间活动涉及下颌部肌肉和颈部肌肉。你是否注意到，即将入睡时，你会朝着耳朵的方向上提肩部。这一动作在你睡着后也不会停止，从而可能导致睡醒后头疼。

治疗措施

拉伸并放松颈部部位（见162页）能有效避免头痛。

睡姿不良和肌肉缩短会导致头痛。床的软硬程度也是影响因素之一。总体而言，体重越重，床就应该越硬。

睡醒后颈部僵硬吗

如果睡醒后颈部僵硬，难以活动，这说明枕头可能太高了。侧卧睡在过高的枕头上，会拉伸颈部一侧的肌肉，同时缩短颈部另一侧的肌肉。这种习惯会刺激颈部的肌肉和关节。

治疗措施

侧卧时请确保头部和脊柱平齐。根据需要调整枕头的高度。

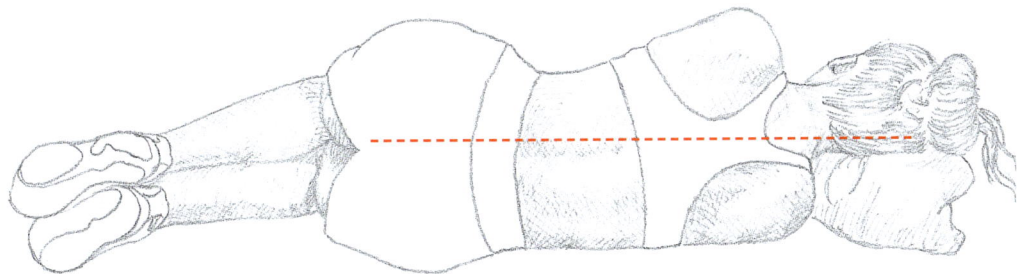

如果侧卧睡觉，那么床就不能太软。坚实的床垫能帮助你保持脊柱平齐。

睡醒后手臂麻木吗

睡醒后手臂刺痛麻木会让你非常不适。出现这一现象最常见的原因就是将手臂放在头部上方睡觉。手臂放在头部上方的仰卧睡姿会拉伸胸大肌和胸小肌，导致肌肉将始于颈部和躯干的神经和血管向手臂上推，从而导致麻木。

治疗措施

彻底改变睡姿，或者睡觉时试着将双臂放在体侧。每晚睡觉之前拉伸胸大肌和胸小肌。

睡醒后肩部疼痛吗

睡觉时手臂放在枕头下方且手肘放在头部上方，会造成早晨醒来时肩部疼痛。这种睡姿会挤压冈上肌，导致手臂出现无力感。

治疗措施

请尝试仰卧睡姿，或将手臂放在肩部下方。

睡醒后腰背部疼痛吗

俯卧在太软的床上睡觉，常会产生腰酸背痛的感觉。

这是因为身体最重的部分——上腹部陷进床里，背部严重向前弯曲。这种习惯，伴随着髋部屈肌的紧绷，能"保证"你每天早晨感到腰背部疼痛。

治疗措施

换一张较硬一些的床，或是在床垫下方垫一块板。睡前拉伸髋部屈肌。试着侧卧睡觉。

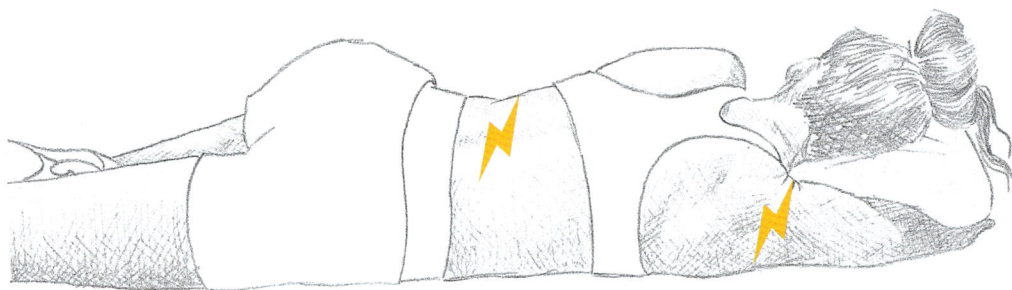

手臂放在头部上方的睡姿会导致肩部和手臂疼痛或麻木。如果俯卧在太软的床上睡觉，腰背部会更加向前弯曲，从而导致背部慢性扭伤。

拉伸计划

　　拉伸是消除或减轻疼痛的最佳方式之一。本章的剩余篇幅将为你概括针对不同疼痛位置的拉伸计划。文中提到的背部或颈部疼痛，其原因可能不限于文中提到的原因。如果无法确认自己出现疼痛的原因，请向医生或推拿理疗师寻求帮助。

背部疼痛

　　这一症状实际上并不能告诉我们疼痛的具体原因，也不能告诉我们具体是哪儿出现疼痛。

疼痛位置

- 肌肉痉挛。
- 拉伸后的韧带。
- 受损的椎间盘。
- 腰椎关节活动限制。

原因

疼痛可由以下原因引起：

- 肌力不平衡；
- 背部肌肉疲劳；
- 肌肉紧绷；
- 肌肉无力；
- 反复举重物；
- 活动量不足。

一般治疗措施

　　最好的建议就是保持运动。如果有条件，在感到舒适的前提下，在安全范围内左右活动身体。你的运动距离并不重要，重要的是你的身体在活动。

　　无论背痛多么严重，都必须站起来走路。尽可能一直走路，累了就躺下休息。注意侧卧，因为侧卧姿势比仰卧或俯卧更容易起身。请不要坐着，久坐会推迟康复时间。

　　同时也要避免会引发四肢刺痛的运动，因为身体里的触发防御系统也会进一步延长治疗时间。

特殊治疗措施

　　每天多次拉伸。每天拉伸10次则会帮助你更快恢复。

何时寻求专业帮助

　　如果出现以下情况，请寻求专业人士的帮助：

- 刺痛下延至腿部；
- 某个区域的皮肤丧失感觉；
- 某些肌肉无力；
- 小便有障碍。

需要拉伸的肌肉

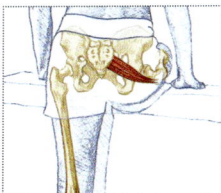

梨状肌，92页，95页，96页

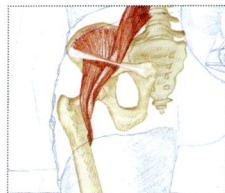

髂腰肌，108页

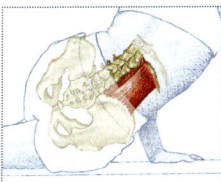

腰方肌，101页，104页

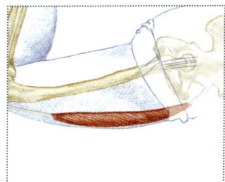

股直肌，113页，117页和119页

颈部疼痛

这一症状同样也无法告诉我们出现疼痛的具体原因和确切位置。即使活动起来很疼，多活动仍然是治疗这种症状的关键。

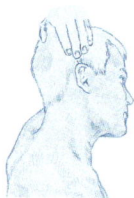

颈部疼痛一般分为两类

第一类是急性的。头部无法扭转或向两侧倾斜。头部向其他方向的活动不会产生疼痛。疼痛往往出现在早晨醒来时。

第二类是慢性的。疼痛发展过程缓慢，逐渐减小你的活动范围。

疼痛位置

- 肌肉痉挛。
- 神经痛。
- 受压迫的椎间盘。
- 拉伸后的韧带。
- 颈椎处关节活动受限。

原因

疼痛可由以下原因引起：

- 由压力或单调的重复动作引起的全身肌肉僵硬；
- 不良睡姿；
- 肌肉严重超负荷；
- 坐在通风的位置。

一般治疗措施

保持运动依然是关键。尽量扭转头部，向两侧倾斜或前后活动头部。如果感觉疼痛就停止运动。不要使用颈托，也不要冰敷，但可以热敷。睡在内装谷物的枕头上，效果一般都不错。

特殊治疗措施

针对第一类疼痛，只朝着不会产生疼痛的方向拉伸。

针对第二类疼痛，两个方向都要拉伸，但应用更多时间拉伸活动受限的一侧。

对于这两类疼痛来说，经常性的拉伸非常重要。建议每小时拉伸几次。

何时寻求专业帮助

如果出现以下情况，请寻求专业人士的帮助：

- 刺痛从颈部延伸至手臂和手掌；
- 手臂和手感到无力；
- 某个区域的皮肤丧失感觉。

需要拉伸的肌肉

除了自己拉伸，可以考虑向专业治疗师寻求帮助，如推拿理疗师、物理治疗师或"整脊治疗师"。

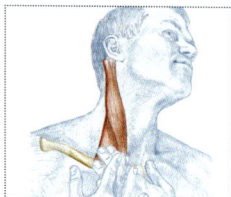

胸锁乳突肌，36页

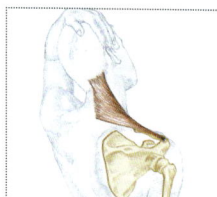

上斜方肌，32页

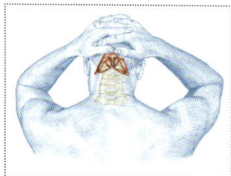

枕下肌群，40页

中斜方肌和菱形肌，58页，60页

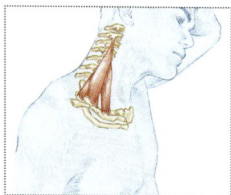

斜角肌，38页

肩胛提肌，42页，44页

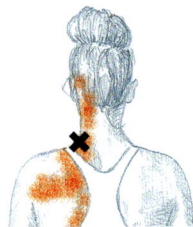

肩胛提肌

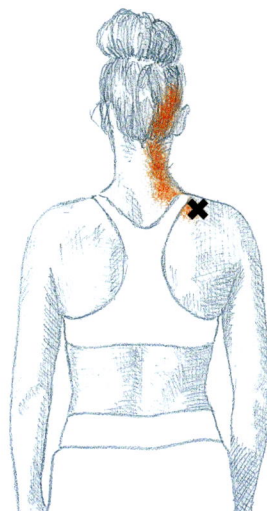

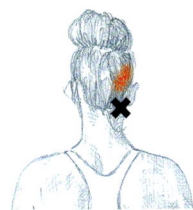

上斜方肌　　　　　枕下肌群

脊柱实际受力大小并不是出现背部或颈部疼痛的决定性因素。而决定性因素是脊柱的姿势以及脊柱保持特定姿势的时间。

头部疼痛

　　紧张性头疼是最常见的一种头疼。颈部和肩部肌肉紧绷导致触发点而触发头部疼痛。最常见的疼痛部位是颈部一侧，整个太阳穴及耳后部位，感觉像是被钉入一颗钉子。这类疼痛绝大多数是由斜方肌上部的触发点引发的。因此，按摩太阳穴并不能缓解疼痛。由于一次头疼会导致更经常的头疼，所以拉伸能在短时间内缓解疼痛，也能长期改善疼痛。

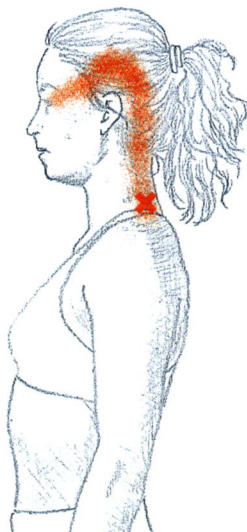

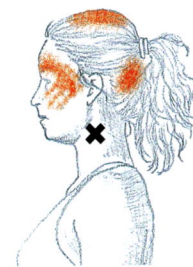

上斜方肌　　　　　胸锁乳突肌

×表示触发点的位置，红色区域表示可能出现不适的部位。

疼痛位置

- 触发点。
- 紧绷的肌肉。
- 无法活动的颈部关节。

原因

以下原因会引起疼痛。

- 压力导致的肌肉长期紧绷。
- 单调的重复动作。
- 焦虑。
- 肩部或身体其他部位的疼痛。

一般治疗措施

放松对你非常重要。如果你感觉头疼，请立刻坐下，并支撑颈部和肩部，接着主动放松颈部和肩部。热敷也有助于缓解肌肉紧绷。

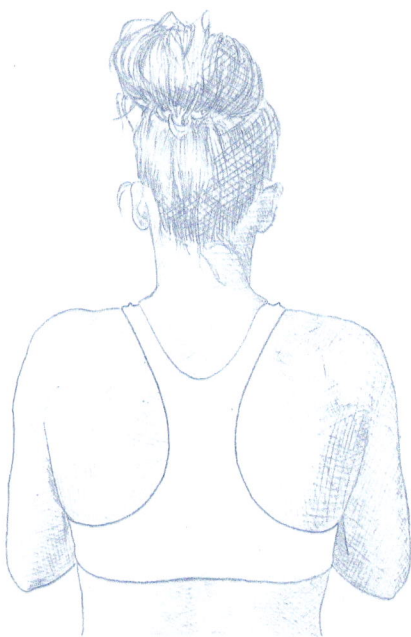

耸肩久坐是导致头痛最常见的原因之一。为了减轻头痛，请练习放松和肩部下降。

特殊治疗措施

请拉伸下图中提到的肌肉。如果头疼过于严重，请先主动休息或放松，在症状稍微好转一些时再进行拉伸。

何时寻求专业帮助

如果出现以下情况，请寻求专业人士的帮助：

- 头痛不止；
- 头痛加剧（头痛欲裂）并且不止，或者平时不头痛此时出现头痛症状。

需要拉伸的肌肉

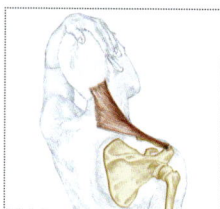

上斜方肌，32页

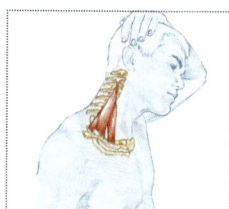

斜角肌，38页

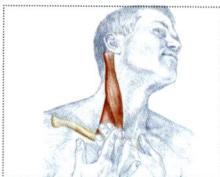

胸锁乳突肌，36页

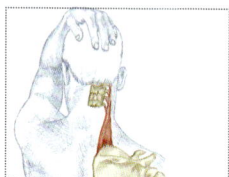

肩胛提肌，42页，44页

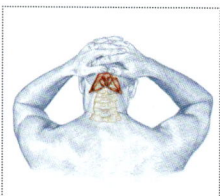

枕下肌群，40页

上背部疼痛

上背部出现一个或多个触发点并不少见。肩胛骨上部内侧的疼痛能持续很长时间，这一部位出现的疼痛感有时位于肩胛骨下方。为了避免疼痛，必须拉伸上背部、胸部和颈部前侧的肌肉。如果不拉伸胸部肌肉，则很难改善你的姿势，而良好的姿势可以避免疼痛。

疼痛位置

- 肌肉中的触发点。
- 脊柱靠近胸部无法活动的关节。
- 肋骨和脊柱之间无法活动的关节。
- 过度拉伸的韧带。

原因

以下原因会引起疼痛：

- 姿势不良；
- 胸部、臀部肌肉和腘绳肌紧绷；
- 背部肌肉无力。

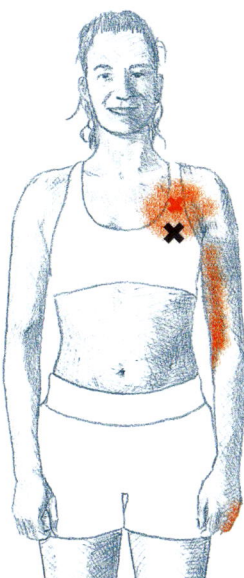

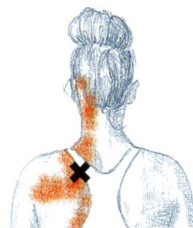

肩胛提肌

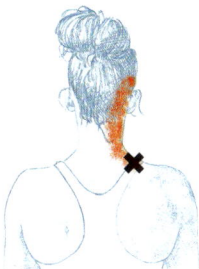

胸大肌　　　　　　　上斜方肌

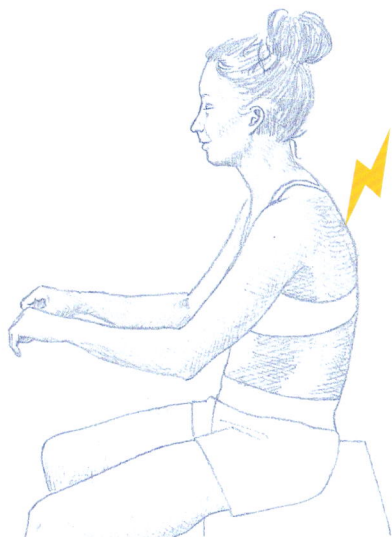

坐着时弯腰驼背迫使肩胛骨之间的肌肉进行静态运动，因为它们必须向上发力支撑身体，以保护脊柱韧带。

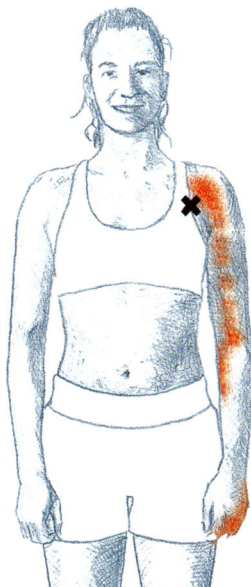

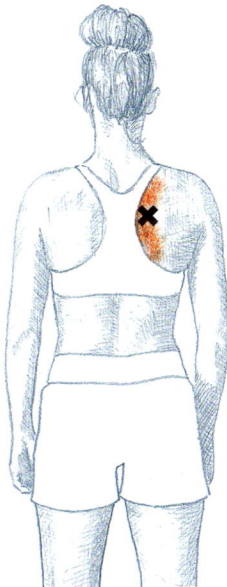

胸小肌　　　　　　　中斜方肌和菱形肌

×表示触发点的位置，红色区域表示可能出现不适的部位。

一般治疗措施

最重要的是改正不良坐姿。持续的坐姿最好不要超过20分钟。若感觉肌肉紧绷，无论坐姿时间长短，请起身活动肩部、颈部和头部。活动时可以使用加热袋等热敷。

特殊治疗措施

安排多次短时休息，进行拉伸。这些僵硬的肌肉不会轻易被缓解、放松。

何时寻求专业帮助

如果疼痛持续一周以上，请寻求专业人士的帮助。

需要拉伸的肌肉

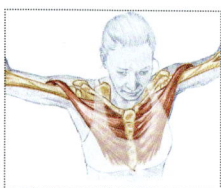

胸大肌，46页，48页

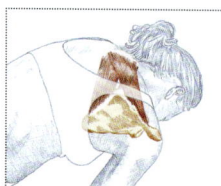

中斜方肌和菱形肌，58页，60页

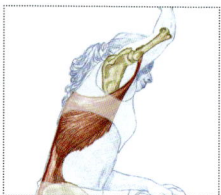

背阔肌，63页，66页

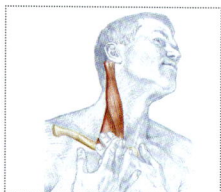

胸锁乳突肌，36页

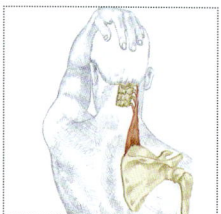

肩胛提肌，42页，44页

放射至手臂和手掌的肩部疼痛

如果肩部没有进行合理的拉伸，疼痛延伸至手臂和手掌的可能性会显著增加。因此，拉伸时应先拉伸肩胛带周围的肌肉，再拉伸特定的肩部肌肉和手臂肌肉。

疼痛位置

- 紧绷肌肉的触发点。
- 静态负荷过大的前臂肌肉。
- 颈椎的关节活动受限。

原因

手掌和前臂进行一些精细的小动作，会导致肩部肌肉与前臂肌肉产生超量的静态运动，因而导致疼痛。

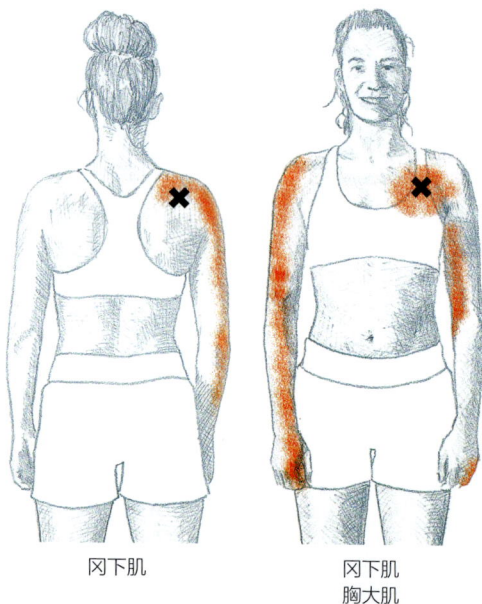

冈下肌

冈下肌
胸大肌

×代表触发点的位置，红色区域则表示可能出现不适的部位。

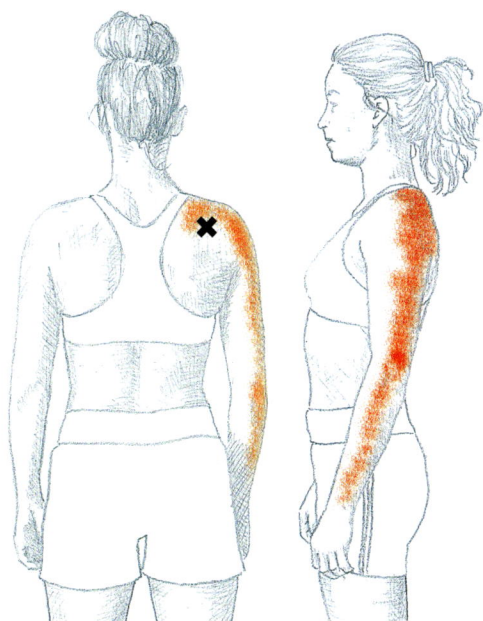

冈上肌　　　　　　冈上肌

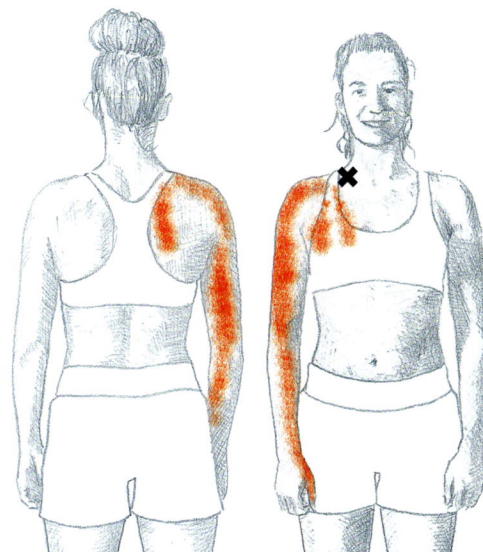

斜角肌　　　　　　斜角肌

×代表触发点的位置，红色区域则表示可能出现不适的部位。

一般治疗措施

检查与所使用的电脑相关的所有东西，如键盘、鼠标、电脑桌和椅子的高度。每20分钟就站起来活动一次肩部。在家中时，请尽量减少这些肌肉的负担，同时避免肩部和手臂静态运动。

特殊治疗措施

定期拉伸，不仅仅在工作时间拉伸。

何时寻求专业帮助

如果疼痛在3~4周内都没有减轻，请寻求专业人士的帮助。

需要拉伸的肌肉

首先，拉伸颈部和肩胛带周围的肌肉。

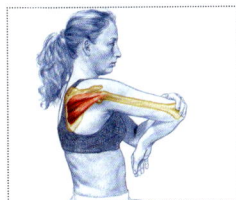

冈下肌，72页，75页

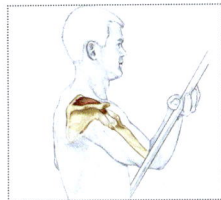

冈上肌，80页，82页

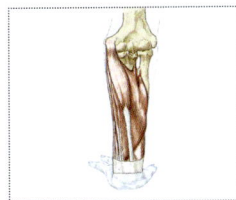

前臂屈肌，152页

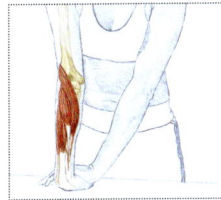

前臂伸肌，154页

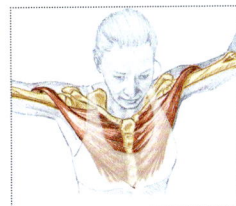

胸大肌，46页，48页

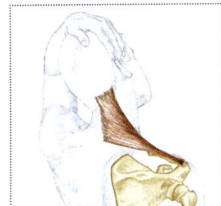

上斜方肌，32页

肩部疼痛

肩部或周围部位受伤有多种原因。有时，疼痛会导致手臂无法完成任何动作。如果遇到类似情况，请不要强迫自己拉伸。

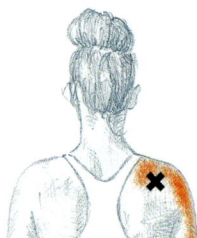

冈上肌

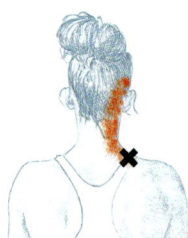

上斜方肌

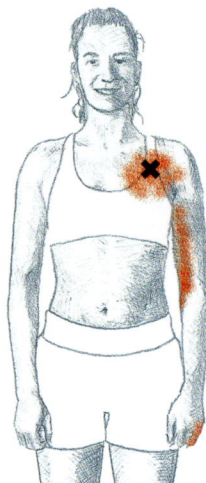

胸大肌

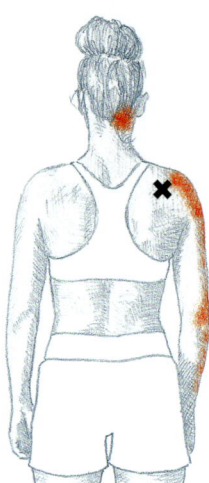

冈下肌

×表示触发点的位置，红色区域表示可能会出现不适的部位。

疼痛位置

- 紧绷肌肉的触发点。
- 受压肌肉。
- 受压神经。
- 伤病导致关节软骨损伤。
- 颈部关节锁定。

原因

以下原因会导致疼痛：

- 肩关节向内或向外反复旋转；
- 双手置于头部之上的活动过多；
- 过多参与投掷类运动项目。

一般治疗措施

避免所有双手在头部之上的运动，避免肩关节反复旋转。

特殊治疗措施

小心地拉伸，感到疼痛时立即停止。

何时寻求专业帮助

如果出现以下情况，请寻求专业人士的帮助：

- 疼痛不止；
- 由于疼痛或突发的阻力导致肩部无法完成运动。

需要拉伸的肌肉

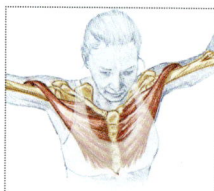

胸大肌，46页，48页

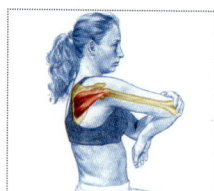

冈下肌，72页，75页

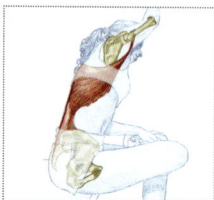

背阔肌，63页，66页

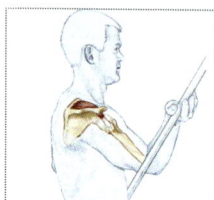

冈上肌，80页，82页

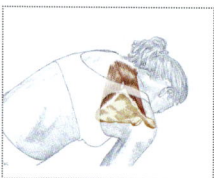

中斜方肌和菱形肌，58页，60页

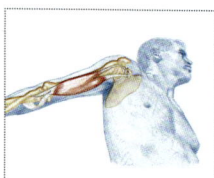

肱二头肌，148页

网球肘和高尔夫球肘

这两个术语描述了前臂疼痛的一些症状。这两类症状越来越常见，如建筑行业的工人常常受此影响。

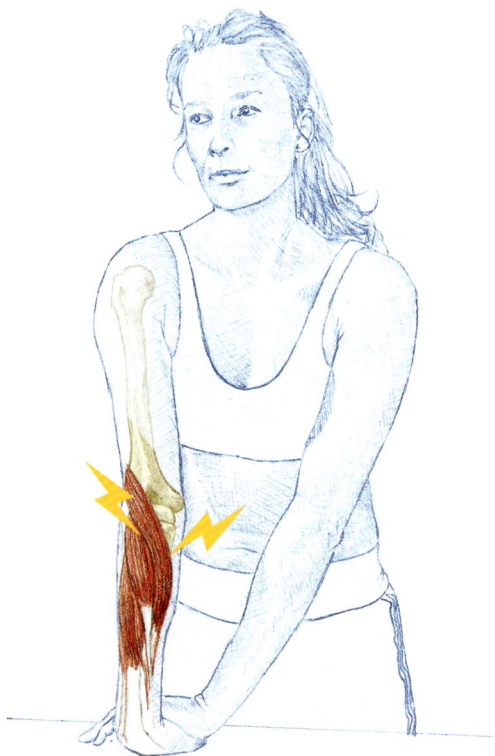

高尔夫球肘导致手肘内侧疼痛，而网球肘导致手肘外侧疼痛。

疼痛位置

- 前臂肌肉超负荷承重，且肌肉内产生了高浓度乳酸。

原因

以下原因会引起疼痛：

- 前臂长期静态运动；

- 所做动作对前臂和手掌的肌力和肌耐力要求较高。

一般治疗措施

避免所有需要用到前臂的动作，包括低强度动作。使用加热垫等工具热敷，促进前臂的血液循环。

特殊治疗措施

坚持拉伸，每天拉伸20次。

何时寻求专业人士的帮助

如果疼痛持续一周以上，请向专业人士寻求帮助。

需要拉伸的肌肉

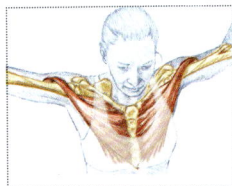

胸大肌，46页，48页

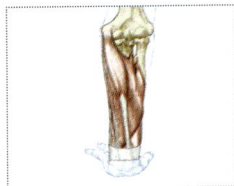

前臂屈肌，152页

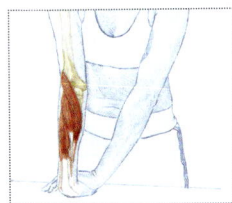

前臂伸肌，154页

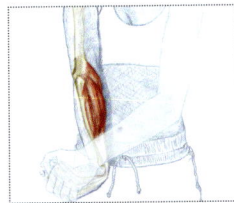

桡侧腕长伸肌和短伸肌，156页

跑步膝

跑步膝是一种常见的运动损伤，不经常锻炼的人常会受此影响。

疼痛位置

- 于阔筋膜张肌和臀中肌，并穿过膝盖外侧的短肌肉筋膜。

原因

以下原因会引起疼痛：

- 臀部和大腿的肌肉紧绷、缩短，造成筋膜紧绷，导致筋膜与膝盖外侧摩擦；
- 跑步、走路或骑车时脚部的角度不正确。

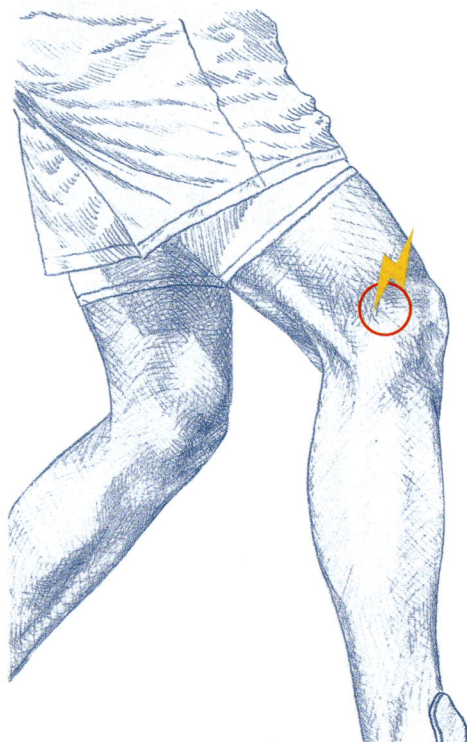

拉伸对于治疗跑步膝有很好的效果。

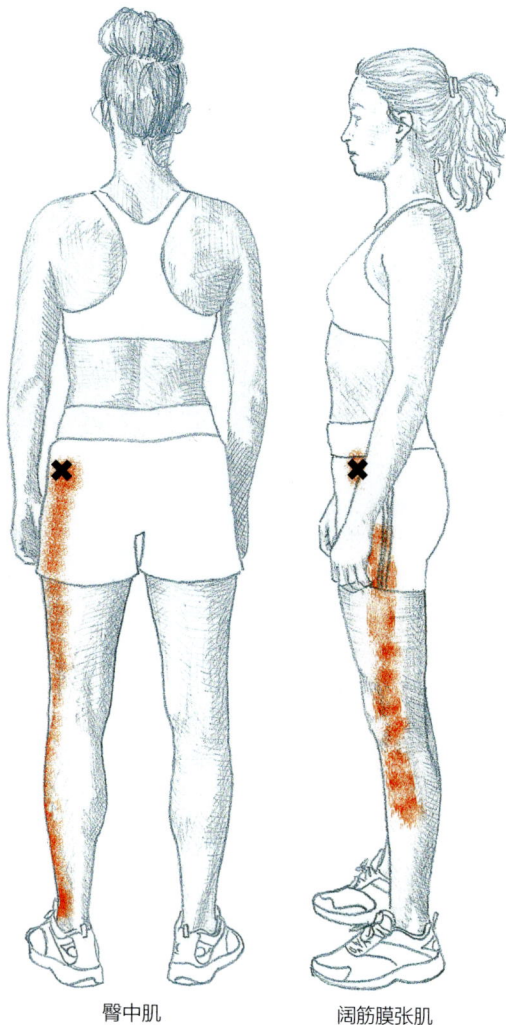

臀中肌　　　　　　　阔筋膜张肌

×表示触发点的位置，红色区域则表示可能出现不适的部位。

一般治疗措施

如果膝盖感觉疼痛，请不要跑步、走路或骑车。可以适当运动，一旦出现不适请立即停止。

特殊治疗措施

每天拉伸几次下述肌肉，运动前后同样需要拉伸。

何时寻求专业帮助

如果疼痛转为慢性疼痛，请寻求专业人士的帮助。

需要拉伸的肌肉

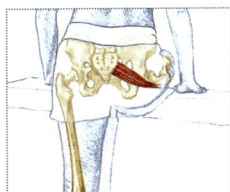

梨状肌，92页，95页，96页

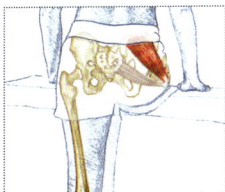

臀中肌和臀小肌，86页

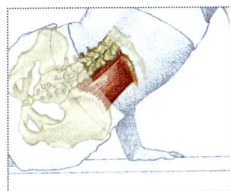

腰方肌，101页，104页

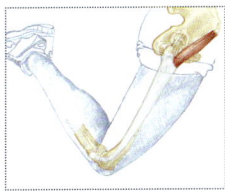

阔筋膜张肌，122页

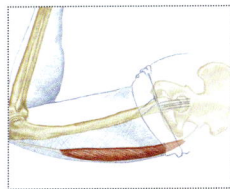

股直肌，113页，117页，119页

腰背部疼痛

大多数人在某些时刻都会有腰背部疼痛的经历。除了会使患者痛苦不堪和生活质量下降，这种病症还会导致误工、病假、伤残补贴开支，从而消耗大量的社会财富。

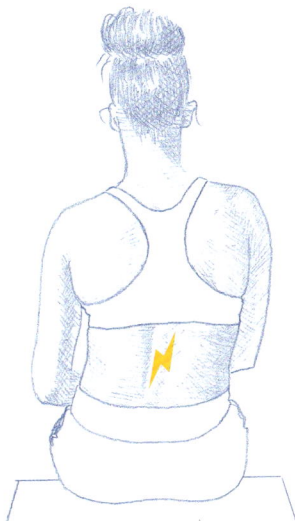

坐姿是最容易引起腰背部疼痛。坐立时双腿在身前交叉会增加背部受伤的风险。

疼痛位置

- 椎间盘。
- 韧带。
- 脊柱和髋部无法活动的关节。
- 脊柱和髋部过度活动的关节。
- 紧绷的肌肉痉挛。

原因

造成腰背部疼痛的原因有很多，主要的原因是坐着的频率过高、时间过长，年复一年地压迫椎间盘，拉伤韧带。久坐还会造成髋部屈肌和臀部肌肉紧绷和缩短，从而造成腰背部深层的肌肉疲劳。

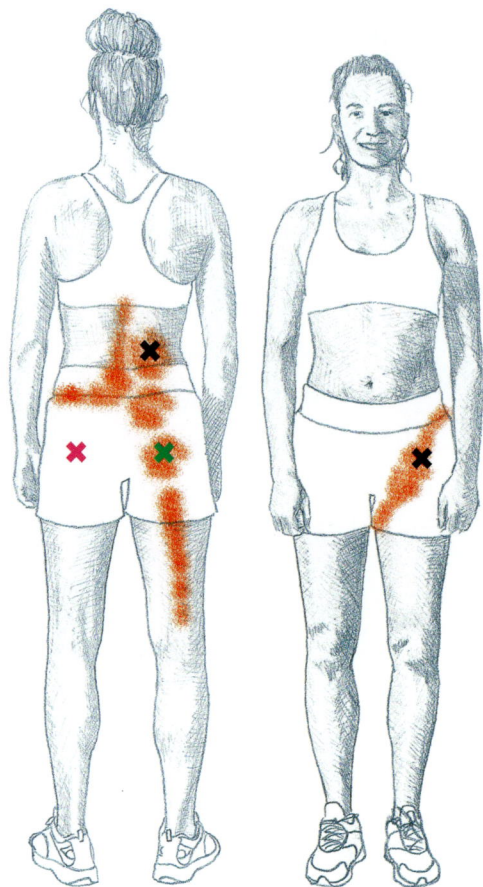

髂腰肌——红色 ×
腰方肌——黑色 ×
梨状肌——绿色 ×

×表示触发点的位置，红色区域表示可能出现
不适的部位。

一般治疗措施

　　避免坐姿，坐姿会降低肌肉的活跃度。
长时间坐在电脑前会使背部受伤，请尝试每
天都进行短时间的运动。

特殊治疗措施

　　每天拉伸下述肌肉多次。

何时寻求专业帮助

　　如果出现以下症状，请寻求专业人士的
帮助：

- 疼痛剧烈以致无法入睡；
- 疼痛一整天未见好转，改变姿势也无
  法缓解；
- 剧烈的疼痛延伸至腿部、小腿和足部；
- 腿部力量缺失；
- 身体下沉才能用脚后跟或脚尖站立；
- 打喷嚏或咳嗽时背部和腿部出现明显
  的疼痛感。

需要拉伸的肌肉

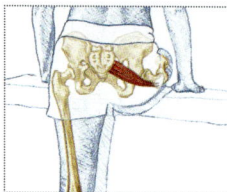

梨状肌，92页，96页

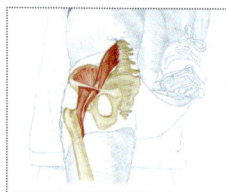

髂腰肌，108页

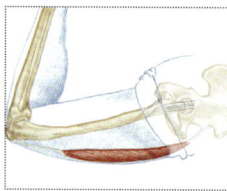

股直肌，113页，117页
和119页

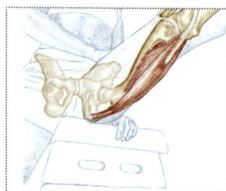

腘绳肌，126页

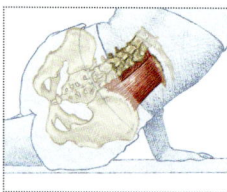

腰方肌，101页，104页

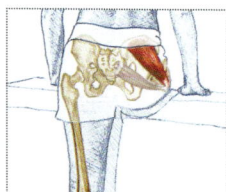

臀中肌和臀小肌，86页

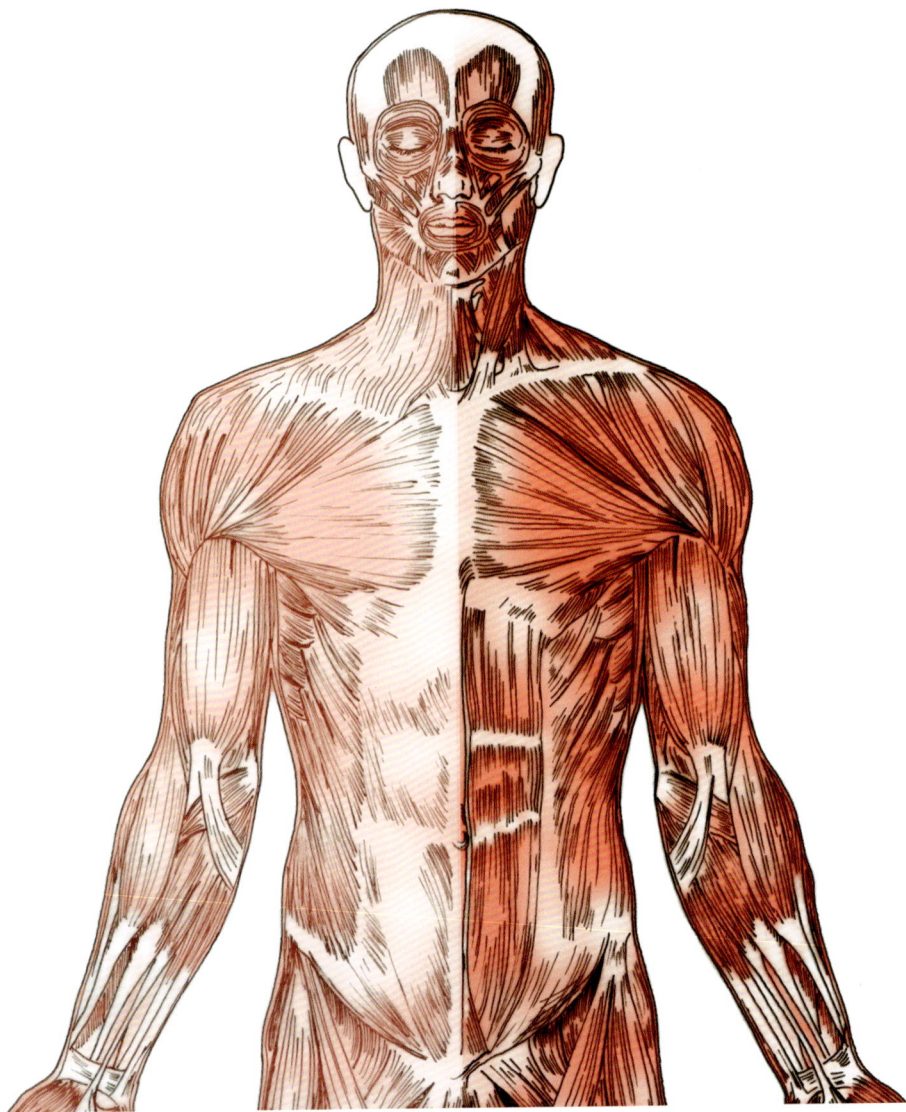

评估肌肉的柔韧性和均衡性

　　许多疼痛和伤病都是由左右侧肌肉的柔韧性不均衡引发的。肌肉之间柔韧性的细微差别足以导致出现问题。测试柔韧性时，请不要强迫自己使劲拉伸。相反，当肌肉出现刺痛感或感受到阻力时，及时停止动作。左右两侧的感觉应该相同。记住，左右两侧要以同样的方式练习。

评估肌肉的柔韧性和均衡性

被拉伸的肌肉	左侧更短	右侧更短	两侧相同
颈部和肩部测试 上斜方肌			
肩胛提肌			
胸锁乳突肌			
斜角肌			
肩关节测试 冈上肌			
冈下肌			
大圆肌			
背阔肌			
上背部测试 中斜方肌			
菱形肌			
背阔肌			
胸大肌			
腰背部测试 髂腰肌			
梨状肌			
臀中肌和臀小肌			
股直肌			
腘绳肌			

源自：K. Berg, Prescriptive Stretching, 2nd ed. (Champaign, IL: Human Kinetics, 2020).

拉伸索引

上斜方肌	32	冈上肌（版本2）	82
胸锁乳突肌	36	臀大肌	84
斜角肌	38	臀中肌和臀小肌（站姿版）	86
枕下肌群	40	臀中肌（搭档拉伸版）	88
肩胛提肌（版本1）	42	臀中肌和臀小肌（跪姿版）	90
肩胛提肌（版本2）	44	臀中肌（网球放松版）	91
胸大肌（版本1）	46	梨状肌（站姿版1）	92
胸大肌（版本2）	48	梨状肌（站姿版2）	95
胸大肌（搭档拉伸，版本1）	50	梨状肌（坐姿版）	96
胸大肌（搭档拉伸，版本2）	52	梨状肌（搭档拉伸版）	99
胸大肌（网球放松版）	53	梨状肌（网球放松版）	100
胸小肌（站姿版）	54	腰方肌（卧姿版）	101
胸小肌（坐姿版）	56	腰方肌（坐姿版）	104
中斜方肌和菱形肌（站姿版）	58	腰方肌（搭档拉伸，版本1）	106
中斜方肌和菱形肌（坐姿版）	60	腰方肌（搭档拉伸，版本2）	107
中斜方肌和菱形肌（网球放松版）	62	髂腰肌（髋部屈肌）	108
背阔肌（站姿版）	63	腰大肌（搭档拉伸版）	111
背阔肌（坐姿版）	66	股直肌（卧姿版）	113
背阔肌（搭档拉伸，版本1）	68	股直肌（跪姿版）	117
背阔肌（搭档拉伸，版本2）	69	股直肌（搭档拉伸版）	119
背阔肌（搭档拉伸，版本3）	70	股直肌（网球放松版）	121
冈下肌（版本1）	72	阔筋膜张肌	122
冈下肌（版本2）	75	阔筋膜张肌（网球放松版）	125
大圆肌	77	腘绳肌	126
大圆肌（网球放松版）	79	腘绳肌（搭档拉伸，版本1）	129
冈上肌（版本1）	80	腘绳肌（搭档拉伸，版本2）	130

拉伸索引

腘绳肌（网球放松版） 131

耻骨肌、长收肌和短收肌（短内收肌） 132

内收肌（搭档拉伸，版本1） 134

内收肌（搭档拉伸，版本2） 135

股薄肌（长收肌） 136

腓肠肌 138

腓肠肌（网球放松版） 140

比目鱼肌 141

比目鱼肌（网球放松版） 143

足底筋膜（网球放松版） 144

胫骨前肌 145

胫骨前肌（网球放松版） 147

肱二头肌 148

肱三头肌 150

前臂屈肌 152

前臂伸肌 154

桡侧腕长伸肌和短伸肌 156

参考文献

Amako, M., T. Oda, K. Masuoka, H. Yokoi, and P. Campisi. 2003. Effect of static stretching on prevention of injuries for military recruits. Military Medicine 168: 442-446.

Barcsay, J. 1976. Anatomy for artists. [Anatomi för konstnärer.] Stockholm: Bonnier.

Behm, D.G., A.J. Blazevich, A.D. Kay, and M. McHugh. 2015.

Acute effects of muscle stretching on physical performance, range of motion, and injury incidence in healthy active individuals: A systematic review. Applied Physiology, Nutrition, and Metabolism 41(1):1-11.

Bojsen-Möller, F. 2000. The anatomy of the musculoskeletal system. [Rörelseapparatens anatomi.] Stockholm: Liber.

Feland, J.B., J.W. Myrer, S.S. Schulthies, G.W. Fellingham, and G.W. Measom. 2001. The effect of duration of stretching of the hamstring muscle group for increasing range of motion in people aged 65 years or older. Physical Therapy 81: 1110-1117.

Fowles, J.R., D.G. Sale, and J.D. MacDougall. 2000. Reduced strength after passive stretch of the human plantar-flexors. Journal of Applied Physiology 89: 1179-1188.

Halbertsma, J.P., A. van Bolhuis, and L.N. Göeken. 1996. Sport stretching: Effect on passive muscle stiffness on short hamstrings. Archives of Physical Medicine and Rehabilitation 77: 688-692.

Harvey, L., R. Herbert, and J. Crosbie. 2002. Does stretching induce lasting increases in joint ROM? A systematic review. Physiotherapy Research International 7: 1-13.

Handel, M., T. Horstmann, H.H. Dickhuth, and R.W. Gulch. 1997. Effects of contract-relax stretching training on muscle performance in athletes. European Journal of Applied Physiology and Occupational Physiology 76: 400-408.

Hotta. K., B.J. Behnke, B. Arjmandi, P. Ghosh, B. Chen, and R. Brooks et al. 2018. Daily muscle stretching enhances blood flow, endothelial function, capillarity, vascular volume and connectivity in aged skeletal muscle. Journal of Physiology 596(10):1903- 1917.

Hotta K., W.B. Batchelor, J. Graven, V. Dahya, T.E. Noel, and A. Ghai, et al. 2019. Daily passive muscle stretching improves flow-mediated dilation of popliteal artery and 6-minute walk test in elderly patients with stable symptomatic peripheral artery disease. Cardiovascular Revascularization Medicine. Available online 10 May 2019. DOI: 10.1016/j.carrev. 2019.05.003.

Iwata, M., A. Yamamoto, S. Matsuo, G. Hatano, M. Miyazaki, and T. Fukaya et al. 2019. Dynamic stretching has sustained effects on range of motion and passive stiffness of the hamstring muscles. Journal of Sports Science & Medicine 18(1):13-20.

Kallerud H, and N. Gleeson. 2013. Effects of stretching on performances involving stretch-shortening cycles. Sports Medicine 43(8):733-50.

Karlsson, T., and M. Hallonlöf. 2003. Stretching the hamstrings: The effect on quadriceps femoris regarding strength. [Stretching av hamstrings: Effekt på quadriceps femoris beträffande styrka.] Stockholm: Karolinska Institute.

Kay, A.D., J. Husbands-Beasley, and A.J. Blazevich. 2015. Effects of PNF, Static Stretch, and Isometric Contractions on Muscle-Tendon Mechanics. Medicine and Science in Sport and Exercise. 47(10):2181-90.

Konrad, A., S. Stafilidis, and M. Tilp. 2017. Effects of acute static, ballistic, and PNF stretching exercise on the muscle and tendon tissue properties. Scandinavian Journal of Medicine & Science in Sports 27(10):1070-1080.

Lundeberg, T., and R. Nisell. 1993. Pain and inflammation: Physiology and pain in the moving parts. [Smärta och inflammation: fysiologi och behandling vid smärta irörelseorganen.] Stockholm: Syntex Nordica.

Masugi, Y., H. Obata, D. Inoue, N. Kawashima, and K. Nakazawa. 2017. Neural effects of muscle stretching on the spinal reflexes in multiple lower-limb muscles. PLoS One 12(6):e0180275.

Peterson, F.P., E.K. McCreary, and P.G. Provance. 1993. Muscles, testing and function: With posture and pain. Baltimore: Williams & Wilkins.

Petrén, T. 1989. Textbook of anatomy: Musculoskeletal system. [Lärobok i anatomi: Rörelseapparaten.] Stockholm: Nordic Bookstore.

Pope, R.P., R.D. Herbert, J.D. Kirwan, and B.J. Graham. 2000. A randomized trial of preexercise stretching for prevention of lower limb injury. Medicine and Science in Sports and Exercise 32: 271- 277.

Putz, R., and R. Pabst, eds. 2001. Sobotta atlas of human anatomy: Head, neck, upper limb. Munich: Elsevier, Urban & Fischer.

Putz, R., and R. Pabst, eds. 2001. Sobotta atlas of human anatomy: Trunk, viscera, lower limb. Munich: Elsevier, Urban & Fischer. Radford, J.A., J. Burns, R. Buchbinder, K.B. Landorf, and C. Cook. 2006. Does stretching increase ankle dorsiflexion range of motion? A systematic review. British Journal of Sports Medicine 0(10):870-5.

Richer, P. 1971. Artistic anatomy. trans. Robert Beverly Hale. New York: Watson-Guptill.

Rohen, J.W., C. Yokochi, and E.L. Drecoll. 1998. Color atlas of anatomy: A photographic study of the human body. Baltimore: Williams & Wilkins.

Szunyoghy, A. 1999. Anatomical drawing school: Humans, animals, comparative anatomy. [Anatomisk tecknarskola människa, djur, jämförande anatomi.] London: Könemann.

Taylor K.L., J.M. Sheppard, H. Lee, and N. Plummer N. 2009. Negative effect of static stretching restored when combined with a sport specific warm-up component. Journal of Science and Medicine in Sport 12(6):657-61.

Travell, J.G., D.G. Simons, and L.S. Simons. 1999. Myofascial pain and dysfunction: The trigger point manual. Baltimore: Williams & Wilkins.

Turki, O., A. Chaouachi, D.G. Behm, H. Chtara, M. Chtara, D. Bishop, et al. 2012. The effect of warmups incorporating different volumes of dynamic stretching on 10- and 20-m sprint performance in highly trained male athletes. Journal of Strength & Conditioning Research 26(1):63-72.

Wicke, J., K. Gainey, and M. Figueroa. 2014. A comparison of self-administered proprioceptive neuromuscular facilitation to static stretching on range of motion and flexibility. Journal of Strength & Conditioning Research 28(1):168-72.

Yildirim, M.S., S. Ozyurek, O. Tosun, S. Uzer, and N. Gelecek. 2016. Comparison of effects of static, proprioceptive neuromuscular facilitation and Mulligan stretching on hip flexion range of motion: A randomized controlled trial. Biology of Sport Mar;33(1):89-94.

Younis Aslan, H.I., H.H. Buddhadev, D.N. Suprak, and J.G. San Juan. 2019. Acute effects of two hip flexor stretching techniques on knee joint position sense and balance. International Journal of Sports Physical Therapy 13(5): 846-859.